读点石油财经丛书

丛书主编◎王国樑

# 博士咖啡谈热点背后的商机

周明剑◎编著

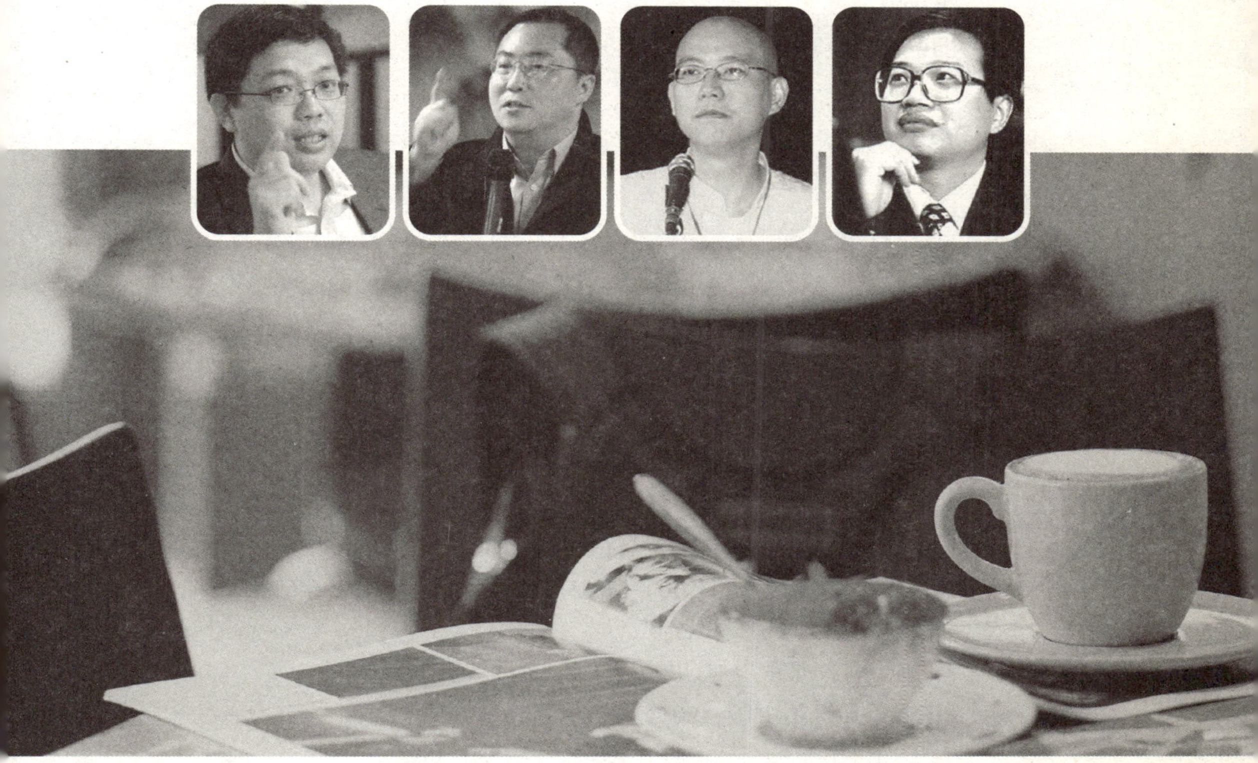

石油工業出版社

**图书在版编目（CIP）数据**

博士咖啡谈热点背后的商机/周明剑编著.
北京：石油工业出版社，2011.4
ISBN 978-7-5021-8349-3

Ⅰ.博…
Ⅱ.周…
Ⅲ.中国经济-经济发展趋势-通俗读物
Ⅳ.F123.2-49

中国版本图书馆 CIP 数据核字（2011）第 046440 号

出版发行：石油工业出版社
（北京安定门外安华里 2 区 1 号　100011）
网　址：www.petropub.com.cn
编辑部：（010）64523735　发行部：（010）64523620
经　销：全国新华书店
印　刷：北京晨旭印刷厂

2011 年 6 月第 1 版　2011 年 6 月第 1 次印刷
740×1060 毫米　开本：1/16　印张：20.25
字数：320 千字

定价：38.00 元
（如出现印装质量问题，我社发行部负责调换）

# 《读点石油财经丛书》
# 编委会

# 《读点石油财经丛书》总序

在全球化的视野下，能源问题已经成为国际政治、经济、环境保护等诸多领域的中心议题，甚至成为国际政治的重心。国家间围绕世界能源的控制权所进行的激烈争夺，各国维护自身利益所制定的能源安全战略，以及各国政府积极主导的替代能源开发，使能源问题日益成为国际社会的焦点；而油价波动、低碳经济、气候变化以及环境保护诸多问题，不仅是政府首脑、智库学者的案头工作议题，而且成为切切实实的民生问题。中国在能源领域的国际合作也在不断扩大，从最初的石油天然气为主，扩展到了煤炭、电力、风能、生物质燃料、核能、能源科技等各个方面，而伴随着能源问题的国际化，中国也从国际社会的幕后走到台前，承担的责任越来越重。

中国石油作为国有大型骨干企业，承担着履行政治、经济、社会三大责任，保障国家能源安全的重要使命，围绕着建设综合性国际能源公司这一战略目标，积极实施“资源”和“市场”两大战略，注重国内外资源和国内外市场的开拓，取得巨大成就。但是，能源问题不再是一个简单的经济问题，石油企业的海外发展往往伴随复杂的国际政治、经济、社会和环境因素。引人瞩目的中俄石油管线一波三折，中海油收购美国优尼科石油公司的无果而终，无不打着深刻的政治烙印。中国石油企业的海外创业经验，给扩大国际能源合作提出了一系列亟待解决的重要课题。

在此背景下，组织国内外能源领域的专家、学者，研究能源领域的前沿问题、热点问题，将学术研究与企业决策支持相结合，显得十分必要和迫切。为此，我们考虑建立一种长效机制，从国外引进一批优秀的国际石油政治、经济、金融、法律类图书，翻译出版，并与国内专家学者的研究成果结合起来，组成“读点石油财经”丛书系列。计划每年出版10种左右的图书，逐步形成一定的规模，起到一定的借鉴、参考和决策支持作用。

我希望通过“读点石油财经”丛书的陆续出版，为石油企业广大干部、员工提供国内外最新的石油财经方面的知识储备，并为大众读者拓宽能源问题的全球视野。

王国樑

中国石油天然气集团公司总会计师、党组成员

# 关于“博士咖啡”

2000 年 6 月，巴曙松、赵晓、钟伟、高辉清博士联袂成立“博士咖啡”虚拟研究团队，每月推出一篇有关中国或世界热点、焦点问题的财经评论，发表于国家信息中心的《财经界》杂志。

4 位博士先通过互联网讨论议题，经过激烈的争吵和辩论，拿出能说服 4 个人的提纲来，然后分头写作，由其中一位进行统筹，然后 4 个人就初稿再相互辩论，最后确定文章，并附上“博士咖啡”的标签。

很快，这个关注当下问题、兼具思辨和趣味的经济学论坛吸引大量网上读者，点击率不菲。该团体随之扩大，又添易宪容、党国英、余晖和何帆 4 位学者入伙。

在媒体的推波助澜下，“博士咖啡”在学术圈子里声名鹊起。2002 年，他们被一家杂志评为新锐榜“飘一代”的代言人。

这个时尚而略带着文艺气息的标签得到了“博士咖啡”里每一个人的认同。

后来，8 个“飘一代”人各自走上不同的道路，在学术观点上也各自分野了：成为福音派基督徒的赵晓走上救赎大众之路；巴曙松从事银行证券基金业研究；钟伟主要研究银行业，也涉及房地产方面的宏观经济；何帆的研究面更宽，对国际政治、社会问题、宏观经济都有兴趣……

（本页 logo 来源于“博士咖啡”网站）

# 巴曙松简介

巴曙松，1969年生，湖北人。国务院发展研究中心金融研究所副所长，研究员，博士生导师。为享受国务院特殊津贴专家，中央国家机关青联常委，中国宏观经济学会副秘书长，中国银行业协会首席经济学家。担任中国人力资源和社会保障部企业年金资格评审专家、中国证监会基金评议专家委员会委员、中国银监会考试委员会专家、招商银行和招商局博士后专家指导委员会委员等。还曾担任中共中央政治局集体学习主讲专家，并在中国科技大学、北京大学、华中科技大学等多所高校任兼职教授，主要研究领域为金融机构风险管理与金融市场监管。

主要专著或译著有《巴塞尔新资本协议研究》、《中国金融市场发展路径研究》、《美国货币史》（译著）、《金融危机中的巴塞尔新资本协议：挑战与改进》等。

# 赵晓简介

赵晓，1967年生，江西奉新县人。北京科技大学教授，博士生导师。曾任国家经贸委研究中心、国资委研究中心宏观战略部部长、北京大学—世界银行研究员。

主要论著有《亚洲金融危机：中国的挑战》、《宏观政策调整与坚持市场取向》、《1998—2000中国通货紧缩研究》等。译著有：《空雨衣》（［英］查尔斯·汉迪，华夏出版社2000年版）、“亚洲金融危机：诊断、处方及展望”（《战略与管理》1998年第4期）等。

# 钟伟简介

钟伟：1969 年生，江苏溧阳人。北京师范大学金融研究中心主任、中国社会科学院国际金融研究中心研究员、中国经济体制改革研究会研究员。学术兼职：中国社会科学院国金融研究中心研究员。社会兼职：长城证券股份责任有限公司特约经济学家；北京安邦信息集团公司特约经济学家；上海惠普科技投资有限公司特约经济学家。

主要著作和译著：与人合著《1996 年华人经济年鉴》、《1997 年中国经济展望》、《1999 年中国经济展望》、《2000 年中国经济展望》、《“十五”规划战略研究》和《经济学家谈股论金》等。学术论文共发表经济分析文章 300 多篇；其中在《经济日报》、《经济参考报》、《经济工作者学习资料》等权威媒体发表文章 100 多篇。

# 高辉清简介

1966年8月出生，江西东乡人。数学博士，经济学博士后，研究员；国家信息中心第二届专家委员会委员，国家信息中心经济预测部发展战略处处长。美国宾夕法尼亚大学经济系访问学者，师从诺贝尔经济学得主 Klein 教授。其他学术兼职：亚洲风险管理协会 CERM 专家认证委员会委员、中国经济体制改革研究会特邀研究员、中国社会科学院国际金融研究中心特约研究员、国务院发展研究中心国际经济技术研究所特邀研究员、中国不动产研究中心特约经济学家、中国风险管理者联谊会常务理事。

参与国内外科研课题40多项，其中主持项目20余项；开发或参与开发包括联合国 LINK 模型的中国模块、联合国工发组织的中国行业骨干模型在内的经济计量模型17个。

专著两部（《把脉中国经济》、《循环经济的经济学分析、模型与政策选择》、合著二十余部；先后在境内外媒体开设写作专栏20多个，发表文章600多篇。

# 目录

Contents



2009年的金融危机，其导火索是次贷危机，也是经济全球化背景下世界经济结构失衡的一个重要体现。这次金融危机究竟有多严重？危机后的全球经济复苏之路崎岖，我们是不是要对复苏有信心？全球经济是否会二次探底？所有这些都需要我们对自身金融体系和经济制度重新认识……

## 第二篇 危局中调整的中国经济如何走向均衡？/51

金融危机，是经济发展中固有矛盾的集中体现。针对此次危机，中国认识到一定要使国内经济结构朝着更加均衡的方向前进。因此，国家也开始进行经济结构调整，也在寻找经济增长点——消费。



## 第三篇 通胀经济时代 /93

2011年，防止通货膨胀成为当务之急。由此坊间预期国家适度宽松的货币政策将会退出。新年伊始，房地产调控、央行加息、股市翻红、金价小幅波动。新世纪第二个十年大幕拉开之际，中国经济将走向何方？百姓人家又应该如何因势利导、有效理财……

资源配置分配不公，地方财政依赖土地收益，中央、地方财政分配不对等，城市化带来大量住房需求……这些都刺激着房地产行业的迅猛发展。那么，房地产究竟有没有泡沫和风险？经济危机阵痛之后，我们的政府要怎样才能保持社会公平，实现居者有其屋？

房地产：

投资机会：☆☆☆

投资风险：☆☆☆



中国股市在跌宕起伏中走过2008，在小心翼翼中走过2009和2010，站在2011这个“十二五”的起点，我们应该如何理智看市、缜密分析、冷静出击？

股市：

投资机会：☆☆☆☆

投资风险：☆☆☆☆

## 第六篇 持续动荡的金融市场如何化险为夷？/173

由于金融市场尚未全球化，中国从表面上看受经济危机的影响不大。但是，经过这场危机，有识之士均认为中国金融体系必须完善以应对全球金融市场的各种风险。那么我们应该怎样做？

黄金：

投资机会：☆☆☆☆☆

投资风险：☆☆☆☆☆



## 第七篇 三大经济热点及相关投资机会：城市化、区域经济、产业调整与融合 /221

有人说："市场没有昨天。"因此，在"十二五"的开局之年，我们更应该面向未来，从全局着眼、从细部入手。这样才能经济地投资……

## 第一篇

# 劫后余生的全球经济将如何康复？

2009年的金融危机，其导火索是次贷危机，也是经济全球化背景下世界经济结构失衡的一个重要体现。这次金融危机究竟有多严重？危机后的全球经济复苏之路崎岖，我们是不是要对复苏有信心？全球经济是否会二次探底？所有这些都需要我们对自身金融体系和经济制度重新认识……

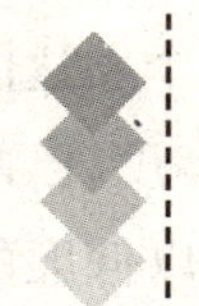

# 拨开迷雾:引爆此次金融危机的核弹是什么?

周明剑:此次金融危机爆发得如此突然,如此猛烈,为20世纪30年代大萧条以来所仅见。坊间一般简单地把引爆危机的原因归结为美国房地产信贷市场出了问题。那么,曙松兄,你认为引爆此次金融危机的深层原因是什么?

巴曙松:应当说,这次波及全球的金融经济危机是经济全球化背景下所产生的世界经济结构失衡的一个重要体现。而金融市场在急剧扩张后形成的脆弱性、错误的货币政策、缺乏约束的美元主导下的自由浮动汇率制度、滞后于金融创新步伐的监管缺陷则是危机产生的深刻根源。

**全球进程中的结构失衡,需要以危机的方式寻求再平衡:发达国家尚未为包括中国在内的新兴市场崛起做好准备**

这一次的危机,是全球化进程中的危机,也可以说是有史以来第一次真正意义上的全球金融危机,无论是发展中国家还是发达国家,都在全球化的同一条大船上,面对全球金融市场的动荡与起伏。

在过去10~20年,随着现代信息技术和新经济的不断涌现,全球经济在快速一体化,各国利用各自不同的优势,在全世界进行产业链的重构和资源配置,使得生产率大为提高,推动各国共同进入了一个持续多年的经济繁荣时期。发达国家以其资金、技术以及成熟的金融市场优势,将产品的制造加工环节转移到新兴市场国家,而以"金砖四国"为代表的新兴市场国家也迅速地融入全球化进程中,20世纪90年代初,中国、印度、越南、俄罗斯以及拉美一些国家的开放,全球大概有30亿左右的劳动力投入到全球市场,带来了很多的新生劳动力和廉价商品。经济全球化也使新兴市场国家充分享受了全球化红利、信息技术广泛引用带来的IT红利、相对年轻的人口结构带来的人口红利等,推动了快速城市化和工业化,产生了对资源和西方国家高端产品的大量需求,带动了全球的繁荣。在这个过程中,全球分享了一个非常难得的黄金增长时期，无论是中国还是美国或者其他的国家，都处于经济高增长和低物价的状态。

但是，经济全球化在带来效率和巨大财富的同时，也形成了一个发达国家与新兴市场国家经济结构的失衡现象。一方面，中国、俄罗斯、印度、巴西等新兴市场国家凭借极低的劳动力成本制造了大量优质产品，并以低廉的价格出口到欧美发达国家市场，维持了以美国为代表的发达国家的低物价，并积累了相当数额的外汇资金。在发达国家的金融市场运行和货币决策中，依然根据全球化程度不高的时代的货币政策框架，习惯性地把这种低物价归结为自身劳动生产力的提高、归结为高明的宏观政策，而没有能够从全球化的新条件下把握全球经济走势与本国金融市场的相互依存关系。

于是，没有为全球化做好充分准备，也没有为中国等迅速发展的经济做好准备的欧美央行，在发展中国家的崛起带来的低物价条件下，放胆大规模扩充流动性，种下了使次贷危机得以酝酿的货币环境的祸根。在20国首脑峰会的公告中，这一决策的错误被含蓄表述为“宏观政策框架缺乏一致性”。

另一方面，由于新兴市场国家本国金融市场的不发达以及特定的出口依赖性的经济结构，只能将这些外汇资金以外汇储备等形式回流到金融市场发达的美国和欧洲，为其高负债提供融资，并维持了其长期低利率、低储蓄、高消费的经济模式。据粗略统计，整个亚洲国家外汇储备加起来大概超过4.4万亿美元，再加上中东的石油资金，成为支持美国进行高负债扩张的重要金融资源。发达国家的低储蓄、高消费和新兴市场国家的高储蓄、低消费形成了一个脆弱的国际经济结构，在这种格局下，美国可以放心地长期保持宽松的货币政策，导致流动性的过度投放、住房信贷市场和次贷衍生品市场的过度扩张和资产泡沫，将金融风险积累到有史以来最大的程度。应当说，次贷证券只是压在国际经济失衡格局上的最后一根稻草，当泡沫积累到一定程度后，脆弱的国际经济结构必然会被打破，形成金融市场危机和实体经济危机的全面爆发。

这样看来，次贷危机只是全球重新寻找再平衡的过程，这种过程本来可以不必表现得如此惨烈，特别是如果美国意识到此前低物价的高速增长并不是可以长期持续的，美国的通货膨胀并没有像部分美国学者所乐观预期的那样在新的条件下“消失”了，那么，美国完全可以适当地扩大出口和抑制进口,同时用美国经济内部更为主动的结构调整来逐步化解这个失衡。很可惜,这一次全球化走在货币政策决策者的前面。

虽然现在的全球金融危机通常被表述为“全球经济从此前的显著失衡转向再平衡的过程”,那么,再平衡点究竟在何处?显然,这种再平衡不可能重新回到每个国家自求贸易平衡的所谓传统的平衡年代,而是促使全球的金融市场以及宏观金融决策重新寻找全球化时代的新的国际环境的运作方式。

**全球化推动了一个相对于实体经济来说过分膨胀的金融部门,危机是对这种过大规模的金融部门的再调整**

在次贷危机全面爆发之前,全球金融部门的盈利几乎占到各国企业盈利的30%以上,美国金融部门的盈利甚至更占到整个美国企业盈利的40%以上,这是一个日益脱离现实的金融服务需求,越来越转向“自我创造金融服务需求”的脱离实体经济金融需求的发展阶段。这种在高杠杆比率推动下的金融部门过分扩张,在贪婪的华尔街推动下,一直找不到自我约束的边界,只能以危机的形式来实现这种调整。

诺贝尔经济学奖获得者斯蒂格利茨分析说,这种自我服务的金融活动,实际上类似于让消费者拿出资金给华尔街赌博,赚钱了分给华尔街一大笔,亏钱了由消费者买单。他认为这样的金融运作机制,迟早是要出问题的。

这种对金融部门过分高杠杆扩张的危机式调整,使得中国的金融界日益清晰地意识到金融体系深深立足于实体经济金融服务需求的重要性。

在经济全球化背景下产生的新的国际经济结构,必然要求各国央行实施全球化时代的金融政策,但是,从次贷危机的演进看,可以说全球央行没有为迅速推进的全球化做好货币政策在理论和实践上的准备,在面临高增长、低物价的时候,各国央行把低物价作为政策决策的重要依据,而没有进一步追究低物价背后的原因。当2000年美国IT泡沫破灭时,为避免经济陷入危机,美联储没有采取在理论上应该采取的加强市场监管等方面的措施,而是采取低利率和美元贬值的政策,提供更多的流动性,用一个泡沫来替代另一个泡沫。

在低利率推动的流动性过剩背景下,大量资本涌向金融和房地产市场,金融部门和实体经济部门的失衡越来越明显。1999年,美国取消了对金融机构混业经营的限制，进一步刺激了金融衍生品市场的发展，包括次贷证券在内的大量衍生品被推向市场。在金融创新的带动下，全球金融衍生品市场的发展速度达到了惊人的程度，金融资产呈现了典型的倒金字塔结构：大致来看，传统的货币（M1 和 M2）只占到 1%，广义货币占 9%，金融债券占 10%，而金融衍生品则占据了金融市场 80% 的份额（BIS）。金融市场风险随之增大，次贷危机，或者其他类型的金融危机的爆发，可能是迟早的事情，其后的重要推动力，在于促使过分膨胀的金融部门重新缩减到与实体经济相适应的规模。

## 监管机构的监管理念滞后于金融机构商业模式的变化

2010 年 1 月 22 日，巴曙松在由和讯网发起、中国证券市场研究设计中心（SEEC）等机构联合主办的财经中国 2009 年会上发言

（图片来源：和讯网）

在市场竞争压力推动下的金融机构，始终有强烈的适应市场需求进行创新的动力，这就使得在通常的意义上，监管机构对于市场变动的反应要慢于金融机构。次贷危机同样印证了这样一个特征。

从商业运作模式看，传统银行的模式是“发放并持有”，银行发放一笔贷款，一直持有它并且收息，这在中国仍然是一种主导模式。在这种商业模式下，金融机构会主动进行风险管理。但是在过去 30 年中，发达国家银行的业务模式逐步转变为“发放并销售，发放并分散”，即银行把这笔贷款发放之后，再把它进行证券化并销售出去，得以转移和分散风险。在这种商业模式下，银行的目标是把贷款尽快销售出去，没有义务为贷款的风险负责，因此就会放弃主动风险管理的基本原则。

另外，随着金融全球一体化，形成了一个与现存银行体系并存的影子银行市场。这个市场非常庞大，而且没有公开的、可以披露的信息。这些机构金融资产的估算是全球 GDP 的 4 倍还要多，而且这些影子银行市场是一对一进行交易，主要是 OTC 市场（场外交易市场），而且其产品结构的设计非常复杂。在当前的金融监管体系下，这些金融衍生品被各国监管机构视为表外业务,对其监管较为宽松,传统的资本充足率约束等监管手段难以对跨国的衍生品交易进行监管,出现了巨大的监管空白地带,进一步助推了资产证券化和金融创新的步伐。

金融机构商业模式的重大转变需要监管机构的监管理念做出重大调整,但是实际上各国的监管当局并没有及时采取行动,依然采取原来的监管思路,这就导致了对金融市场风险的严重低估。在多重因素的助推下,失去监管的金融机构盲目扩张,致使市场风险一步步增大,一旦房地产泡沫破裂,被信用交易放大的杠杆效应就会迅速扩散,最终引发全球性的金融危机。

对冲基金的起起落落伴随着次贷危机从兴起到扩散的整个过程,而在当初世界各国对对冲基金加强监管的声浪中,美国之所以坚持不对对冲基金施加稍微严格一点的监管,除了主要对冲基金是美国资金支配之外,其现实的理由,就是监管者实际上并不能比对冲基金的经营管理人员更清楚对冲基金的运作状况,既然这样,就还是让对冲基金进行自我约束吧。这种过于放松的市场环境,促成了对冲基金的高杠杆投机动机,也使得对冲基金成为次贷危机中受到严重冲击的群体。

**金融机构的全球化,导致跨国金融监管的政策失灵**

随着经济全球化的进程不断深化,全世界的金融机构和金融业务越来越全球化,而且在单一市场上的影响力非常大,使得当地的金融监管机构很难对它进行有效的监管。一些大型的金融机构,如果一个市场上的监管者对其进行严格监管,这些市场影响力巨大的机构可能就会把这个市场的分支机构撤了,转移到其他的市场。金融机构业务全球化,但是监管者没有全球化,出现了事实上的监管空白和政策失灵。欧盟这次提出来一个非常重要的政策建议,要建立一个监管小组,吸纳主要国家的成员参加,对全球主要的跨国银行进行监管。这个建议实际上被否决了,因为现在各个国家不可能放弃自己的监管权力。但它反映了监管不适应金融机构全球化的问题。需要一个全球化的监管机构但目前又没有形成,这就导致了全球金融界的恐慌。

一个巨大的、脱离于传统监管视野之外的影子银行市场的崛起,也放大了跨国金融监管失灵的严重程度。

**相关链接**

## 业精于“专”——专访巴曙松【记者版】
## （节选，摘自《读者·原创版》）

文 本刊特约记者　艾国永

巴曙松个人照

（图片来源：作者提供）

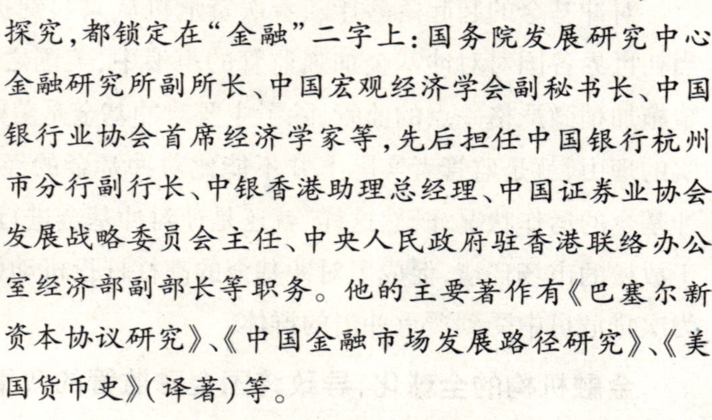

巴曙松，国务院发展研究中心金融研究所副所长，博士生导师。享受国务院特殊津贴，还曾担任中共中央政治局集体学习主讲专家，并兼任中国银行业协会首席经济学家。

在他的文字履历上，不管是任职，还是研究，细细探究，都锁定在“金融”二字上：国务院发展研究中心金融研究所副所长、中国宏观经济学会副秘书长、中国银行业协会首席经济学家等，先后担任中国银行杭州市分行副行长、中银香港助理总经理、中国证券业协会发展战略委员会主任、中央人民政府驻香港联络办公室经济部副部长等职务。他的主要著作有《巴塞尔新资本协议研究》、《中国金融市场发展路径研究》、《美

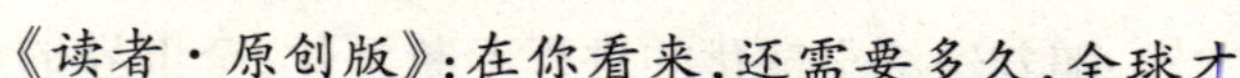

国货币史》（译著）等。

《读者·原创版》：在你看来，还需要多久，全球才能从金融危机中走出来？

巴曙松：接下来，世界各国受金融危机的影响程度，将会呈现出明显的差异化。去年，全球各国的政策都很同步刺激经济，都在应对危机，到了今年之后开始分化，像澳大利亚，已经加了三次息；在亚洲，马来西亚也开始加息，中国加了两次准备金；美国经济开始好转，也开始有了一些小动作，但是动作幅度不是太大；像俄罗斯和匈牙利还在减息，欧洲的情况还在恶化。

《读者·原创版》：有一种观点认为，美国的次贷危机是“金融成人病”，中国之所以没有受到金融危机这么严重的影响，是因为中国现在的金融市场处于初级阶段。

巴曙松：中国很注重实体经济，银行业的资金直接注入实体经济，欧美的金融业在金融危机爆发之前实际上离实体经济很远，它们之间的关系不是很大。经过危机之后才发现，欧美国家在公司治理、金融监管这些方面往

往并没有按照他们的理论研究所说的那样执行,例如主要的大投行基本上是严重的内部人控制,并不存在十分清晰的公司治理,存在很大的缺陷。在技术层面,中国之所以关注实体经济,与中国的经济金融发展阶段密切相关,也是金融业改革直接推动的,中国的改革者在设计国有银行改革时,比如资产的快速剥离、资本金的补充和上市,非常的市场化;而且中国快速成长的经济,加上相对稳定的利差,使得自身的抗风险能力比较强。这实际上是中国金融业值得总结的经验。

但是,在发展阶段上,中国金融业跟美国有所不同。美国的实体经济,比如加工制造业,信贷需求不大,传统的银行业务竞争激烈、利润单薄,所以在监管空白的情况下,就通过放大杠杆、加大投机来盈利。中国在这方面正好形成一个鲜明的对照,中国的实体经济还处于工业化城市化的关键阶段,信贷需求非常大,利差盈利丰厚,这就带动了中国银行业的发展。怎么样维持金融业的适当的盈利空间以及处理好金融体系与实体经济之间的关系,是这次金融危机带个我们的一个重要思考。

《读者·原创版》:与国际金融业相比,中国金融业有什么不同?

巴曙松:在中国加入WTO之前,并不被国际同业看好中国的银行业,在这次金融危机中表现出色。10年来,中国金融体系经历了两次金融危机的冲击,中国金融业的两次表现差异巨大。在亚洲金融危机的冲击下,中国金融业不良资产包袱巨大,被视为"技术上破产",最后靠政府的强力支持而勉强渡过危机冲击;而在10年后的今天,较之亚洲金融危机冲击力度更大的全球金融危机袭来,中国金融业总体表现十分稳健,金融业始终围绕服务于实体经济、同时保持相对稳健的杠杆水平,是中国金融业能够应对国际金融危机的关键。

提到我的经验总结,就要提到我从2009年开始每年都准备推进的一项工作——中国银行家调查报告,在中国银行业协会和普华永道会计师事务所等的帮助下,监管部门的领导也十分支持,准备每年做一次,通过大量的问卷和面对面的访谈,来观察每年度中国银行业的变化。

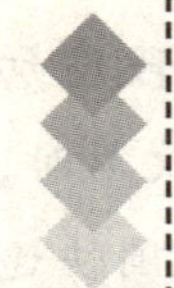

# 回头不见来时路：此次金融危机深化、扩散的路径

周明剑：那么，此次危机又是怎样从次贷危机逐步深化、扩散为全球性的金融危机的呢？

巴曙松：大致来看，发端于2007年7月的次贷危机经历了四个阶段，最初仅仅是特定金融产品的危机，之后迅速扩展到金融机构的危机，进而从金融机构扩展到全球金融市场，然后从金融体系传导到实体经济并不断加深。

**第一阶段：次贷证券衍生品危机**

20世纪90年代后期以来，美国经济和房地产金融市场经历了长达近10年的经济繁荣，与此同时，基于次级住房抵押贷款的金融衍生产品市场迅速扩张，在高达15:1以上的杠杆作用下，次贷证券衍生品市场积累了巨大的风险。2006年以后，随着房价的下跌和次贷市场的违约率的上升，次贷证券的价格随之剧烈下滑，在高杠杆的作用下，持有者的损失被急剧放大，从而在2007年7月最终引发了次贷证券危机。

美国次级贷款和次贷支持证券规模

| 年份 | 房地产贷款（10亿美元） | 次级贷款（10亿美元） | 次级贷款占比（%） | 次贷支持证券（10亿美元） | 次贷支持证券在次贷中占比（%） |
|---|---|---|---|---|---|
| 2001 | 2215 | 190 | 8.6 | 95 | 50.4 |
| 2002 | 2885 | 231 | 8.0 | 121 | 52.7 |
| 2003 | 3945 | 335 | 8.5 | 202 | 60.5 |
| 2004 | 2920 | 540 | 18.5 | 401 | 74.3 |
| 2005 | 3120 | 625 | 20 | 507 | 81.2 |
| 2006 | 2980 | 600 | 20.1 | 483 | 80.5 |

注：资料来源于The 2007 Mortgage Market Statistical Annual。

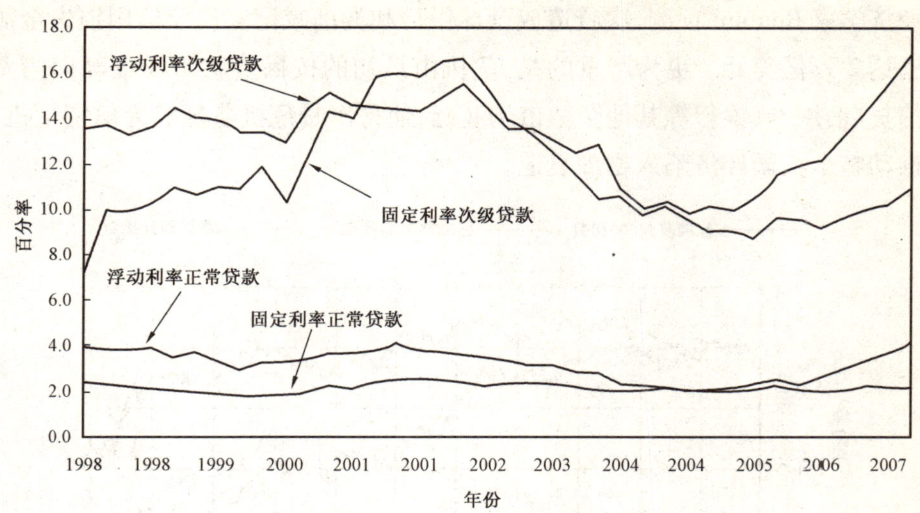


美国住房贷款违约率急剧上升

(资料来源:美国抵押贷款银行协会)

### 第二阶段:以投资银行等相关金融机构为代表的金融机构危机

次贷证券产品危机的爆发,使得一些深刻卷入到次贷业务的金融机构开始呈现显著的经营亏损,进而演化为金融机构危机。2008 年 3 月(完成交易时间为5月30日),美国第五大投资银行贝尔斯登因濒临破产而被摩根大通收购。9 月份以后,由于房价的持续下跌,美国次贷违约率继续上升,与次级抵押债券相关的各种金融资产风险开始加速暴露出来,受到波及的金融机构范围也越来越大。9 月 7 日,美国政府宣布接管"两房(即房地美公司和房利美公司)",随之,在不到一个月的时间里,华尔街五大投资银行相继破产或者被接管,包括商业银行、保险公司、投资银行、对冲基金等在内的金融机构大都遭受巨额损失。

### 第三阶段:以资本市场剧烈下挫引发的金融市场危机

金融机构的危机,特别是雷曼的倒闭,引发了全球对于金融机构倒闭的恐慌情绪,成为此次次贷危机迅速向全球扩散的一个标志性事件,最终引发了资本市场的剧烈动荡,股票暴跌,市值大幅下降,道琼斯指数跌幅超过40%,严重打击了投资者的信心。美国金融市场的深幅调整迅速向世界各国蔓延,欧洲、日本、新兴市场国家的金融市场随之也大幅下挫,据纽约大学经济学家 Roubini 预测，次贷造成全球银行和券商减记资产及信用损失金额已达 2 万亿美元。更为严重的是，危机由最初的按揭贷款市场逐渐向消费信贷、信用卡、银行等其他金融市场蔓延，使得次贷危机蔓延成为信贷危机，推动整个美国经济陷入剧烈衰退。

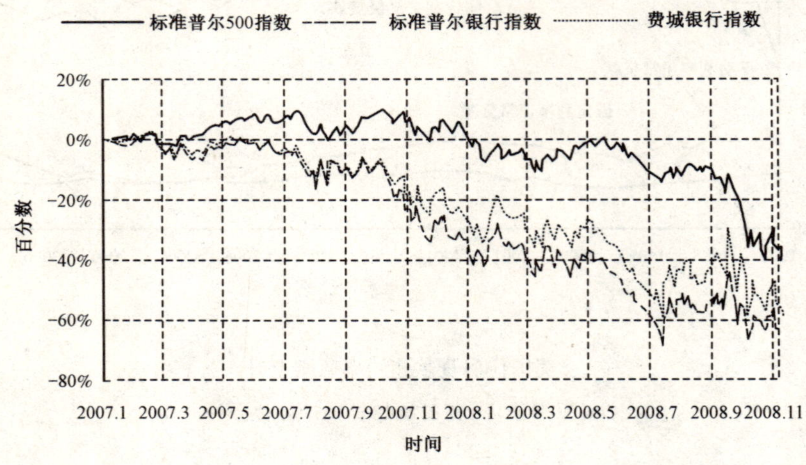


标准普尔和银行指数

### 第四阶段：从金融体系到实体经济蔓延

这一次次贷危机导致的经济周期与此前的经济周期存在的显著差异，在于此前的经济周期往往是由实体经济恶化之后逐步传导到金融市场，而此次经济动荡则是因为金融体系的监管出现缺陷等导致金融市场大幅波动，进而演进为现实的经济波动。从国际经济环境上来看，自 2008 年 10 月开始，伴随着次贷危机进一步恶化，对各国实体经济的影响日益显现，各国经济增长出现明显减速，美国、欧盟等国家经济开始出现负增长，同时失业率上升，消费者信心显著下降。美国失业率继 2008 年 10 月飙升至 6.5% 以后，11 月又创造了 6.7% 的 15 年来的最高纪录，引发了全球金融市场新一轮的大幅波动。此外，全球主要经济体逐步显现通货紧缩压力，美国 10 月份消费者物价指数大跌 1%，创历史上最大跌幅；日本 10 月 CPI 也环比下降 0.1%。泰国、韩国和澳大利亚等新兴市场国家 11 月通货膨胀率与全球同步回落，如泰国 11 月通货膨胀率从 10 月的 3.9% 大幅降至 2.2%。全球大宗商品价格更是同步一落千丈。原油价格从每桶 147 美元以上迅速跌落至 50 美元以下，铁矿石、煤炭和粮食价格也都大幅下跌。这意味着次贷危机对实体经济的冲击全面显现,全球经济的回落已经是一个显著的趋势。

部分对外部负债依赖程度较高的、相对脆弱的国家在次贷危机的冲击下经济状况急剧恶化,进而会使次贷危机的冲击继续扩大化和恶化。次贷危机已经对包括欧美发达国家在内的几乎所有国家都造成了比较大的冲击。随着去杠杆化进程的推进,全球金融市场出现流动性的紧张,当这种流动性紧张发展到一定程度,对那些严重依赖国际债务融资的国家将形成更大的冲击,其基本逻辑与雷曼倒下之后一些金融机构出现流动性危机类似。这些国家由于长期的国际收支逆差导致外债较多,一旦金融危机蔓延,投资者恐慌心理也会蔓延,大量国际资本可能会迅速撤出,在国际市场上进行融资的难度也会显著加大,这就会导致这些国家货币的大幅度贬值以及金融机构倒闭,进而引发债务危机,如冰岛,其国内生产总值在 2007 年仅为 193.7 亿美元,但是外债却超过 1383 亿美元。如果这些国家在面临去杠杆化的压力和流动性收缩时不能够获得及时的外部资金的支持,其经济将面临崩溃的风险。而国家层面的经济崩溃,就可能会对全球市场形成更大的冲击。

对于前一阶段经受次贷危机冲击最为直接的欧美等发达国家,在特定的利益团体的压力下,出于对本国经济的保护,带来了贸易保护主义的抬头。作为融入全球经济体系中的中国经济,自然首先成为这一可能的贸易保护政策的直接受害者,反倾销、反补贴等贸易壁垒的限制,将使中国贸易企业在外需不足、人民币升值的宏观环境下雪上加霜,贸易上的摩擦也将对中国新一轮的对外经济政策产生新的挑战。

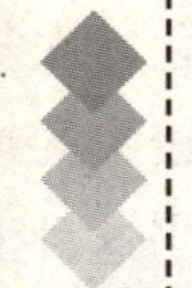

## 金融危机对中国经济的冲击远不止出口那么简单

周明剑:外间有些说法,说金融危机对中国经济影响并不大,即使有,也主要体现在出口需求的下降。曙松兄认为如何?

巴曙松:此次金融危机对中国经济的冲击程度远远超过了1997年的亚洲金融危机。综合来看,次贷危机对中国经济的传导主要通过如下几个渠道。

第一,直接投资损失。从目前的情况看,中国的金融机构投资的次贷证券及其相关产品的损失相对于其盈利能力和资本实力看,还可以说是可控的,与其资产规模和盈利水平相差悬殊,相关损失完全能够消化。根据彭博资讯估计,内地金融机构直接损失不会超过全球直接损失的1%。

第二,贸易渠道。最直接的体现就是中国出口的迅速下降及其对经济增长的负面影响。美国经济减速导致美国进口需求下降,次贷危机影响到欧洲乃至全球,也降低了全球对中国商品的需求,这使得中国的出口部门以及对国际市场依赖程度较高的地区,必然会经历一个较为艰难的回落时期。因为出口企业多数为劳动密集型企业,因此这些企业的倒闭对于就业的压力会加大。

第三,国际资本流动的波动。特别是危机早期伴随着全球金融机构的去杠杆化过程,有一部分母国的总部经营出现困难,需要调回资本,导致中国外商直接投资(FDI)的迅速下降;后期随着中国经济的率先复苏,又急速反弹。

第四,商品价格的大幅波动带来剧烈的库存调整,对实体经济产业链的不同环节的企业形成巨大的杀伤力。随着去杠杆化的推进以及金融市场的调整,国际商品市场大幅波动,主要货币的汇率波动也大幅加剧,而中国的企业大量处于制造业环节,上游原材料价格的大幅波动及其导致的中下游的短期内剧烈的正反馈收缩,对于整个制造环节的产业链不同位置的企业都形成了剧烈的冲击:对冲基金去杠杆化退出商品市场导致石油等商品价格的大幅回落,使得中下游的企业迅速形成了强烈的不同环节的中间产品的价格下滑的预期并大幅压缩库存和延迟采购等。从2008年中国经济运行的全年情况看,上半年国际商品价格的大幅上升促使企业积极增加库存,同时也进一步推动了原材料价格的上升,导致2008年上半年的经济增长有一定的虚增成分,而2008年下半年国际市场商品价格的大幅回落也促使中国企业同步大幅减少库存,这种短期内十分迅速的库存调整,加剧了不同环节的产品价格的剧烈波动,对习惯于在相对平稳的价格环境中进行制造加工的中国企业造成了非常大的伤害。特别值得指出的是,这种不同环节的产品价格的大幅波动,对于同一产业群中无论是优秀企业还是经营管理水平欠佳的企业都可以说是"通杀",短期内的库存调整导致的"突然消失的需求",其杀伤力都是同样显著。这种价格大幅波动带来的冲击在2008年10月份以来变得更为突出,特别是钢铁、造船、煤炭等相关行业。

同时,短期内汇率水平的大幅波动,也对习惯于以美元计价的进出口企业,特别是对欧洲或者日本有进出口业务的企业,带来了巨大的汇率风险,一些企业在主业的经营上可能还能够应对次贷危机的冲击,但是一些非主业的、原来可能是主要试图进行风险对冲的汇率或者商品价格的衍生工具的投资,也可能会对企业带来致命的冲击;如果企业对于资产风险管理不当,就可能导致企业经营的巨大损失。

第五,市场预期。全球金融市场大幅调整,使得中国的企业和消费者形成了对于经济未来的过于悲观的预期,在这种预期的推动下,无论是经营状况良好的企业还是可能受到冲击的企业,都同步主动进行大幅的收缩,不少大型企业主动提出了"过冬"的战略以及停止新的投资的防御策略。对于单个的企业来说,这种防御的心态可能有助于其增强对于次贷危机冲击的应对能力,但是当几乎所有的企业都同步进行这种

2007年11月17日,巴曙松在广东证券期货业协会举办的"中国资本市场发展战略"报告会上

(图片来源:广州日报)

悲观预期主导下的收缩时，整个经济体系遭受的冲击就会大得多。近几个月以来，各方面的数据都显示出经济紧缩在中国的制造业不同产业链上大面积传染的迹象。由于外来的不确定性，预防性紧缩和避险心理正在企业和个人中流行开来，无论是企业还是个人都强调保持现金流，负面的心理预期使得投资大幅减少，居民消费放缓，内需不足的情况更为严重。

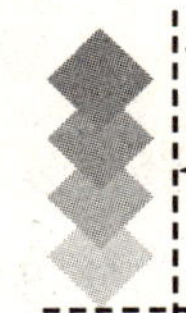

## 复苏状况不同带来了退出政策的分化

周明剑:应对金融危机,各国不约而同都采取宽松的货币政策和积极的财政政策。但我们看到今年以来有些国家如澳大利亚、巴西等已经开始加息,而美、日、欧等主要国家却迟迟没有动作,请问如何看待退出政策的分化?

巴曙松:进入2010年,新兴市场国家与发达国家的复苏格局差异化逐渐明显,而发达国家内部美、欧之间,欧元区内部南、北欧之间的复苏分化也不断明朗。复苏格局的分野直接导致了政策退出的分化。可以预计,2010年不同国家的退出行动的步伐、时机与程度开始呈现非常大的差异。换言之,全球宏观经济政策走向将由危机应对时期一致的行动、单向的大规模刺激不断转向后危机时期的退出政策分化。

如果我们将后危机时代全球化格局大致分为三个大的板块:以英美集团为代表的消费国,以新兴市场和德国、日本为代表的生产国,以巴西、澳大利亚为代表的资源国,那么这三大板块的复苏格局与退出政策的差异十分显著。

首先从消费国的情况看,前期受金融危机的冲击比较大,在超大规模的金融援助和财政刺激下,以资产负债表衰退为代表的危机已得到遏制,金融系统不断得到修复,实体经济已基本走向“V”形复苏的右方,低储蓄、高消费的模式正在发生积极的变化,家庭和金融机构的杠杆率不断减少并转移到政府的资产负债表。最新数据观察,美国的失业率已降至9.7%,逐步走出“无就业的复苏”困境,虽然复苏进程不如预期那么快,但基本不改其向好前景。从目前的分析看,危机过程中主要由补库存动力推动下的前期的复苏,正在逐步转换为设备投资带动的新的增长。

其次从生产国的情况看,以中国为代表的新兴市场国家以及德国、日本等传统生产型经济体,依托其强大的加工制造能力,保持相对稳定的复苏进程。从可持续的前景看，这些国家尤其是中国未来的一个重要任务是促进经济结构的转型与调整，实现内源动力推动的可持续复苏，而退出政策的过程也将根据实体经济复苏的进程与速度同步进行。

最后从资源国的情况看，由于原材料、资源、大宗商品受全球经济复苏与全球需求的影响较大，这些国家也呈现相对较大的波动。经过全球范围内大规模的经济刺激以及十分宽松的货币流动性，资源价格出乎意料地大幅上涨。这导致主要资源型国家的经济状况和盈利能力上升非常快，因此相比之下，巴西、澳大利亚这些国家的退出政策方向比较明确、态度也比较坚决，澳大利亚已经连续加息多次。

总体上，这三种国家在复苏格局与退出节奏上都存在较大的差异，这在一定程度上加大了全球经济复苏进程的不确定性，从特定意义上说，后危机时代的一个常规性主题将会是世界经济格局中这三大板块国家相互依托，同时也相互博弈的新版“三国演义”。

# 山重水复:欧洲主权债务危机会引发全球性风险吗?

### 主权债务危机是否会引发全球性风险?

周明剑:过于庞大的经济刺激政策使欧洲的一些国家(如希腊、爱尔兰等)的主权债务进一步加大。市场一直担心欧洲主权债务危机将加剧金融危机并造成全球经济的二次探底。曙松兄,你觉得这是杞人忧天吗?

巴曙松:自2009年12月希腊爆发债务危机以来,希腊债务问题不断发酵,对于全球金融市场产生了持续的冲击。鉴于希腊在欧元区内的有限影响以及救援机制的即时推出,欧元区核心国家有足够的能力将危机限制在欧洲范围之内,从而不至于引发全球性风险。

然而,欧洲主权债务危机的救援机制存在较大的成本,而且接受救援的国家必须承诺严格约束财政支出计划,这意味着与国际货币基金组织(IMF)贷款条款挂钩的7500亿欧元救援资金虽然可以抑制债务危机演变成全球金融海啸第二波,但是也为欧元区经济复苏和全球经济复苏投下了阴影,目前金融市场的动荡本身即说明这一担忧并没有因此而全部消除。

正是从这个角度上,7500亿欧元的救助计划对提振市场信心的意义要远大于真正解决债务本身的意义。这一计划短暂提升了全球的风险偏好情绪,全球主要资本市场指数在消息公布后的首日均有强劲反弹,而欧元在昙花一现的反弹后继续向下。这是因为市场担心7500亿欧元的市场规模是否意味着欧洲债务危机的程度是否已经与2008年美国救助雷曼兄弟时的规模相当,所以巨大的救援计划也使市场对债务危机的严重程度产生担忧。如果危机进一步深化,欧洲各国自顾不暇,国际金融市场是否会出现包括原材料在内的大幅度波动还有待考察。

然而，整体上——特别是从企业角度而言——与2007年、2008年的次贷危机相比，这次债务危机的冲击又小于次贷危机，也不太可能会对市场造成系统性的冲击，主要有以下几个方面：

首先，全球经济的复苏态势已经形成，经济环境最糟糕的情况已经过去，不会再重演大规模的衰退情景。中国在2008年第四季度和2009年第一季度时内外叠加形成的、十分激进的去库存化导致的严峻情形很难再现，美国经济经历负增长后，也逐步走向了较为稳定的复苏之路。因此，整体上，虽然目前全球经济复苏的基础仍不稳固，风险也将存在，但复苏的通道已基本确立。

其次，经过金融系统的修复和去杠杆化过程，美国金融机构的杠杆率已经大幅度下降，已由危机时的60倍左右的水平压缩到目前30倍以下，资产负债表得以修复和消化，金融机构的健康状况改进十分迅速。

再次，2008年金融危机之后，世界各国有了较为成功的处理类似事情的经验。欧元区内部，德法等核心国家仍有较强的能力将危机限制在欧洲，从而减轻对全球市场产生系统性的冲击。

最后，2008年第四季度蔓延全球资本市场的悲观情绪与投资者的心理预期有关，对投资者而言，2008年的全球性金融危机是史无前例的，而这一次欧洲债务危机对民众的心理层面的冲击远没有这么大，这为政策选择保留了一定的空间。

### 主权债务危机仍会为全球复苏投下阴影

周明剑：那么是不是从此就可以高枕无忧了呢？

巴曙松：不然，尽管欧洲主权债务危机产生全球系统性风险的可能性较小，但是仍会为全球可持续复苏投下一些阴影。

从目前的情况看，危机及接受救援的国家需要承诺在未来5年将财政赤字压缩至一定比例，原则上应该低于GDP的3%，对希腊而言，即由当前15%逐步降到3%。假定这一财政压缩过程顺利推进，那么危机中的国家在未来的复苏进程将不可避免地受到影响，这将不可避免地使欧元区内部的经济复苏出现分化。以德国为首的北欧国家在出口的推动下将保持较快的复苏步伐，而南欧则仍继续保持相对低迷的增速。

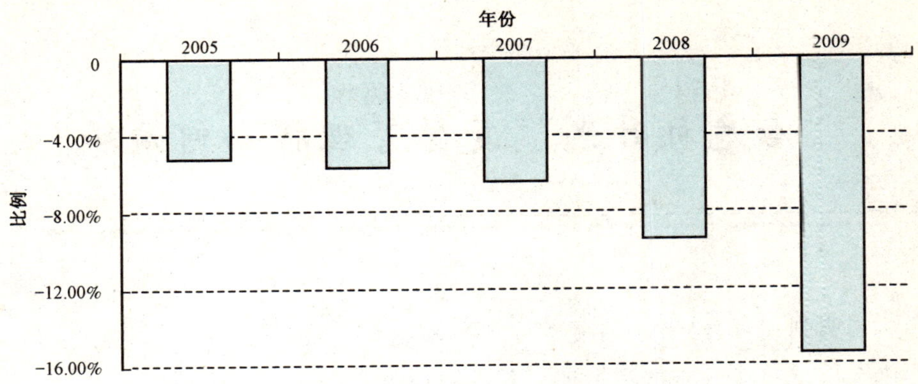


希腊财政赤字占 GDP 的比重

(数据来源:欧洲央行)

# “后危机时代”：复苏管理将如何演绎？

周明剑：各国经济步入复苏后，全球经济在“后危机时代”将会出现一些什么特点？各国应如何整理复苏后的经济？

2011年2月14日，巴曙松在亚太经济合作组织工商咨询理事会2011年亚太区服务业大会上发言

（图片来源：南方日报）

巴曙松：金融危机过后，全球经济会出现一些新的变化。

### 全球未来经济增长模式面临重构

对于一些西方发达国家而言，金融危机意味着依赖过高的“杠杆率”，高负债推动下的消费主导型发展模式同样蕴含潜在风险；对于中国等新兴市场经济体而言，金融危机意味着出口导向型发展模式面临调整，必然面临“去产能化”的压力。未来10年内，受“去消费化”的驱动，美国虽然仍将是全球最大经济体，但未来出口对其经济的贡献增大，随着国内需求释放，消费在中国经济中的占比将显著提高，此外，俄罗斯、中东、非洲等资源类国家中期内可能会重返增长，欧洲和日本则受人口老龄化、社会与经济结构问题等因素制约，经济可能较为疲软。全球未来经济增长模式面临重新构建。

### 全球金融体系的再平衡

从全球金融体系格局来看，金融危机表明以美元主导的国际货币体系存在许多内在的缺陷。在这样一个不对称、不平衡的国际货币金融架构下，由于不存在发达的本土金融市场，中国等新兴市场经济不得不把大量贸易盈余（过剩储蓄）投向美元债券，转换成巨额外汇储备；相反，美国则依靠美元主宰性国际储备货币的地位为巨额赤字融资。这种高风险的全球“恐怖平衡”最终被金融危机打破，以美元为主导的国际货币体系面临动荡的格局。作为全球金融市场的日益重要的参与者,银行业必须在产品创新、资金运营、基础设施支持等方面进行调整,适应未来金融市场的变化。

### 重新聚焦于新兴市场的国际化战略

从复苏状况来看,新兴市场的经济恢复最快。发达国家的虚拟经济的过度发展和产业不断向新兴市场国家转移,加上新兴市场国家廉价的劳动力和土地价格,新兴市场国家未来的经济发展速度将远远超过发达国家。国际资本将加大向新兴市场国家的流入,全球国际化战略将重新聚焦新兴市场。

在本次金融危机中,虽然美国银行业整体出现了大量"有毒资产",盈利能力也大幅下降,但部分经营业绩保持稳健的美欧大银行,都是较为成功地扎根于新兴市场的银行,新兴市场丰厚的业绩增长有效地抵消了美欧市场的亏损,以汇丰银行、渣打银行和西班牙银行等较为典型,如汇丰控股2009年的税前利润为70.8亿美元,而其亚太区业务则取得税前利润92亿美元。

随着大规模救援计划的实施,欧美大银行逐渐退出在欧美的部分业务和市场,并加快了在新兴市场的布局,如花旗计划关闭旗下美国和加拿大的个人贷款业务部门CitiFinancial下属的376家分行,将旗下的Phibro大宗商品交易业务出售,而汇丰为了配合其集中发展新兴市场、实现业务从西向东转移的战略目标,将行政总裁纪勤(Michael Geoghegan)和执行董事霍嘉治(Sandy Flockhart)的常驻办公室迁往香港,并有意收购泰国第七大银行暹罗京都银行(Siam City Bank)股权。国际清算银行2010年一季度报告同时显示,向新兴经济体的跨境贷款自2009年三季度以来已经连续第二个季度微幅增加,美元的国际贷款出现了自2008年第三季度以来的首次增长。可见,2008年底前后国际银行业从新兴市场撤出的行为不是"去国际化",而是短期内迫不得已的权宜之计,未来该市场仍将是国际银行业争夺业务的竞争热点。

### 全能银行模式与"归核化"战略并存

次贷危机引发的信贷紧缩暴露了独立投行高杠杆、高风险、高收益运作的缺陷,风靡一时的全能银行、金融超市理念在次贷危机中也受到一定挑战,甚至有观点认为全能银行会随着花旗集团的分拆而走向没落。甚至花旗集团CEO潘迪特在写给股东的信中也坦言公司继承了许多与本行核心业务没有根本性关联的高风险资产,花旗的一些资源被分配给不能为客户产生足够价值与不能为股东赢得足够风险调整回报的活动。但是全能银行并非导致金融危机的根本原因，潘迪特指出成本结构过于庞大、信息技术系统效率不彰而且往往互相不能沟通才是主要症结。其实，无论是零售客户还是企业客户均有广泛的多元化金融服务需求，因此，在强化风险管理的前提下，打造资产、业务和经营地域多元化的大型全能银行依然是未来全球银行业发展的主要趋势之一。为了更好地满足客户交叉业务需求，花旗加快了重组的速度，“ONE CITI”的理念被逐步推广，提倡内部合作，进行交叉销售。在亚太地区，仅今年二季度就促成了2000多家公司客户加入“花旗精英职通”(citi@ work)计划，这些公司的超过5万名的员工成为花旗的零售客户；即使市场充满挑战，花旗的贵宾客户也增加了2.4万位。

一些全能银行将通过对陷入困境竞争对手的收购进一步扩张，尤其是欧洲部分有实力的银行将按照集团经营业务发展的需要，趁机加快兼并整合中小银行，将集团资产、业务和经营地域进一步多元化，以增强自身在危机中的减震能力，届时，欧洲将缔造出一些资产更大、业务更丰富、经营地域更广泛的国际性大银行或银行集团。与此同时，国际银行业也会不断吸取次贷危机中的经验教训，发挥比较优势，加快部门整合的力度，部分全能银行或将收缩业务范围，转向适度多元化经营，实现从一味追求范围经济向“归核化”转变，专门化、精简化的金融服务方式将在一定程度上受到青睐，如花旗集团的公司业务重心开始回归贷款和储蓄业务基础。

**并购战略理念发生转折**

企业并购战略的最基本的理念已经发生了变化，援助性并购成为危机后的一种新的并购方式被美欧国家普遍采用。据汤普森路透统计，2009年并购总额为2.3万亿美元，比2008年全年减少32%，比2007年减少53%，其中1.6万亿美元为传统并购交易，其余则为政府救援性交易。由于新的所有权结构、监管以及普遍的市场信心，银行业可能会出现再国有化趋势，使得跨境兼并对银行的相对吸引力降低，同时，对国外市场当前局势和未来发展的不确定性增加，与国内银行相比，对国外银行的估值已经变得更为复杂了。例如，由于关于市场条件、客户需求和行为或监管成本方面的信息较少，此外，未来几年欧美国家几百个濒临破产的金融机构的市场退出也会推动银行的援助性和以国内为主的兼并。

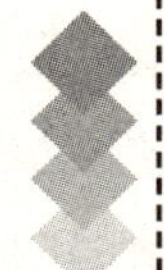

# 新的十年:国际格局的多极化洗牌与全球治理的再选择

周明剑:曙松兄,危机过后,未来全球政治经济格局会发生怎样的变化?全球治理将会在博弈中面临怎样的选择?

巴曙松:危机带来全球政治经济格局的改变,也带来发展的机遇。

## 国际经济格局的多极化重新洗牌:中国的大国地位已经初现雏形

"后危机时代"一个标志性事件是国际经济格局的深刻调整,这表现在两个层次:从国家集团看,1998 年东亚金融危机时,发达国家是国际债权人,新兴市场国家是债务人,2008 年全球金融危机时,这一局面根本扭转,因此新兴市场国家和发达国家的经济力量对比出现了一个新的平衡。从单个国家看,美国"无就业的复苏"和"欧洲五国"的主权债务危机预示着原有的主导国家正在经历艰难的调整。在金融危机之后,中国的 GDP 总量超过日本,成为全球第二大经济体,尽管这仅仅只具有象征性的意义,但是中国依然保持了强劲的复苏与增长态势。这意味着全球经济格局将不可避免地面临多极化的洗牌。

总之,从多个角度衡量,中国的大国地位已经初现雏形,特别是在危机应对过程中发挥了十分积极的作用。首先,中国已经成为许多经济体的最大出口市场。例如巴西、日本、澳大利亚、韩国、中国台湾与中国香港的出口总量中,其中分别有 13.2%、18.9%、21.31%、23.9%、28%、51.1% 的份额被中国市场所吸收。因此中国在全球贸易中的重要性越发重要。其次,仅从 2009 年的数据指标看,中国的外汇储备总量、出口总额、经常账户顺差、煤炭消费量和汽车销售量已稳居世界第一;按购买力平价计算的 GDP 和名义 GDP、石油和电力消费量、初级能源消费量已占世界第二名。再次,最耐人寻味的是,中国和美国在 2009 年的经济表现几乎可以说形成了十分有趣的对应,从这一年的增量看,中国经济的增长几乎完全抵消了美国经济的下跌,这表现在多个层次:2009 年中国的名义 GDP 增长约为 6000 亿美元,而美国则下降约2500亿美元;中国的消费品零售总额增长约3000亿美元,而美国则正好下降3000亿美元;中国的汽车销售增量约为450万辆,而美国则下降300万辆;中国的家庭储蓄总额约为4000亿美元,而美国家庭负债则约为2500亿美元。这些数字很好地说明了尽管中国经济总体发展水平还较低,但是从增量看,已经是一个有国际影响力的大国,而一个崛起的大国,必然面临与原有的国际经济秩序的调整和互动的过程。

**多极化趋势下全球治理的再选择:G2、G20还是改进的多边组织?**

2008年弥漫全球的金融危机带来的不仅仅是一次金融和经济方面的巨大冲击,而且也凸显了全球治理结构的极度脆弱性。金融危机之前的十年,国际经济实力的力量对比正在发生变化,然而全球治理的基本架构并未体现这种变化,新兴市场经济体在多种国际组织和机构仍然缺少话语权。例如长期以来,世界银行的现有184个成员国中,G7国家集团占有的投票权高达40%,美国一家占据着16.38%的比例。因此在重要决策需要85%以上多数票通过的规定下,美国就可以否决任何一项决策的通过与实施。有趣的是,一直以自由民主进行标榜的美国,在国际组织中却是完全不强调发达国家与发展中国家的平等参与权的。国际货币基金组织(IMF)成员国的地位同样失衡。再看IMF,金融危机之前,欧盟拥有IMF 32.2%的投票权,美国和日本各拥有17.1%和6.2%,在IMF执行董事会的24个成员中,有7个来自欧盟。全球治理结构在国际经济力量发生的巨大变化下并未同时改进。

2007年12月14日,广州,巴曙松在第三届亚太总裁与省市长国际合作大会上发言

(图片来源:南方日报)

从历史上看,10年以前,1997—1998年的金融危机被看做是新兴市场的危机,跟美国和欧洲关联不大。因此欧美国家主导的国际机构对亚洲危机的主流建议,强调的是东亚国家应该仿效西方,按照国际标准和准则加强银行监管、金融透明度及公司治理,进行财政的紧缩。从更广泛的意义上说,在进行国内货币和金融体制改革时,新兴市场经济体应该向发达国家看齐。这些观点随后被一般化为一系列金融稳定政策,并被认为能够产生所

谓的“最佳实践”。10年之后,2008年全球性金融危机打破了这一推论,因为这一危机恰恰发端于发达国家,发达国家采取的应对举措与1997年亚洲金融危机时迥异。金融危机揭示了发达国家金融体系透明度的不足、宏观经济和监管政策协调的失败、普遍存在的监管套利行为以及金融服务行业的道德风险。总之,全球性的金融危机表明发达国家所一直倡导的金融架构和运作方式并不完全能为中国和新兴市场国家提供合适的标准,同时它也没有指明什么样的标准才是真正合适的。因此全球必须探索一种新的合作框架,目前看来,未来面临着三种选择:

(1)部分美国学者呼吁的“中美共治”下的G2模式。

弗格森、伯格斯坦等部分美国学者呼吁的所谓“中美共治”之所以引起关注和争论,一个最重要的背景就是中国经济实力的增强:中国已经发展成为全球“大国经济体”和“大国贸易体”,年均GDP增长率在全球经济历史上保持着最好的增长纪录。特别是在2008年和2009年应对金融危机期间,不但中国与美国的经济表现出了惊人的互补性,中国的增长冲销了美国的下降,而且中国的强劲复苏也成为带动全球实现反弹的积极力量。

事实上,2004年美国国际经济研究所所长伯格斯坦就建议美国政府应该建立中美之间的机制化对话,即G2模式。2008年他在外交杂志上再次撰文指出,中国事实上已经成为与美国、欧洲并列的三大超级经济体之一,并对全球经济秩序提出新的挑战。而且他认为,中国对于现行的全球经济秩序中越来越多的标准、规则和习惯带来的挑战,可能对美国和世界经济运行本身就是颠覆性的。这种挑战将随着中国经济的强大和其国家自信度的快速增长,以及美国政府执政效率和其全球领导地位的逐步下滑,变得日益明显。

但是,同样需要正视的是:首先,2009年中国GDP总量按现行汇率计算为4.9万亿美元,大约只是美国的1/3,而且在货币与金融、军事与科技以及国际规则制定权三个方面,中国与美国之间的差距仍旧是巨大的,从这个角度看,中美之间的实力对比只是发生了变化,虽然速度和方向都是良性的发展,但目前而言,这种变化并非是根本性的,中国要想发挥系统性影响力仍需要长足的进步。其次,美国仍然是现行国际金融与货币体系中的最大受益者,美元作为主导性国际储备的地位为美国的货币政策赢得了巨大的操作空间,而中国在金融不发达、人民币没有实现国际化的情况下,也只能被迫吸引美元资产,实质上在现有的国际货币体系下以一个最大的发展中国家为最大的发达国家进行了巨大的贸易和金融方面的利益转移,因此未来10年甚至更长的时间,中国必须在金融和货币方面有新的突破,人民币逐步推进区域化和国际化不仅仅一直是一个理论研究的课题,而应当进行现实的推进。

从这个意义上来说,总体而言,美国学者所呼吁的"中美共治"的外交含义远远大于现实的经济与金融含义,中国也不可能承担超出自身能力的国际责任,同时中国不同经济金融部门对国际经济金融体系的熟悉还需要时间,对此应有清醒的认知。

(2)G20取代G8的可能性?

G20成立至今已十年有余。在亚洲金融危机之后,1999年6月由美国等西方国家的财长在德国科隆提出建立更具代表性的全球经济论坛,目的是让有关国家就国际经济、货币政策举行非正式对话,以利于国际金融和货币体系的稳定及世界经济的稳定和持续发展。在这个建议下,1999年9月25日在华盛顿G8财长创造了G20机制,即20国集团财政部长和央行行长会议机制,这个论坛包括G8的八个成员,中国、阿根廷、澳大利亚、巴西、印度、印度尼西亚、墨西哥、沙特阿拉伯、南非、韩国和土耳其等11个国家和欧盟,同时国际货币基金组织(IMF)和世界银行列席会议。这些国家的国民生产总值约占全世界国民生产总值的85%,人口约占世界总人口的2/3。G20首次会议在12月15—16日在德国柏林举行。

然而直到2008年的金融危机,它并未引起足够的重视,在此之前,G7/G8才是国际合作、协调与对话的一个最有影响力的平台。

目前看来,2008年雷曼倒闭和次贷危机全面恶化以来,在不同时点、危机的不同阶段,共召开了三次G20峰会:第一次是2008年11月,被国际媒体称为在金融危机环境下"象征着世界格局转折"的20国集团华盛顿峰会召开。实际上,与取得的成果相比,这次峰会的象征意义更大。它显示了世界经济新同盟的力量和新权力分配格局的形成。第二次是2009年4月,在经济形势不断恶化的条件下,G20领导人第二次金融峰会在伦敦举行,在金融危机的恐慌和冲击中,各国领导人就国际货币基金组织(IMF)增资和加强金融监管等多项议题达成共识,并于会后公布了《全球复苏和改革计划》。第三次是2009年9月在美国匹兹堡召开。这一次会议延续了前两次峰会的使命,共同商讨应对本轮全球性金融危机的政策措施,推动国际金融合作与监管改革。从华盛顿峰会、伦敦峰会到匹兹堡峰会的三个不同时点里,世界经济局面不断改观,信心不断恢复。

总体而言,这些峰会基本奠定了 G20 框架的危机应对与协商功能,历史经验再度表明:越是在危机的时候,一些关键的共识越容易达到,可以说,危机往往是改革的催化剂,使一些新的思想、新的措施、新的机构从幕后走向台前。G20 就是如此。

然而,虽然从 G7/G8 到 G20,国际社会出现从一极到多极的积极转变,发展模式的多样性和平等性得以一定程度的体现。但是,G20 也具有一定的局限性:首先,这个组织到目前为止还没有清晰的执行力和存在的合法性,协调能力也十分有限,到目前为止内部国家集团之间存在明显的利益冲突,新兴市场国家与发达国家在一些核心问题如改革国际货币体系方面存在严重的分歧;其次,成员数目多,效率相对低下。可以类比的是,G8 集团往往难达成共识,相比之下,G20 可以说是分歧更多,退一步讲,即便 G20 能够达成共识,它一样还是把世界上绝大多数的国家排斥在外。所以,G20 的前途仍然有许多不确定性,如果说在危机时期这个世界可以借助于这个平台达到共识,那么在正常时期,它的影响力必然会下降,毕竟 G20 目前不存在一个具有约束性的合作与实施机制,各国中央银行与财政部仍然具有完全的自主性,各国之所以愿意能够在危机时采取合作的态度,也是为了能够趁早走出危机,一旦危机过去,国际利益自然让渡于国家利益,这一趋势从三次会议的公报就可以清晰地看出来。

(3)改革 IMF。

从目前的国际机构的架构来看,以 IMF 为基础进行改革,通常被视为是最具有可操作性,也具有更多代表性的建议,然而,要想使之发挥更大的作用,IMF 必须在以下几个方面进行改革。

其一是决策机制与决策权力的分配问题。目前,IMF 的决策大多通过一个由 24 人组成的执行委员会进行,而每个成员则代表着世界的不同地区。那么相应的问题就是,欧洲国家的委员会成员过多,而亚洲和非洲新兴市场国家的成员过少。

其二是 IMF 投票权份额的计算方式,目前每个国家的投票权大小取决于他们对 IMF 注资额的多寡。最近的一项研究发现,2000 年和 2001 年中国、印度和巴西的集体投票权为 19%，低于比利时、意大利和荷兰三国，然而事实上，前三者的 GDP 规模是后三者的 4 倍，人口是整个欧洲大陆的 29 倍。如果在未来数年内 IMF 还想维持其可信性，那么其席位和份额分配就需要充分考虑新兴市场国家的利益。此外，在 IMF 最高决策权上，有一种非正式的先例即美国领导世界银行，欧洲领导国际货币基金组织，当然这同样需要改变。目前，呼吁改革这些陈旧做法的声音被置若罔闻，而这将进一步威胁 IMF 的合法性。

其三是 IMF 在其他方面也需要改革。虽然 IMF 对其成员国具有影响力，但是这通常只适用于危机时期，而且也只适用于那些出现债务支付困境的小国家。类似于中国、日本和德国这样的世界主要债权国家，他们完全可以忽略 IMF。同样，像美国这样拥有巨额经常账户赤字的国家，即可以用自己的货币借款。实质上 IMF 对欧洲和美国等大国几乎无能为力。更糟糕的是，对于那些威胁全球经济稳定的国家，从目前的情况观察，IMF 也一直不愿意运用其强大的号召力进行批评和阻止。

总体上，未来十年，甚至更长的时间，国际合作与协调需要一个更加广泛、更具有实施能力的平台，当然中国也需要认真考虑其在国际组织与机构中的重新定位。

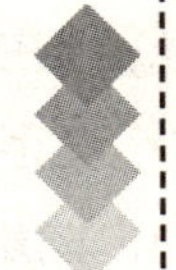

## 希腊债务危机、丰田事件以及人民币汇率纷争:蹊跷的关联性

周明剑:在2010年第一季度,全球经济的焦点事件大致是希腊主权债务危机、丰田事件以及中美之间就人民币汇率问题的纷争。这些问题看起来都是独立的事件,但内在会不会存在某种联系呢?钟兄怎么看待这个问题?

钟伟:阴谋论不是我的特长,但这三桩事情来得太蹊跷,很难令人相信彼此之间是孤立的。这些事情被怀疑的对象分别是欧元区、日本和中国,唯一缺席的主角,也是从上述事件中得益的主角是美国。

首先,希腊存在主权债务危机问题,这是事实,除此之外,欧洲不少国家,包括英国、爱尔兰等大约16个成员国,目前政府财政预算赤字超过欧盟设定的上限(GDP的3%)。希腊预算赤字超过GDP的12%,但希腊的公共债务问题并不是新鲜事物。十年前,西米蒂斯政府努力加入欧元区时,美国的评级机构和投资银行也出力不小,为希腊虚夸了GDP规模,美化了财政赤字,使希腊终于顺利加入欧元区。当然夸大经济规模和掩饰赤字,是诸多申请加入欧元区国家的惯用手法,甚至法国也不例外。问题在于,恰巧在2010年初短短几个月内,先是希腊主权债评级遭遇降级,然后是高盛因当年以衍生品为希腊财政赤字做"技术处理",要遭遇美国国会的质询,而使得国际投资者广泛关注欧元的高估问题,以及欧元区部分成员国的主权债务危机问题。

希腊主权债务危机的美国背景:一是2009年年底到2010年年初,美元对大宗商品的套利交叉盘大量平仓;二是美联储对银行体系的流动性支持和有毒资产收购在第一季度集中到期;三是奥巴马政府年内预算赤字仍然高达1.57万亿,需要大量发债。因此第一季度,美国金融体系比较虚弱,低利率政策仍在延续,需要大量发债却又不能使举债利率足够吸引人。希腊危机恰好在此时得到广泛关注,欧元因此疲弱,投资者对欧元区主权债务风险更为警惕,国际资本得以回流美国。美国银行体系以及美国国债,大致可以不愁资金了。

2009 年 8 月 1 日,2009 中国银行业高峰论坛暨第二届中国最佳银行评选盛大举行,图为钟伟发言（图片来源:凤凰网）

我们再看丰田事件,丰田汽车的质量存在缺陷,这是事实。毕竟全球销量第一和品质精良很难兼得。在奥巴马宣誓成为美国总统的当日,丰田宣布成为全球汽车业霸主。丰田汽车的各种缺陷也并非今天的新鲜事,从美国国会和丰田披露的信息来看,丰田一直在和美国各级政府沟通,试图大事化小、小事化了。美国国会对丰田的严厉质询很容易让人产生这样的感觉,丰田的品质不可靠。我不是汽车专家,但至今我并未看到美国公布在过去 10 年或者 20 年,包括丰田、福特、通用等企业巨头不同车型每万辆车发生严重、一般、轻微事故的故障率统计报告,因此丰田有问题,不等同于福特或者通用没有问题。就像中国一样,2009 年卖了 1300 万辆车,却仅仅召回了数百辆,这绝不意味着过去 10 年中国国内销售的汽车高品质。

丰田事件的美国背景:一是美国政府基本无力救助处于困境的美国本土汽车三巨头;二是不仅日美之间存在贸易不平衡,日本也是美国出口战略的最大竞争对手。在过去数月,丰田的缺陷拖累日本制造整体形象受损,并使美国本土汽车品牌市场占有率和销量有了显著提升。

最后再说人民币汇率,可能存在低估,这值得关注。但是美国经济学家和国会议员其实也都理解,美国如果减少了对中国纺织品等的进口,就会被迫从东亚和拉美选择替代进口,对美国缩减贸易逆差无益。美国如果采取对华贸易惩罚措施,中国工人会大量失业,但美国本土不会因此创造出月薪三四百美元、每周工作 40 小时以上的就业岗位来。美国如果放松对华高科技产品和技术出口管制,美中贸易更容易趋于平衡。美国如果更有耐心,那么中国从 2005 年 7 月至今,已让人民币对美元从 8.27 升值到 6.66,再耐心等 5 年、10 年,人民币也许会再渐进升值到 5.6 和 4.6。但是美国国会失去了耐心。

人民币汇率纷争的美国背景，一是美国国会11月展开中期选举，1/3席位需要改选；二是如果能够迫使人民币大幅升值，宛如“广场协议”后的日本，六年内就让日元大幅升值250%以上，那么人民币就丧失了在未来渐进国际化，挑战美元霸权，或者至少分享国际货币地位的可能性。

可以看出，希腊事件、丰田事件和人民币汇率不是孤立事件，美国是最大受益者，也正是美国在2010年初挑起了上述事端。我没有任何证据，只是在腹诽。希腊一事，是金融层面；丰田事件，是实体经济现实对手层面的；人民币汇率，是实体经济潜在对手层面的。如果真的存在上述战略，这种战略既精巧又可怕；如果不存在上述关联，权当是我的幻觉和臆断。

**相关链接**

## 经济学人的“飘一代”

2000年，互联网刚刚在国内兴起。

这吸引了钟伟，也吸引了另3位年轻的博士巴曙松、高辉清和赵晓。这批60年代出生的经济学子多为理工科半路出家，对新技术有着本能的兴趣和爱好。因为学业工作散落各处，4个人商量着通过电子邮件和论坛保持交流、探讨学术话题。

他们给这个网上经济学专栏取名为“博士咖啡”——博士代表学问，咖啡代表人生。事实上，虚拟世界之外，大家每月两次在中粮广场的一家咖啡馆相聚。

在媒体的推波助澜下，“博士咖啡”在学术圈子里声名鹊起。2002年，他们被一家杂志评为新锐榜“飘一代”的代言人。

曾有媒体给予这样的溢美之词，“他们思维敏捷，用纯正经济学的牛刀来杀市场经济万象的鸡；他们跳出书斋，目追世界，呼啸网络，指点江山，精研政府决策，融汇民间智慧，不卖弄，不凿空，作为经济学界的新锐，他们自我定位为‘飘一代’：嘴对着百姓的耳朵，脚站在百姓的中间。”

**相关链接**

## 钟伟答《南方人物周刊》问

人物周刊：你今天取得的成就，有什么心得可以与他人分享？

钟伟：勤奋之后的偶尔所得。你肯定必须非常勤奋，但是得不得到，这是很偶然的。

人物周刊:在经济形势尚不十分乐观的大背景下,你对所从事领域的前景怎么看?

钟伟:我对大学教育的前景感到非常担心。大学教育特别像养鸡场,现在并不是在培养一个人的精神气质,培养对知识的追求。大学变成了职业技校,主要培养面点师、机械师,现在的大学教育能够出工程师,但绝对出不了在学术上有思考的人。

我也是大学现行教育体制运转当中的一个螺丝,也很惭愧,改变不了什么。更荒诞的是中小学的课本,80%的内容可以直接删除掉。中国的教育已经病入膏肓。

人物周刊:你觉得你的同龄人最大的问题是什么?

人物周刊:对你影响最大的一本书,或者一部电影?

钟伟:《道德经》,我认为是最彻底的文学,最绝望的宗教。所有的宗教都告诉你会有轮回,会有来世,会有天堂,做了坏事会下地狱,《道德经》不存在这些,没有彼岸。它又是非常积极的哲学:道是天道,道要顺之;德是仁德,要用文化来克服自己的贪婪恐惧自私。

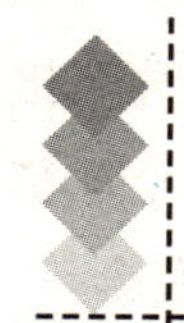

# 如果次贷危机发生在2010年

周明剑:危机后期,次贷危机从金融危机向经济和社会危机全面演化,全球陷入纷争和冲突的可能不断上升。次贷危机对全球而言是灾难,对中国而言是冲击,钟伟兄,假定次贷危机爆发在2010年,中国的金融和经济可能遭遇怎样的振荡?对于2005年以来的调控政策,甚至新近政策,我们是否进行了足够的反思和审视?

次贷危机冲击下,面对欧美经济"国有化"的浓厚阴影,面对西方保护主义迅速抬头,面对全球化面临挫折甚至倒退的威胁,面对欧美财政的巨大困难甚至极端状况,中国做好了足够的危机预案了吗?还是如同2008年11月一样宣布我们已经前瞻地洞见了次贷的爆发和蔓延?

钟伟:尽管目前局势严峻,我仍然坚信,虽然美国实体经济持续受损,但不会产生岌岌可危的次贷危机第二波;虽然中国经济也受到冲击,但是已经显现强劲的反弹。国际经济和中国经济不会沉沦于更深的黑暗之中。

假定次贷危机发生在2010年,对中国意味着什么?

所有的历史都是虚假的,除了历史二字;所有的小说都是真实的,除了小说二字。基于这样的想法,我对假设次贷危机爆发在2010年的后果,常常觉得不寒而栗。次贷危机爆发至今,正从金融危机向经济危机乃至社会危机深化蔓延,现在看来,次贷危机对全球经济的冲击,目前不亚于大萧条,未来则有可能比大萧条更糟糕。次贷危机是全球经济的灾难,也是中国经济的灾难,但如果次贷危机推迟3~5年爆发,对中国金融和经济可能是更深重和难以挽回的灾难。

(1)如果次贷危机爆发于2010年之后,中国金融体系有可能遭遇极其严峻的损失。在经历了2003—2007年年均GDP10%以上的快速增长之后,中国金融体系的国际化冲动较为强烈。从2007年开始,收购和参股外国银行案例明显增加,其中美国前五大投资银行、欧洲以及香港本地银行,均成为中资银行潜在和显示的投资对象。我们可能不仅收购了贝尔斯登和富通,也可能大规模参股了高盛、大通摩根等。次贷危机使得其中大部分拟议中的投资计划均因次贷而终止,已经完成的投资均陷入财务损失甚至接近完全损失的状态。我一直十分庆幸地认为,如果中国金融机构的全球梦不是被次贷危机惊醒,那么这些海外长期股权投资换来的就是一堆泡沫。

从2007年初开始,金融市场的国际化冲动同样强烈,除了当时不断放大的QFII和QDII机制之外,给予境内投资者广泛投资海外的“直通车”拟议也不在少数。至少可以想见,如果次贷危机推迟3~5年爆发,那么我们的直通车可能已经开到香港、纽约和伦敦,并为国内机构和个人投资者满载了幸福的泡沫。目前QDII已给投资者带来超过本金50%的损失率,而各种海外资本市场的直通车计划均已暂停。因此,如果次贷危机推迟3~5年爆发,中国金融体系有可能在国际资产价格处于泡沫巅峰时介入,并进行较大规模的并购,承受类似日本20世纪80年代后期“广场协议”式的风险。而幸运的是,美国爆仓,中国空仓,中国开始于2007年的国际化持仓被迫中断了。如果次贷危机延迟3~5年爆发,中国有可能是当年大肆购买泡沫的日本吗?有可能是在泡沫破灭后经历了15年经济不振的日本吗?至少不是全然不可能。

(2)如果次贷危机爆发于2010年之后,中国实体经济有可能遭遇转型艰难甚至迟缓的风险。从2005年之后,围绕中国外向型经济的发展,充满着理想主义的色彩,是否加速劳动密集型的、加工型产业的外迁,加速制造业的升级转型成为焦点。但当时外贸行业面临国际原油和大宗商品等价格不确定、国内劳动力价格不断高涨以及人民币利率和汇率逐步推高的“三座大山”,其中资源价格的风险一半是欧美资本操纵市场,另一半是资源需求过度膨胀,而劳动合同法是否给劳工带来了切实的福利?温水煮青蛙式的汇率升值,均属内部因素,这已经使得外贸不堪重负。诸君如有兴趣可以看一下纺织和机电产品出口,两者的景气高点分别出现在2005年第二季度和2007年第三季度,此后均陷入调整,因此中国外贸的剧烈调整,是内部政策失当和外部危机双重冲击所导致的。此外制造业的技术储备和人力资源储备也不足。

在高资源价格、高劳动力价格、高资金价格的“三高”下,在技术和人才“两不足”下,我国产业升级转型的内外部局势都局促而有限。次贷危机的爆发,使得资源、劳动力和资金价格明显回落,中国分享和获得资源以及技术的可能性也有所上升。因此如果次贷危机推迟3~5年爆发,中国实体经济的战略机遇期可能更为局促,而强制的危机性调整,使得中国难得地重新获得了宝贵的战略机遇期,若不运用好这个稍纵即逝的机会加大技术、资源和人才的储备,会非常令人痛惜!

(3)如果次贷危机爆发于2010年之后,中国在全球化进程中可能遭遇更大的国际压力,国内宏观调控的方向也会延续下去。中国经济的高速成长以及奥运会等的巨大成功,导致"中国威胁论"的进一步上升和要求中国加速对外开放的压力,甚至带来了政治、社会等多方面的强大压力。次贷危机的爆发,使得针对中国的种种外部压力,尤其是非经济领域的有所缓和。另外值得一提的是,国内防过热、防通货膨胀的宏观调控也终于在2008年10月底戛然而止,中国改革开放30年CPI的长期均线为4.8%,从2007年10月份到2008年6月份信贷持续紧缩导致企业资金严重紧张。难以想象如果次贷危机推迟3~5年爆发的话,中国为治理流动性过剩和实现"双防"目标,法定准备金率、利率和汇率会推高到怎样的水平。次贷危机冲击之后,中国"威胁"论以及对宏观调控的反思,都随之烟消云散。但消散并不意味着先前的故事不存在。

2008年10月15日,钟伟在以转型中的中国经济与投资机会为主题的中国坐标——CBN城市论坛上发言

(图片来源:和讯网)

总体而言,次贷危机如果推迟3~5年爆发,对中国更为不利,甚至有可能使中国承受巨大的金融经济损失。危机对全球经济是灾难,对中国经济则更接近于残酷的强制纠错。

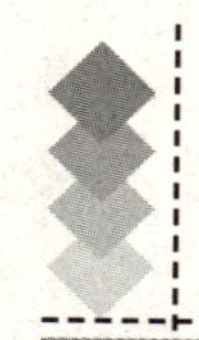

# 危机后中美政策的二律背反

周明剑：自20世纪80年代以来，美国和中国可能是最热烈拥抱全球化的国家，但是次贷危机可能使得以放任自由、开放经济为主旨的华盛顿共识，成为中国不断强调和呼吁的主旨；而美国国内舆论和政治的“左倾”化，则可能使得去全球化和以邻为壑的保护主义，在华盛顿获得更多掌声。钟教授怎么看待这两者之间的矛盾？

钟伟：我认为华盛顿共识可能在北京，而去全球化阴影浮现在华盛顿。

（1）在美国本土，金融危机有从向经济危机，进而向社会动荡和社会危机演变的可能。看不出对花旗和通用这样的企业，除了国有化途径之外，还有什么其他可以选择的治疗方案。克鲁格曼高声赞同“格林斯潘同志”的国有化建议，而布热津斯基则在警告美国有可能出现类似1907年银行业危机之后的社会动荡。奥巴马的政策则仍在犹豫和观望。同时，金融冲击有可能从欧美向东欧进行和向亚太传递。东欧银行业过度的私有化和对外开放，过度的举债发展和对能源产业的过度依赖，使得东欧有可能直接从金融危机越过经济危机，陷入政治和社会动荡。最后，次贷危机加剧了全球冲突，尤其是中东军事冲突的可能。如同兰德公司在2008年评论保尔森的救市方案那样，7000亿美元对救助次贷危机是不足的，但是足以打一场局部战争了。次贷使得全球经济和政治冲突更为剑拔弩张，在这样的背景下，中国加速军事现代化进程是保护改革开放30年成果必不可少的举措。

在这样的背景下，如何寻求次贷危机的救助和解决之道，可能成为全球最为关注和讨论的焦点议题，但是并非全部经济合作与发展组织（OECD）国家都愿意采取类似美国那样的大规模经济刺激措施。中国应强调南北之间、发达经济体和新兴经济体之间的信任和合作，避免相互指责和猜忌。

（2）把次贷危机的根源归结为中国的发展模式，无论从学术上还是政治上都是可笑的闹剧，但中国如果不坚决回击就可能使闹剧俨然成为正剧。

从2008年底开始,尤其是G7会议之后,全球范围内形成了这样一种对中国进行指责的逻辑:次贷危机的根源在于全球经济不平衡→全球经济不平衡的根源在于东亚和中东的净储蓄→东亚美元和石油美元向美国的回流,大量购入美国中长期国债压低了美国中长期利率水平→持续较低的中长期利率催生了美国股市和房地产泡沫→资产价格泡沫成为次贷危机的重要诱因。从更长的时间点看来,次贷危机更似乎是格林斯潘泡沫,尤其是在1998年之后,美联储应对东亚危机、LTCM危机、互联网泡沫和"9·11"事件,均采取了极其宽松的货币政策,联邦基金利率大体维持在5%以下,这可能是美国经济过度依赖消费、资产价格急剧膨胀的关键。

把次贷危机的根源归结到中国,是欧美推卸国内政治压力的手段,更是无端向中国勒索的手段。因为我们似乎已经习惯了西方一责骂,我们就不辩解地到欧美进行大规模采购。而这次我们应当澄清的是,次贷危机以及全球经济失衡的根源,不是中国模式,而在于不可持续的美国模式,这种模式建立在金融体系的过度发育、国际收支和财政的持续双赤字、政府和居民的净储蓄率低下、金融监管松弛和金融机构道德风险堆砌等一系列特征之上。如果对次贷危机的根源讨论走向情绪化,即便东亚和中国遭受指责,也对救助次贷危机的蔓延本身无益。

(3)令人担忧的是,美国和欧洲还会坚持全球化吗?还是从此退缩,以减缓国内结构性调整为代价保住国民就业岗位,并从此举开放经济之名,行保护主义之实?中国还能从全球化捍卫者的角色获益吗?并获得发展中大国的认同吗?中东持续的国际收支顺差是资源优势所决定的,东亚持续的国际收支顺差则是东亚劳动力价格优势和产业技术进步所决定的,因此东亚和中东仍可能持续收支顺差。只要中东国民们坐在了富蕴油井之地上,只要中美之间劳动力价格差异仍然巨大,并且劳动力不能在两国之间自由迁徙,那么中东和外部世界、东亚和欧美之间的贸易不平衡问题就难以解决。

看起来,欧美国内民众和议会舆论的"左倾"化和民粹化,已经导致了投资和贸易主义的抬头。此外,陷入金融和经济困境的西方国家极有可能被迫采取"国有化"的措施重组其陷入失灵的市场体系以及陷入困境的金融业和制造业。因此,真正坚持开放经济和全球化的经济体在迅速减少,中国可能成为开放和全球化的维护者,因为提醒国际社会防范保护主义和去全球化的风险,符合中国的国家利益。

在未来一段时间，在全球范围内寻求缓解和走出危机的药方可能是重中之重，如果寻找不到药方，或寻找到了却不敢采用，那么中东和中国就可能横受指责。次贷危机有可能使得全球化进程放缓甚至倒退，甚至有可能引发局部的频繁的政治和军事冲突。

周明剑：后危机时代更需要合作和和解，中国应该怎么样表现出自己的善意和合作精神，而西方国家又会是什么样的态度呢？

钟伟：因为次贷危机，我们也许避免了在21世纪沦落为“广场协议”后的日本；也因为次贷危机，中国可能成为保护主义盛行时，开放经济和全球化的真实维护者。如果有次贷危机的第二波，很可能不是金融的，而是奥巴马政策和实体经济受创所导致的经济和社会危机。中国应当真诚地向西方伸出橄榄枝，但不必期待西方善意接受，甚至出现恶意的攻击，也应平静等待和坚持。

(1)中国应当呼吁以负责、合作和互信阻止危机在全球的进一步蔓延和恶化。现在看来，次贷危机有可能在美国演变为经济危机和社会动荡。不久前，布热津斯基、基辛格、格林斯潘、克鲁格曼和斯蒂格里茨都讨论了美国经济的恶化，金融机构和制造业企业“国有化”的可能性以及次贷引发社会动荡的危险。此外，包括澳大利亚总理陆克文在内的领导人们正认真考虑社会主义拯救资本主义的问题，这已经不是玩笑，而是严肃的事实，只是这种国有化是带有预设退出机制的国有化，也就是国有化是西方的权宜之计，等待金融经济恢复秩序之后毕竟还是要回归私有化的老路上去的。但是，中国也应当避免对奥巴马政策的直接评述，也避免对美国是否采取“国有化”政策的评述，但是应当强调责任和互信，其实质内容是强调美国作为国际债务人的义务以及强调美国不应在次贷危机上过多指责其他国家，而分散着力解决自身问题的精力。

(2)中国应当关注美国的巨额赤字和财政困难，并强调中国宏观经济的基本面也在迅速恶化。一是目前美国总负债达65万亿美元，国债余额高达11万亿美元，奥巴马政府今年尚有2万亿美元的财政资金缺口难以弥补，因此我国应当密切关注美国的财政可持续问题，甚至破产等极端困难出现的可能。但是，对美国国家信用的极度怀疑则值得商榷。我们没有理由相信40年来未被证明其成功的类似鸡肋的特别提款权(SDR)能够真正挑战美元地位的重要角色，我们也不应该认为，受到美国和欧元区操纵的

IMF——除了成员国交纳的黄金和份额之外并没有任何实体经济,财务状况紧张的IMF——是比美国国家信用更值得信任的超国家机构。二是我国也应关注欧元区和英国金融经济的动荡以及部分经济体陷入严重困境甚至国家破产的可能性,并要求布雷顿森林机构在保护国际债权人方面发挥积极作用。至少中国应当在购入美国国债上,设定"条件性",而不是无条件地大规模购入。三是我国不应过于强调我国经济基本面没有恶化,宏观调控从"双防"已经调整到四万亿刺激方案和十大产业振兴规划,经济增速跌幅过半清晰地暴露了中国宏观经济的基本面已经全面恶化,因此承认中国主要经济指标的大幅度滑坡,空前的经济刺激方案和财政预算赤字、通货紧缩日益严峻等问题。并不意味着中国失去了比黄金宝贵的信心,但更意味着中国具备冰冷坚定的理性。

(3)中国应当呼吁改革全球金融体系,其重点在于增强IMF调节国际收支失衡的能力以及增强世界银行调节全球发展融资的能力。一是中国可以呼吁IMF增强特别提款权(SDR)的发行以及承诺给IMF注入更多的资源,使中国直接购入美国国债这一做法,转型为中国和中东等国际收支顺差国,购入SDR或者为IMF注入资源,转而由IMF将资金注入美国等国际收支逆差国,使得中国的对外债权从双边机制为主,向双边和多边并重为主转型。这对于重振IMF在全球收支调节的地位,对国际债权人的保护都有好处。二是中国应当要求改革全球国际储备体系,原本黄金、SDR和美元"三足鼎立"的储备格局,在美元霸权和美元资产泛滥的背景下,沦落为各国不得不以美元等外汇储备为主要储备资产,美国目前不停地抱怨中东和东亚购买其国债害了美国,而中东和中国也同样并不乐意被摇摇欲坠的美国财政所劫持。因此应当要求IMF发行更多的SDR、发行更多的债券以及中国央行储备更多的黄金,使得国际储备体系在一定程度上纠正过度依赖外汇的偏差。三是增强世界银行的减贫和发展功能,这是在次贷危机下,中低收入阶层失业恶化和生活困难所决定的。值得指出的是,中国对改革布雷顿森林机构和储备体系的呼吁,并不足以迅速取得成效,但重要的是通过讨论达成改革的共识和谋求逐步改善的可能性。

(4)中国应当呼吁建立全球可再生清洁能源研究基金,也可以考虑在生命科学和移动互联网领域建立更加广泛的国际合作。目前,奥巴马和欧盟均已经决定在其救市计划中,拨出巨额资金投入再生能源的研究,这可能深刻改变未来全球制造业的基础。中国应当运用其巨额储备,增加资源、技术和成套设备的进口,其中呼吁建立全球可再生能源研究基金是重要内容,通过积极参与并共享有可能的技术创新,为下一轮国际分工抢占制高点。

我不认为中国真诚地向西方伸出橄榄枝,西方就会善意地接受。例如中国如果表示愿意为美国汽车行业的困境尽力,遭遇的反而可能是美国行业协会的怀疑,工会对就业岗位、流水线和研发中心加速向中国迁移的忧虑以及国会竭力筑起保护本国制造业的高墙等反映,目前中国的善意可能招致欧美情绪化的进一步发酵,但这不是中国不表示善意的退缩借口。

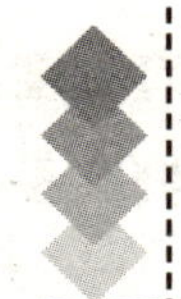

# 衰落中的美国制造业有多强大?

周明剑:许多人以为,在劳动密集型产业纷纷向中国、墨西哥等发展中国家转移,传统制造业在美国日益“空洞化”的情况下,美国已经不再是一个制造大国。中国驻美国大使馆的吴向宏博士以翔实的数据指出,这是一个严重的错误认识。事实上,由于先进制造技术的发展,美国的制造行业整体上保持了强劲能力,维持了其世界制造大国的地位。那么,美国的制造业到底有多强大呢?

钟伟:20 世纪 90 年代,是美国制造业 GDP 历史上增长最快的时期。1996—1999 年,美国制造业 GDP 的年均增长率为 5.1%,为历史最高,也大大高于同期经济整体上 4.3% 的年均增长率。在此期间,制造业对美国经济增长的贡献率是 21%。其对经济增长贡献的强度,仅次于信息产业。制造业产值在 2000 年 6 月达到历史最高点。在那之后,由于美国整体经济滑坡,其产值到 2002 年下降了 5%。尽管如此,它仍高于 1998 年的水平。这有力地驳斥了制造业在美国是“夕阳产业”的说法。今天,制造业仍占美国国内生产总值(GDP)的 16%。更重要的是,尽管制造业占美国 GDP 总量的比例不到 1/6,但它却在美国的总出口中贡献了压倒性份额。美国全部对外出口中,72% 是制造业产品。

(1)整体上看,美国制造业所提供的工作岗位的确在缓慢下降,但直到 2000 年,制造业的雇员总数和历史最高的 20 世纪 70 年代相比,仍相当其 80% 左右。在经历了最近两年经济衰退期的大裁员后,美国制造业的雇员总数仍和制造业腾飞的 1950—1960 年时期相当。目前美国制造业仍雇佣了全美 14% 的劳动者。

在雇员总人数相对下滑的同时,先进制造技术在美国的普及应用,已经彻底改变了美国制造工业的“蓝领”形象,制造业岗位几乎已经全部是高技能的技术密集型工作。例如,今天在美国,一个钢铁车间就可生产 700 多种钢,其中半数以上10年前根本不存在。生产者必须掌握所有变化添加剂的公式,理解其原理,还能熟练通过电脑完成有关操作。事实上,今天的炼钢车间看起来更像是机场的航空控制中心。制造业工人的平均受教育程度大为提高,不少人甚至拥有博士学位。制造业工人的平均年收入在2000年也达到了5.4万美元,比全美平均就业人员的收入水平高出20%。

美国制造业向技术密集产业转化的趋势,突出反映为其生产率的飞速提高。目前美国制造业的劳动生产率比全国平均高出14%,并且在所有美国产业中,制造业的劳动生产率是增长最快的行业之一。1995—2000年,美国非农业劳动生产率的增长率为3.1%,而制造业高达4.3%。其中,耐用品制造业更达令人难以置信的6.8%。如果从1973—2000年的更长历史时期看,这一趋势甚至更为明显,此期间平均劳动生产率增长速度是整体的2~3倍。此外,制造业也是应用电子商务最快的行业,2000年,美国制造业通过电子商务达成的交易额占总交易量的12%(4850亿美元),这个比例雄踞各行业之首。

(2)技术创新是美国制造业保持强大竞争力的源泉。很多人也许以为,信息、生物等高科技产业是美国技术创新最活跃的行业。事实上,1963—2000年将近40年的统计表明:制造业获得的美国专利数量,占全部美国专利总数量的90%。这一异乎寻常的旺盛技术创新活动,主要得益于制造业的大量研究和开发投入。私有企业是美国科技投入的主体,目前占全美研究开发经费总投入量的2/3。由于政府科技投入相当一部分也流向私有企业,使得私有企业能运用的研究开发经费占全美的3/4。这其中,使用的研发经费数量最为庞大,2000年占产业界总使用额的64%。美国先进制造业同盟2000年发布的一份报告认为,技术创新将是美国制造业未来保持竞争力的要领。

不言而喻,美国制造业的产出水平和就业人数,在最近两年随着宏观经济状况的劣化也有所下跌。许多制造企业加快了把低技术职位转移向海外,特别是中国、墨西哥以及东欧国家的进程。但更应该看到,美国制造业技术化甚至是"高技术化"趋势并未停顿。在整体雇员人数迅速缩减的同时,对机械师和高技能工人的需求却进一步增强。在最近的一项调查中,42%的制造商声称自己面临这两类职工的短缺。《华尔街日报》引述的另一项研究认为,到2020年,美国制造业将需要1000万新型的高技能工人。

这显示出,至少在高技能工人领域,美国制造业不存在将相应工作岗位向海外转移的可能性。相反,多数美国制造商发现,从海外引进高技能工人,比把工厂转向海外是更为合算的做法。人们通常只注意到软件等高技术领域美国接受了大量海外移民,实际上,高技能移民工人在美国制造业全部工人中的比例也在不断上升,即从1970年的7%左右上升到2001年的16%,当然这些高技能工人的主要输出地就是发展中国家。因此,在制造业的全球转移进程中,廉价劳动力作为一个吸引制造业产业迁移的要素中,其作用是相当有限的。

因此,所谓美国经济已经高度金融化、泡沫化的说法可能失之偏颇,美国的实质经济部门仍相当强大。甚至我们习以为常地认为处于“经济不景气”的日本,其制造业其实也仍然强大,日本本土制造业的精良自不必说,日本海外的制造业规模也并不逊色于中国内地的制造业规模。尽管和20世纪90年代初的鼎盛时期已难同日而语,但到2000年底日本海外资产仍高达3.2万亿美元,其中1.88万亿美元投资于制造业,日本海外企业销售额在2000年高达1.3万亿美元。这比中国2002年的GDP还高。因此,从经济意义上讲其实有“两个日本”,一个是本土的日本经济,另一个是海外的日本经济,而海外日本经济的制造业部分就足以使得中国制造业大为逊色。

周明剑:那是不是说我们过于轻视美日的制造业,而对“中国制造”又过于乐观呢?我们应该如何正确看待“中国制造”呢?

钟伟:较为冷静地看待“衰落”中的美日制造业,可以使得我们对“中国制造”时代少些不切实际的幻想。

第一,我国的制造业大而不强,虽名列世界第四(前三位为美国、日本、德国),总体规模仅相当于美国的1/5,制造业劳动生产率更仅为美国的1/25,中国正处于的似乎还不是“制造”而是“装配”时代。

第二,在这样的水准之下,中国却已出现了一定程度的“离制造业”现象,即劳动业和资本等生产要素逐渐远离制造业。目前中国专业技术人员数量的2/3配置在第三产业,制造业仅为1/6。2000年,制造业的职工工资在全部行业中名列倒数第五。近五年制造业无论在基本建设投资层面,还是在更新改造投资层面，所占社会投资总额中的比重都是下降的。

第三，目前我国的制造业结构偏轻，装备制造和主体技术能力低下。因此，也许中国尚处于工业化的中期，基本上完成了以原材料为中心的重化工业，开始向以装备工业为中心高加工过渡，如果任由资本和劳动力“离制造业”，过早地进入后工业化或服务化阶段，那么中国的产业竞争力大厦就可能仅仅是建立在沙滩之上。

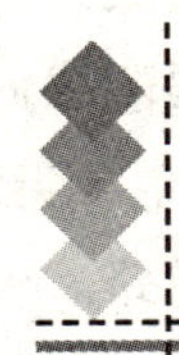

# 相信美元,学习美元

周明剑:在经济复苏明朗化的背景下,美元戏剧性地持续疲软。2010年9月份的第一周,美元指数单周下跌2%,为76.47,是2009年9月份次贷危机深重爆发以来的最低,今年3月份以来美国经济在逐渐复苏,而同时美元汇率则在不断下降,引发了市场对美元的怀疑。钟兄,我们还可以相信美元吗?

钟伟:金融市场的运行深刻地折射出人性的贪婪和智慧,市场把一个自负傲慢者锤炼得谦逊谨慎,并把贪得无厌者最终投入深渊。因此,真正的市场参与者都对莫测的市场怀有谦卑之心。

近期美元的疲软就是如此,大多数研究人员都相信,美国经济在6月份出现了摆脱衰退、走向复苏的明确趋势,9月初,美国投资、外贸和制造业仍稳步恢复,初次申领事业救济金的人数温和下降,经理人采购指数和消费者信心指数都不错。甚至有学者乐观预期2009年第四季度和2010年前两个季度,美国GDP增速有可能达到2%。但美元却持续下跌,两者之间奇妙的“跷跷板”效应显示了虚拟经济是实体经济提前的、放大的、扭曲的反映。

在雷曼倒闭并引发全球金融动荡时,最坚挺的货币是美元,最受欢迎的资金避风港是美国国债;在目前金融危机告一段落后,全球资金避险动机弱化,但投资实体经济的意愿还不是非常强烈,因此资金运行从避险转向投机,但尚未大规模转向投资。随之而来的现象,就是大宗商品、房地产和股市的繁荣了。因此,2010年3月以来,在我们看到美元不断走弱的同时,金价突破每盎司1000美元,原油价格从约34美元上升到约70美元,全球股市强劲回升。甚至连在去年全年均价暴跌26%的美国房地产,也出现了价稳量增的逆转。不再避险又不甘投资,那就投机吧!再考虑到软弱的美元对美国实体经济的复苏,尤其是强化制造业和外贸竞争力的好处,相信美国政府是乐于见到美元不断走软的。

讨论美元的近期走势，不是为了预测，而是我想说，到了好好想想危机爆发以来美元的国际形象的时候了。我们不妨围绕两个热门词汇展开，一是超主权国家货币；二是人民币国际化。我的看法是：次贷危机提醒我们，必须相信美元，因为非美元货币更不值得信任；人民币国际化必须学习美元已经走过的成功道路，而不是特别提款权（SDR）已经走过的失败道路。

回顾次贷危机最深重的2008年10—11月以及2009年2—3月，国际投资者的行为显示，他们信任美元。简单的证据是，次贷危机中，国际资本从大宗商品、股市和房市中撤出，从货币市场和企业债券市场中撤出，纷纷投入到美国国债中，导致美国短期国债收益率一度为零，中长期债收益率也仅在3%左右。次贷危机后的今天，美国国债的招标超购倍数仍大体在三倍左右，对中长期债的需求尤其明显。这显示出：无论危机之中还是之后，理性的国际投资者用钞票投了美国政府和美国经济的信任票。近期美元的走软，也许折射出，国际投资者在一定程度上愿意为美国经济复苏买单，而不去谴责美元的一跌再跌。

回顾次贷危机至今，中国对美元的不信任和对超主权国家货币的热议，尽管卷入上述现象的官员、学者或者媒体用意不一，我相信大多数官员其实是借此表达对美国的某种抱怨，真实用意在于催促美国对其经济、金融和美元更加负责任一些。但若真的不相信美元，而相信非美元或者超主权国家货币，则就真的值得反思了。日本经济的鼎盛期已过去了，20世纪80年代是其最佳表现，而21世纪的日本经济是其正常表现。我们很难期望国土、人口和资源受限的日本回复辉煌。因此日元的国际地位也随之而去。至于欧元区经济，相对美国经济而言，规模相若但开放度远逊，劳动力市场的灵活性也不如美国，成员国之间的经济差异和整合难度，明显高于美国各州政府，在大多数产业领域也并不领先于美国（GSM移动通讯可能是不多的例外）。最致命的是：欧元区没有类似美国国债那样的容量深、流动性佳、国际化程度高的主权债市场。因此，即便美元是虚弱的，但其竞争对手却更脆弱。

回顾对超主权国家货币的热议，我通常认为这是一种对美国政府的“中国式”抱怨和提醒，抱怨次贷危机拖累了全球经济，提醒美国政府要关注国际债权人的利益。仅此而已。无论发行和管理某种“超主权国家货币”的机构叫做世界银行、国际货币基金组织，还是G7或者G20，或者诸如此类的国际组织,他们要么在实力上难以和美国匹敌,要么索性直接受到美国的操纵,我无法理解,这些由政要或者学者们钩心斗角或夸夸其谈地构成的庞大官僚机构,为什么比一个主权国家更值得信任?

迄今为止,我们必须信任美元,因为其真正的强有力的对手还未出现。这个对手,可能是欧元,甚至是人民币。这就要求人民币必须国际化。克鲁格曼曾经说过,不要做美国吩咐你做的,要做美国自己正做的。人民币国际化,在我看来,应该认真学习美元在第二次世界大战以来走过的道路。限于篇幅,我只能非常简略地说一点我对人民币国际化的看法。

一是要做危机中值得信任的货币,大哥是用血和火炼出来的。美元今日的地位和其巧妙地利用布雷顿森林体系,让美元和黄金挂钩,再让其他货币和美元挂钩,美元盗用了黄金的名义而得以君临天下,因此布雷顿森林体系是一个虚金实美元的霸权体系。以中国的国力和目前的国际金融秩序,人民币无法和黄金挂钩,但人民币应坚持和以美元为主的货币篮子挂钩。人民币已在东亚危机和次贷危机中,以其强劲的表现历练过两次。未来中国经济也有能力保持和美国经济周期的基本同步,并在成长性上优于美国,这是人民币能够盯住美元,并持续保持对美元强势的基石。或者说,人民币盯住美元,相当于马拉松比赛中的跟跑战术,跟跑到最后能否超越,取决于中美之间软硬国力的变迁。

二是要做扣住国际债权人利益的货币。比美国更关注和更乐意见到强势美元的,也许并非美国,而是中东和东亚,尤其是沙特阿拉伯、日本和中国。最直观的原因,在于这些地区和国家是美国的主要债权国,美元贬值相当于债权缩水。因此,人民币国际化的重要内容,就是使人民币国债市场的国际化,要优先于国内债券和股票市场的国际化。因此我很惊讶为什么至今中国没有在内地和香港形成在岸和离岸两个有容量、区域化、清算便利的人民币国债市场。

2009年5月23日,钟伟在2009国际资本总部高峰论坛暨南京区域金融中心建设说明会上发言

(图片来源:地产家居网)

三是要避免走特别提款权(SDR)

的老路。美元今天的国际地位，既得益于美国政府刻意缔造的国际金融秩序，也得益于私人部门的积极参与。SDR 的道路是“自上而下”的，走的是政府间、央行间的政策安排，企业和居民等私人部门被拒之门外，结果 SDR 搞了 40 年还仅仅是停留在记账货币层面的鸡肋。人民币要走的道路，必须关注“自下而上”的私人部门的切身利益。或者说，要让周边经济体的金融机构、企业和居民，在人民币在当地和离岸中心的存贷款、清结算、投资和避险渠道丰富顺畅，才能形成人民币国际化的真正活力源泉。

次贷危机爆发至今，总让我不断反思。相信美元，这是由美国在全球政治经济体系中的现实地位所决定的，除非你对美国熟视无睹；学习美元，这是由美元过去 70 年和次贷危机中的表现所决定的，除非你认为地球上存在着比美元更具霸权地位的主权货币。相信美元是承认事实，学习美元是跟随，并期待超越。

第二篇

# 危局中调整的中国经济如何走向均衡？

金融危机，是经济发展中固有矛盾的集中体现。针对此次危机，中国认识到一定要使国内经济结构朝着更加均衡的方向前进。因此，国家也开始进行经济结构调整，也在寻找经济增长点——消费。

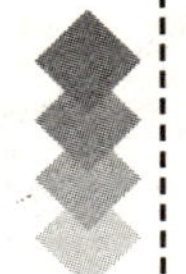

# 我国的危机应对政策:大规模财政刺激和宽松的货币、信贷政策

周明剑:目前中国的复苏动力强劲,经济下行的风险不断弱化,很大程度上得益于政府出台的一揽子刺激政策,我们应该怎么理解中国的危机应对政策呢?

巴曙松:回顾中国的危机应对政策,可以概括为几个不同的层面。

**基于内需扩张目标的大规模财政刺激计划**

2009 年全年实现 GDP 增长 9.1%,其中投资拉动 8 个百分点,投资对 GDP 的贡献率超过 90%。现在看来,2009 年投资之所以成为带动中国经济走出危机的第一推动力,关键就在于中央政府在 2008 年底推出的 4 万亿大规模的投资支出计划,其中中央政府安排的新增投资就高达 1.18 万亿。从目前实际执行的情况来看,2009 年中央政府公共投资支出共计 9243 亿元,超预算完成任务。正是在中央大规模的财政刺激之下,全社会固定资产投资出现高速增长,同比增长幅度为 30.1%,增速比 2008 年超出 4.6 个百分点,从而拉动经济实现强劲回升。

正是由于大规模的财政刺激作用带动大量社会投资和基础设施投资,中国经济在 2009 年一季度见底反弹,逐步复苏,因此财政政策的推动作用对于应对危机冲击具有决定性作用。

如果从跨国对比看,全球各国在应对危机期间都实施了大规模的政府支出计划,虽然规模和构成不同国家之间有所不同,但几乎每个国家都实施了包括扩大政府支出、减少税收等措施。整体上,财政刺激构成了全球复苏的基础。

然而,与其他国家的财政支出政策相比,中国的财政刺激计划有一些自己的特色。通常,在经典的经济学理论中,财政政策是逆经济周期的,即在经济衰退的时候扩大支出,产生赤字,而在经济上升时,削减支出,尽量保持节余,从而在整体上保持周期内的平衡。可以看到,全球主要国家实施了积极的财政政策之后,由于收入的减少和支出的增加,各国都出现了巨大的预

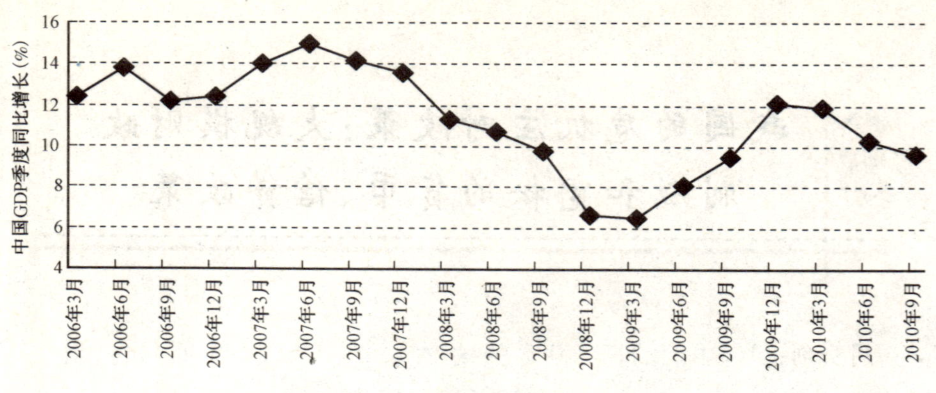


中国经济在2009年一季度见底回升

（数据来源：Wind资讯）

算赤字与政府债务。其中美国的赤字水平由2007年2.8%的GDP占比扩张至2009年的12%，日本赤字规模2009年的GDP占比增长至7.4%，欧元区则扩张到6%。

危机前后主要经济体财政赤字占比变化情况 单位：%

| 年份 | 日本 | 英国 | 德国 | 法国 | 美国 | 澳大利亚 |
|---|---|---|---|---|---|---|
| 2008年 | -5.80 | -5.13 | -0.13 | -3.40 | -5.85 | -0.76 |
| 2009年 | -10.46 | -11.58 | -4.16 | -7.03 | -12.46 | -4.25 |

注：数据来源于同花顺iFinD。

但是，中国的情况则不同：从历史上看，1997年东南亚金融危机时，以国际标准衡量，当时中国的财政赤字都是极小的。这次危机应对期间，虽然中国的财政支出大规模增加，但是也可看到政府财政收入的增加速度远远超过GDP的恢复和增长速度，相应的结果就是中国的财政赤字占比不足3%，实现了中央的预定目标。

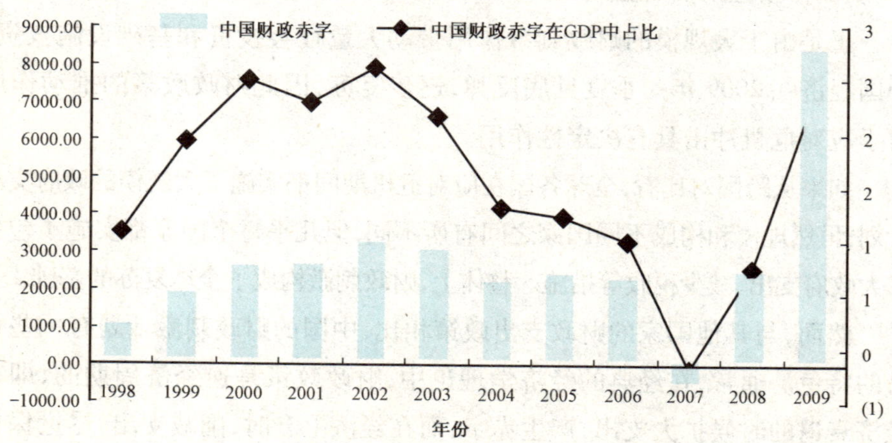


中国的财政赤字规模以及GDP的占比

（数据来源：Wind资讯）

事实上,4万亿的财政支出计划虽然规模比较庞大,但是总体而言,与其他国家相比,其实是遵循了十分严格的财政纪律的,表现在数据上,我们看到2009年支出额度其实还有2000多亿没有用完,因此,4万亿的支出,关键的是其发挥的巨大的带动作用,其本身的规模并不像想象中的那么超常规"积极"。

同时这也意味着,中国政府其实一直在试图保持着良好的财政记录和健康的资产负债表,所以现在讨论财政政策退出的时候,其真正的含义并不是彻底地减少财政支出,而是调整财政支出的结构。金融危机时,财政支出较为侧重于短期,那么后危机时代的财政支出将更侧重于调整支出结构,也更加强调长期因素,支持一些结构性的调整进程,从而在投向上使支出结构更加优化。

## 宽松的货币与信贷政策

### 宽松的货币政策

首先,需要注意此次金融危机发生时一个大的全球金融环境的改变:从1997年的亚洲金融危机到2008年的全球性金融危机,发达国家和新兴市场国家的债权债务关系发生了根本性变化。整体上看,1997年发达国家是债权人,而危机中的新兴市场国家是债务人,因此发达国家和IMF等国际机构提出的"治疗药方"是收缩流动性、加强财政纪律,实际上这种策略保护了债权人的利益;2008年,恰恰相反,发达国家变成了债务人,新兴市场变成了债权人,但这时发达国家主导的危机应对政策就变成了大规模的货币投放,提供充足的流动性,实际上这种策略显著有利于欧美等债务人。在这样的大背景下,中国等发展中国家的货币政策在很大程度上就被动地需要面临一个十分宽松的货币环境和一个持续较长时期的低利率环境。

从数据上看,金融危机以来,美联储投放的基础货币M1已经高达1.72万亿美元,广义货币M2更是扩张到8.54万亿美元,2009年美国的GDP总量为14.2万亿美元,因此M2/GDP约为0.6,处于历史高点。然而,与此形成鲜明对照的是,2009年中国的GDP总量为33.5万亿元(4.9万亿美元),而同期M2却高达60.6万亿元(截至2010年3月份为65万亿元),M2/GDP为1.8,这一比率是美国的3倍。同时,从2009年底的数据看,中国的基础货币和广义货币投放量均达到或者超过美国的水平,尽管中国的GDP只有美国的1/3左右,在人民币不可兑换等多种因素约束下,中国控制通货膨胀的任务更重。

**宽松的信贷投放**

信贷投放是2009年危机应对政策基调下最突出的政策举措之一,从现在观察也在事实上成为影响金融市场最为显著的经济变量之一。应该说,2009年的信贷增长对中国经济应对危机发挥了非常积极的作用。2009年,货币供应量增速高于前三季度GDP名义增速25个百分点,两者增速的缺口创下1995年有数据以来的最高值。长期来看,货币信贷的增长与实际经济增速和物价变动之间保持高度吻合的关系。改革开放的30年间,各项贷款平均增速为18.4%,名义GDP增速为15.8%,两者相差2.6个百分点;2001—2008年,贷款平均增速为15.0%,名义GDP增速为14.9%,两者只差0.1个百分点。

由此可见,虽然2009年中国危机应对货币政策的定调是“适度宽松”,实际上真正宽松的是信贷投放。

**人民币与美元汇率波动幅度显著缩小**

1994年,中国的汇率改革确立了人民币的有管理浮动汇率制度。2005年7月21日,中国继续进行人民币汇率制度改革,实施“参考一揽子货币的有管理的浮动汇率制度”。自2005年汇率改革以来,直到2008年7月,人民币对美元的汇率从汇改前的8.2左右上升了20%左右。2008年金融危机全面爆发以后,人民币在实施了三年的“有管理的浮动”之后,与美元的汇率波动区间再度显著缩小,一直到2010年6月19日才重新回到参考一揽子货币的有管理的浮动汇率制度。

从一定程度上考察,全球金融危机期间人民币汇率与美元波动区间在危机时期显著缩小具有一定的合理性,因为如果持续大幅上升必然显著损害中国的经济增长,而如果大幅贬值则会加剧危机的传染,作为应对危机的特殊时期的特殊政策,人民币对美元的汇率稳定不仅可以为中国的经济复苏创造一个稳定的外部环境,而且对于稳定全球市场发挥积极作用。

**中国应对危机的金融基础:总体健康的财政和银行资产负债表以及高储蓄率健康的政府资产负债表**

从资产负债表的角度看,一国政府的资产包括三部分。其一是国有企业资产,根据财政部的相关数据,2007年底,金融危机全球蔓延之前,金融机构以外的国有及国有控股企业的总资产为34.7万亿。2007年末,总资产中扣除负债和部分股东权益后,国有股控制的权益为11.2万亿,如果按平均的1.5倍市盈率计算,这些国有资产的市值可以达到17万亿。其二是行政性资产,这一部分具有较大的公益性,所以很难形成政府收入,例如2007年初,事业单位还有接近2万亿的负债,实际上主要是地方政府的财政负担。其三,也是政府最大的一部分资产,就是国有的土地和矿产资源。仅就土地而言,在过去10多年的土地批租和拍卖已经成为地方政府预算外收入的最主要来源,成为拉动中国经济增长的一个重要法宝。

正是在这些资产支持下,再加上迅速上升的财政收入,使得中国的财政收支状况与一些过于赤字的发达国家相比更为健康。2008年的财政赤字占GDP的比重仅为0.4%,加上2009年底以来实施的4万亿财政刺激支出计划的支出规模,2009年的财政赤字占GDP的比重也不足3%。同时2008年中国政府的未清偿债务占GDP的比重尚不足20%,远远低于经合组织国家的80%的平均水平。

**健康的银行资产负债表**

过去10多年中国的银行业经历了两次大的金融危机,但是在两次危机中,中国银行业的表现差异显著,期间直接的原因在于中国对银行业进行了全面系统的改革。1997年中国银行业自身的许多关键指标如资本充足率、ROE以及拨备覆盖率都处于很严峻的局面,当时海外的一致评价是认为,严格意义上,中国的银行业在技术上已经破产。如果没有国家信用的支持和资产重组、大规模的资产剥离,银行业的状况可以说是风雨飘摇。经过1997年以来全面的银行业改革,加上中国经济的强劲上升,银行业的盈利增长十分迅猛,对金融服务的需求也快速增加,到这一次危机到来时,中国银行业的财务状况可以说是改革开放以来最为健康的时期,这为应对危机打下了坚实的基础。这一点与西方发达国家需要投入大量资源应对银行体系的危机,形成了显著的对照。

**中国的高储蓄率**

长期以来,中国宏观经济中一个最显著的特征就是不断走高的储蓄率。近年来,特别是2002年以来,中国的储蓄率提高的速度更快。截至2009年底,中国的国民储蓄率超过50%,而同期美国和日本的水平仅为12.6%和26.6%,事实上,中国的储蓄率不但远远高于美国等发达国家的水平,也远

2010 年 5 月 25 日，巴曙松应邀出席 2010 年泛美担保协会北京年会，并发表题为《从危机应对到复苏管理：退出背景下的中国宏观政策平衡》的演讲

（图片来源：中国担保网）

远高于东亚新兴市场经济体，如印度。

许多学者已经证明高储蓄率是过去 30 多年中国经济取得成功的关键因素之一。正是基于惊人的储蓄率，中国在危机时期的大规模投入才成为可能，而中国之所以能长期保持高的增长，在危机中比发达国家和其他新兴经济体率先实现复苏，其关键原因之一也可以说在于中国的储蓄率，及其金融体系对这些储蓄的有效利用。

总体上看，这些有利条件不但成为中国应对金融危机的重要条件，中国的复苏也对带动世界经济走出危机作出了明显的贡献。

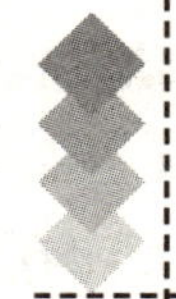

# 后危机时期的经济形势判断:上升中的调整还是L形?

周明剑:曙松兄,后危机时代各国经济虽然都出现了不同程度的复苏和反弹,但我们依然看到像欧洲债务危机这样的事件引发了人们对于经济二次探底的担忧,经济形势依然不明朗,那么我们应该如何判断后危机时期的经济走势呢?

巴曙松:从产能周期的角度观察,短期波动的根源在于企业经历去库存过程。2008 年金融危机以来中国经济经历了两轮剧烈的去库存周期。

第一次 2008 年 9 月,在金融危机引发的大范围恐慌下,需求在极短的时间内迅速萎缩,企业被迫停止新建项目,去库存速度明显加快,经济处于暂时性衰退。从性质上讲,这应该是一种典型的自动去库存阶段。

第二次则始于 2010 年初的"退出政策",在危机应对期间,中国通过实施反周期刺激政策,在使经济实现迅速复苏的同时,也使企业的产能不断累积。然而,这种反向操作也带来了一些负面影响:其一是核心城市房地产泡沫的集聚,其二是地方政府融资平台的融资规模扩张迅速。在多个总量性及结构性退出政策的冲击下,加上外部的欧洲债务危机等因素,使得市场对经济"二次探底"的担忧增加;同时从数据观察,需求出现再次萎缩,表现在相关指标上就是各种新订单以及采购指数的下降。在这种情况下,中国经济再次观察到:一方面是危机应对时期大幅累积的企业库存,一方面是政策退出时期,需求出现平衡回落。整体上,企业处于被迫的去库存阶段。

相比较而言,这两次去库存周期的根本不同之处在于:2008 年的去库存是自动的,表现为经济的衰退;2010 年的去库存是被动的,表现为经济复苏进程的调整,同时在 2010 年的去库存化时,库存销售比处于历史的低位水平,而在 2008 年启动的去库存化则是主要行业的原材料库存均处于历史的高位水平。这就使得第二次的去库存化不会对经济增长的短期波动形成过大的冲击。

从投资者的角度观察,2010年三、四季度仍将处于去库存时期,同时宏观形势处于一个增长速度平稳回落、但是物价可能稳中趋升的“类似滞涨”的时期。具体来说,2009年一季度带动经济新一轮增长的政府基础设施投资以及房地产刺激政策所产生的效应在2010年一季度阶段性见顶之后,已经开始平稳回落,由于需求回落,企业开始被动去库存;此外,在去库存阶段,由于供给与需求关系的短期调整,CPI和PPI在见顶之后,会经过一段时期的高位盘旋,从而出现一些疑似滞胀的经济特征。因此,整体上这个阶段是一个市场的迷茫期,无论是经济基本面还是资本市场都在等待清晰的趋势性判断。正是这样一种基本情况决定了政策短期内显著转向并进行所谓二次刺激的可能性很小,更多的机会还是来自于结构调整推出的一系列政策措施可能带来的机会。

周明剑:钟兄,好像你对整个经济形势有一个非常具象的判断?

钟伟:我看整个外部经济调整是L形的,美国经济2010年状况是什么?走出病危,尚未康复,美国经济现状是什么?非常宽松货币政策和高度积极的财政政策,这样的情况下收获2%~3%经济增长,10%左右的失业,零通货膨胀。财政和货币没办法再积极了。奥巴马政府是民主党比较失败的政府,面对美国经济状况无能为力。美国政府、华尔街、美国的企业家对美国经济的未来复苏所能作出的贡献都是有限的。美国在指望什么?指望新的一场技术创新和技术革命,如果没有新的重大的技术创新就不会有新的资本增量的投资,不会有新投资,就没有新的产业集群,不会有新的就业岗位,不会有新的超额利润。实际上美国经济的现状是在烧钱买创新。

周明剑:创新的影子看得到吗?

钟伟:为什么说是L形,就是说连创新的火苗都没有。

周明剑:那是说信息技术革命已经过去了吗?

钟伟:不能判断说过去了,基础设施以后信息化是很重要的方向。包括高速公路,包括电网、供水、天然气,整个基础设施的信息化可能是未来很重要的一个领域。但是我们现在没有看到未来技术革命在哪个领域确实发生,所以说美国经济L形,中国经济也是L形;从2009年看中国经济反转是V形,如果放5年左右的周期,中国经济就不是V形。2003—2007年每年经济增长超过10%,2008—2013年,中国经济增长维持在9%左右就不错了。从10%以上的增长下降到9%,是不是意味着中国经济中长期增长都在9%？我没有那么乐观,我认为应该比9%更低。观察一下日本、韩国、中国香港、中国台湾这些经济体,在度过高速经济增长期之后,再转型,转型完成之后经济增长的速度只有转型前高速增长期经济增长速度的一半。如果这个经验成立,意味着中国经济增长转型完成之后,10年完成转型,未来经济增长速度只有5%～6%,比现在9%还要低,中国经济也是L形,长期来看从9%下台阶下到哪儿还不知道。谈不上悲观和乐观,只是从数字来看。一直能维持在8%以上的增长,自第二次世界大战以来只有一个经济体达到这个水平,就是新加坡,新加坡过去30年每年都维持了8%左右的增长,这是唯一罕见的经济体。

我们不能把个案当成普遍的例子。

周明剑:可是中国那么大,机会总还是有的吧?

钟伟:小国还有机会。在外部和内部转型的时候,以国际收支的规模除以GDP,看出2007年二、三季度中国达到外向型经济依赖的顶峰。2007年二、三季度中国外向型增长是最高的,这是一个国际收支除以经济规模。另外一个衡量指标,可以从国际收支的差额,国际收支每年增量除以GDP来比,国际收支的顺差还是保持在高位,但是对于GDP来讲占比下降,2008年之后经济外向型的程度在逐步地、缓缓地降低。降低过程当中是什么?原来我们是两条腿走路,一条工业化,一条外向,工业化创造需求,本国商品用不掉就出口,出口拉动了工业化,工业化反过来支持了出口,经济增长靠这两条腿走路,出口和工业化,带动了投资。中国经济增长在以后增长转型靠两块,一块是工业化向重化工业化走,对重大装备技术还要投资,另外一块是城市化,城市化创造需求,工业化创造供给,今后的增长与以前的增长不一样,未来是工业化加城市化,以前是出口加工业化。中国政府自觉不自觉地把城市化

2006年9月15日上午,城市·观点论坛华南行论坛在广州举行,图为钟伟发言

(图片来源:新浪网)

看得比较短，工业化那条腿撑得更长，现在是一条腿长，一条腿短。

城市化带来的内需产业的巨大增长，这是看点。城市化，一个农民成为一个市民，对于劳动力素质本身的要求，对于城市化资源配套的要求，这是最重要的因素，出口很重要，工业化很重要，投资也很重要，这些因素仍然很重要。

# 从移民热看中国经济的“印尼化”风险

周明剑:钟兄,不知道你有没有关注近些年愈演愈烈的移民热,这些现象和中国的经济发展有没有直接关系呢?

钟伟:到现在,移民问题必须予以关注,它也许隐示了中国经济某种“印尼化”迹象,隐示了出于恐惧和贪婪的用脚投票,隐示了中国经济增长带来的财富流失,甚至隐示了中国阶层分裂对抗的不安征兆。

在2000年之前,由于中国的富裕群体相对较小,因此海外移民以留学生为主;此后,尤其是2008年之后,移民热明显升温。对当下中国海外移民的规模,运用网络资料的整理结果如下:中国内地每年向香港移民约20万人,向新加坡移民5万~8万人。包括港澳台的中国地区每年向美国移民约8万人,向加拿大移民约4万人,向澳大利亚移民约2万人。中国内地向欧洲的移民数据较难获得,估计每年约5万人。如此每年海外移民的规模高达45万人。这样的估算结果明显过高,和事实出入非常大。

要精确估计中国当下的每年海外移民规模,比较棘手,一则各国移民部门的数据透明度不够,二则中国内地和港澳台的移民较为复杂,三则由于留学、投资、技术和投靠海外亲友等移民的原因也比较复杂。我们倾向于认为,目前中国每年投资和技术移民的规模,很可能接近10万人,以目的地排列,依次是中国香港和澳门、新加坡、美国、欧洲、加拿大、澳大利亚。在近年出现大量“海归”,甚至外国人来华居住的同时,中国海外留学大军的回归率仅在30%,同时,每年仍有庞大的富裕阶层子女流向海外。

中国内地的移民热,直接负面冲击有二:一是资本外流;二是智力外流。关于资本外流,以过去10年通过技术和投资移民的规模为50万人,每人携50万美元计算,则居民财富已累计向海外转移2500亿美元,这大约是官方统计的中国海外直接投资(OFDI)的2倍。并且目前仍然以每年500亿美元的速度转移。关于智力外流,以过去20年中国海外百万留学大军,回归率30%计,中国内地既流失了留学人员在内地所接受的基础教育的投入(约500亿元),也流失了这些人才学成后的几乎全部智力成果。

但资本和智力外流的冲击仅是表象。移民浪潮本身就是"用脚投票"。长远的恶果,在于中国阶层的分裂,以及中国经济的"印尼化"隐患。

所谓中国阶层的分裂,是指中国"不患寡而患不均""王侯将相、宁有种乎"的传统,是对阶层等级秩序的强烈否定,加上对物欲的追求和精神家园的丧失,中国甚至难以孕育出哪怕最简单的富裕—中产—平民这样的"三明治"式结构,阶层间的扭曲和仇恨日益强烈。根据胡润中国内地富豪榜的统计,目前内地资产过亿的富豪有5万人,平均年龄为43岁;资产超过千万的富豪有83万人,平均年龄为39岁。如果这个榜单没有低估中国富裕群体规模,或者我们没有高估中国海外移民规模的话,这意味着中国千万以上富翁几乎半数已完成了身份置换。

所谓中国经济的"印尼化",是指中国企业家的财富在外、企业在内的分离。印度尼西亚华人掌握着印度尼西亚经济的70%,但其有限的政治地位和排华事件的惨痛记忆,使得印度尼西亚富裕阶层选择在印度尼西亚设厂赚钱的同时,选择新加坡为国籍和财富存放地。印度尼西亚局势好转就返回挣钱,印度尼西亚局势恶化就逃离暂避。如果中国经济也感染"印尼化"疾患,那就意味着中国富裕群体、技术精英甚至部分官员给自己保留了寻求安全的选择权。这警示政府必须面对公众建立更强的法治公信力、面对阶层建立更有效的收入分配、以开放和竞争的胸怀去看待国民的选择。

中国有长达30年的繁荣增长,也有国家人才培养的中长期战略,目前移民热警示我们:一些人群心中的不安全阴影显然更深远。远徙!远徙!为政者必须深思,是什么,使在故里故亲之人,有为异乡异客之心?

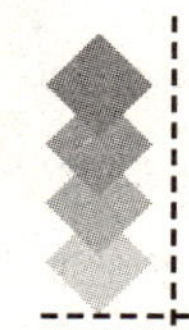

# 潜伏的事实和虚弱的数据

周明剑:钟兄,如何看待2010年的CPI?会不会超出官方估计的3%?而物价的上涨是不是在某种程度上暗示了通货膨胀出现的可能?

钟伟:在论及2010年的CPI时,绝大多数研究者是乐观的,境外投资银行一般认为在2%~2.5%,我们预期可能在3%~3.5%。在2009年中央经济工作会议中,只一处提及要引导"通货膨胀预期"。研究者的数据和公众的生活感受之间,再度出现巨大差异,为什么?

研究者对CPI的估测,是基于中国CPI的八大类251子类所覆盖的数千种商品和服务篮子,基于2009年CPI的特性以及2010年的趋势而得出的。综合而言,2010年CPI既有确定性又有不确定性。其中,确定性因素包括:(1)2009年CPI基数较低,这使得2010年的物价同比看起来较高;(2)食品和市政公共服务在2010年的涨价难免,蔬菜肉类以及水电气等调整幅度不会小;(3)上游的能源、有色黑色金属等大宗商品的涨价,也可能逐步传递到下游。考虑到这些翘尾和新涨价因素,大致判定CPI略高于3%。不确定性因素包括:(1)公众的通货膨胀预期,目前M1的增速明显快于M2,显示存款活期化的加速和公众对未来通货膨胀的忧虑;(2)股市和楼市等资产价格的走势,股市楼市像吸收过度发钞的巨大海绵,严厉的抑制措施,相当于从海绵中挤出货币;(3)上下游消化通货膨胀的特性,如果下游产业因产能过剩利润微薄消化通货膨胀能力有限,那么通货膨胀更容易抬头。总体来说,2010年CPI应是温和的,但不确定性的阴影也相当巨大,对此保持警觉就可以了。

公众对CPI的感受显然不仅止于此。从2009年第四季度开始,食品价格和市政公共服务价格的调整是惊人的。就食品而言,肉类、蔬菜、食用油的价格和2008年第四季度比较,涨幅普遍在20%以上。就市政公共服务而言,各地政府都在召开供水供电供气的听证会,2010年内涨价是定局。如果对生活观察足够细致，我们不难发现，在2009年岁末，大小餐厅的菜单以及各类商厦的服饰都已数度改变了价签。上述因素几乎占据了CPI权重的一半，因此公众对CPI的直观保守估计至少约在10%以上。

我无意怀疑统计局的动机，它拥有城市、农村和企业三大调查系统，覆盖监测数千种商品和服务，拥有庞大专业的统计调查基础。我更无法怀疑公众对通货膨胀的切身感受，毕竟维持衣食住行等的基本生活成本在明显上升。2010年的CPI比预测高了还是低了一两个百分点不重要，我们面对的是：通货膨胀长期潜伏在我们身边，而数据看起来却那么虚弱。

回顾过去20年，由于其中包含了1992—1996年，以及2003—2007年这两个强劲的增长周期，CPI总体也仅累计上涨了264%，CPI年均仅上升5%，这种数据无疑是非常虚弱的。以城镇家庭人均可支配收入看，在1987年仅1002元，到2008年已经超过14500元，增长了14倍。如果CPI指数为真，那么就意味着1987年每年用1000元维持每年的基本生活开支，到目前每年仅需约2640元仍能维持，显然这不可能，那么官方的CPI就仅具有象征意义。

解剖过去20年，我们可以尝试组建可观察的、同质的商品和服务的篮子，来粗略分析潜伏的通货膨胀压力。我们不妨选择大米、生猪、理发、公交等来比较，1987年时，大米、猪肉每千克的价格，分别约在0.6元和1.6元；成年男性的简单理发每次约1元，公交起价约0.1元。到目前，价格几乎都上涨了约10倍，年均涨幅约12%。我的粗略判断是，如果扣除冰箱、彩电等工业制成品的价格下降和质量提升，中国CPI的持续上涨是相当惊人的。当然，如果用20年来，城乡居民的基本生活成本和低保线的变动来衡量，就更能合理确定CPI的上涨程度。

我倾向于认为，2010年官方CPI大致略高于3%，过去20年的数据平均仅为5%。而公众衣食住行等实际消费支出价格的变动，如果秉承理性和经验，那么2010年在12%～15%，过去20年约在10%。凶险潜伏的事实面前，数据如此虚弱无力。

# 中国超常规刺激政策的退出

周明剑:曙松兄,我们从公布的数据可以看出目前的经济出现了小幅回落,这种回落是否为预料中的?长远来看中国的超常规刺激政策会如何退出呢?

巴曙松:目前的经济回落还是预期中的回落,总量性和结构性退出政策的叠加效果尚处于观察期。

中国的超常规刺激政策推出,与欧美的推出具有迥异的逻辑。如果说欧美主要表现为大规模的基础货币投放,实际上2009年中国的基础货币投放增长并不迅猛,中国2009年超常规刺激政策其实主要表现在三个环节:信贷投放、地方政府投融资平台和房地产领域,因而退出也基本从这几个环节着手。

目前,多重退出政策所产生的叠加效应或者政策效果仍处于政策效果的观察期,这是当前中国经济判断政策基调的一个重要前提。近两个月以来,中国经济的退出政策已陆续出台:房地产刺激政策的退出、人民币汇率形成机制改革重启、节能减排大力推进、出口退税政策的调整正在推进、地方政府投融资平台在继续清理等。短期内来看,这些政策所可能产生的紧缩充分体现还需要时间,多重紧缩性政策的叠加效果的充分体现更需要一个冷静的观察和评估期。

因此,多重退出政策的叠加效果仍处于观察期,在这种背景下,从目前的情况看,如果经济回落是预期中的回落幅度和速度,为了防止紧缩政策叠加带来的过度回落,那么政策的基调可能就是在坚持基本的政策方向不变的前提下,通过一些相应的措施来适当平滑和对冲经济回落的幅度和节奏,防止经济回落过程中出现意外的显著下滑。最近西部大开发重点项目的推出、着力推动保障性住房的建设等都可以说是这些平滑措施的重要组成部分。

## 政策基调依然在平稳推进实施之中

从总体上判断，在退出政策的叠加效应和平滑措施的对冲效果充分显现之前，政策不太可能出现显著的转向，而是将进一步落实、观察和评估已经出台的政策措施。

具体来说，信贷投放依然是十分重要的政策变量，从趋势看，2010 年的季度投放节奏很可能是 3∶3∶2∶2，相对于 2009 年的 5∶3∶1∶1和历史平均水平的 4∶3∶2∶1更为均衡。考虑到 2010 年二季度开始启动的对房地产和投融资平台的规范化，2010 年三季度的信贷投放增速可能是阶段性低点，而四季度信贷投放增长的环比则会有相对的上升。

从目前的趋势看，基于对地方投融资平台可能存在的潜在风险的关注，金融体系实际上从 2009 年下半年就一直在对地方政府投融资平台的贷款等进行系统的梳理，通过解包和逐一对应、落实还款来源，评估贷款分类，并相应计提拨备。从已经完成的银行评级来看，预计在 2010 年底之前，银行开始完成这一评级过程，银行开始对一部分评级下调的少数地方政府投融资平台的贷款要求增提拨备或者核销，这将会对银行的业绩产生轻微的影响，但是考虑到银行业 2010 年以来强劲的盈利增长、扩大的利差以及充足的拨备水平，地方投融资平台的规范化可能产生的影响是当前银行体系可以承受的，对资本市场的影响更大程度上来自于心理预期的压力。

从政策实施的角度看，退出政策的方向很难逆转；从资本市场的角度观察，在退出政策和平滑措施的效果出现之前，宏观政策的基调难以出现显著调整。

## 防止紧缩政策的叠加效应，明确转型的具体进展和方向

基于中国经济的现状和全球复苏分化的大背景，中国经济金融政策的重点应为从 2009 年应对危机时期的超常规宽松政策，平稳回复到 2010 年的正常化的宏观金融政策。在当前的环境下，应当防止内、外退出政策的叠加效应，特别是 2009 年以来政府需求推动的增长动力基本上在 2010 年一季度阶段性见顶，开始进入一个温和的回落期，而欧洲主权债务危机的爆发以及人民币对欧元短期内较大幅度的升值，也可能会对外需形成一定的冲击，要防止内部的政策紧缩和外部的需求回落的叠加可能导致的增长的超调。

同时,还要防止内部退出政策短期内密集出台可能形成的叠加。目前的退出政策,分别由不同的部门执行,但是不同经济部门的一个紧缩政策,在累积和叠加之后可能形成的紧缩力度实际上是难以很快清晰地评估和把握的。

同样值得指出的是,资本市场短期内因为看不到转型的清晰方向和进展而显得缺少信心,也在客观上提醒宏观政策必须在经济转型的实质进展上不仅要有大的政策框架,也必须要有清晰的、可以评估的具体转型的进展,例如保障性住房的具体建设进度要求、城市化推进的主要内容及其进展安排、刺激消费的具体进展和要求、发展战略性新兴产业的具体战略步骤等。只有明确了这些具体的转型方向,才可能给经济主体以清晰的方向,从而也会给金融市场以信心。

2009 年 12 月,巴曙松在上海参加“2010 经济趋势与财富机会”工银财富圆桌经济论坛

(图片来源:巴曙松新浪博客)

## 中国尝试宏观经济政策的"再平衡"

周明剑：通常我们讲一个国家经济的可持续复苏必须有两大前提，一是努力实现长期经济增长目标；二是避免经济短期内的过度波动。为了稳固经济复苏的基础，中国宏观经济政策必然会实现"再平衡"，曙松兄如何看待实现"再平衡"这个问题？

巴曙松：实现"再平衡"必须要实现政府的主导的经济复苏顺利转化为市场主导的可持续复苏，才能避免风险极大的经济"二次探底"的出现，主要包括两个方面。

**财政支出"再平衡"**

首先，政府投资可能会把握城市化主题，使之成为可持续复苏的重要线索。从较长期的时间尺度看，中国经济目前正以2009年应对金融危机为契机，重新进入城市化的快速推进阶段。未来10~20年，中国存在巨大的城市化空间，综合许多方面的测算，预计到2025年，中国城市人口将增至9.26亿，到2030年有望达到10亿。因此，不断扩张的城市规模客观要求较高的投资率，特别是投资于基础设施，为城市化的加速推进服务。

在未来10年左右的时间窗口里，中国政府的投资支出通过推动城市化来扩大内需，不但与推进城市化的方向相一致，而且与投资的结构调整方向以及经济增长结构的调整方向相一致，同时也会继续成为可持续复苏的重要支持力量和推动力量之一。

其次，为实现财政政策"再平衡"，推动实现消费增长、促进区域结构平衡成为可能。而为了进一步增加中国经济复苏的内生性与可持续性，未来财政政策的另一个任务可能会更为强调平衡经济增长。

一方面，居民消费在GDP中的份额将扩大，从而逐步实现消费主导型增长，并以此促进内需结构的"再平衡"。为此，财政政策可能会注重的内容包括：通过转移支付提高居民，特别是农村低收入家庭的可支配收入；完善社会保障体系,以降低居民的预防性储蓄。

另一方面,促进不同区域的增长格局更为均衡。从中国经济本轮复苏的趋势看,中西部地区复苏的势头快于东部发达地区。2008 年,中部和西部地区的实际 GDP 增长率均在 19 年里首次超过东部地区,这对于缩小中国的区域发展差距有着积极的意义。

**货币政策"再平衡"**

2009 年中国危机应对货币政策的定调是"适度宽松",实际上真正宽松的是信贷投放。因此更为准确地说,是信贷投放对提供流动性和稳定市场预期发挥了重要作用,这一点中国与发达国家的货币政策内涵存在根本差别。正是从这个意义上,中国的货币政策退出本质,是由超常规的大规模信贷投放转向正常状态下均衡的信贷投放。

虽然学界对于什么才是合理均衡的信贷投放存在分歧,但无论依据何种标准,2009 年的信贷投放肯定是非均衡的。信贷投放的趋势过于失衡,从而给实体经济和金融市场带来很多震荡。按照长期以来中国银行业内部所形成的经验数据,各季度相对均衡的信贷投放比例大致是 4∶3∶2∶1。考虑到未来短期可能出现的"前高后稳"的经济增长格局,2010 年信贷投放的布局已开始呈现3∶3∶2∶2的格局。

此外,均衡的信贷投放也需要关注结构问题,实现合理的信贷增长。2009 年大规模的中长期项目投资和基础设施建设在未来两三年仍需大量信贷跟进,而在保证投资连续性之余,仍有大量民营企业、中小企业在经济复苏时需要资金支持其生产经营,因此保持市场中有充足的流动性至关重要。但是,信贷投放大幅增加正是目前通货膨胀预期的主因,因此,未来信贷政策的主要方向必然是在总量控制的情况下优化信贷结构,加强银行的资本约束,严格控制信贷的非理性增长和季度、月度间的异常波动。

# 结构调整成为新的主线：着力于产业升级和培育新的增长点

周明剑：中国宏观经济调整阶段，也是讲一个转型，一个调整。转型是增长方式的转型，调整是结构调整，我们要怎么看待这两者之间的关系？

钟伟：要看怎么去定义转型和结构调整，如果对增长转型本身没有赋予它内容，经济转型就是废话，增长转型以我的理解是更节约地使用资源、劳动力、环境。就资源而言，中国占地球不到20%的人口，截至目前，耗用全球铁矿石、钢材、农药等占到30%～40%，耗用这么多，仅仅提供全球有效商品和服务不到10%。

周明剑：这些数据怎么来的？

钟伟：我们从要素投入产出可以看出中国经济增长绩效是很差的。为获得一个单位的GDP增长，所需要的自然资源、能耗等都远远高于发达国家，增长转型要更节约使用资源，更珍惜和爱护环境，不能够以牺牲环境为代价换经济增长，尤其要照顾劳动力。中国过去的劳动力使用方式是比较残忍的，不负担劳动力培养过程，农民工在农村接受教育完了流入城市，年轻力壮开始工作，等到稍微老了50岁了赶回农村，这种用工方式既不负担劳动力的教育，也不负担养老，只吃青壮年一段，很少有良好的社会效益和社会长治久安。要素价格还要市场化，还会推高，意味着环保的要求特别严密，不能要眼前的钞票，不能丢了给子孙后代留下的空间。意味着经济增长要从人性的角度来考虑，这才是增长转型。如果增长转型天天喊着高科技、新能源，谁也不知道高科技、新能源为了什么。

周明剑：为配合转型，产业结构方面或者区域发展方面的政策会不会做出调整？

钟伟：为了配合这种转型，肯定需要区域政策、产业政策和收入分配政策做大的调整。这种政策调整首先要求的是政府改革。因为产业政策也罢、区域性政策也罢、收入分配政策也罢，要改的首先是政府，一个政府只谈调控不谈改革就糟糕了。调控是脱衣服穿衣服,天冷加点衣服,天热脱件衣服,改革是生病要吃药,病重要下刀。你不能病重了既不吃药也不下刀,多穿点衣服躺在床上就好了,调控取代不了改革,我们只讲调控不讲改革,经济长期增长的前景就很难让人乐观。

周明剑:我们看改革30年以来,中国社会和经济的进步是惊人的,这也使得中国政府成为全球令人瞩目的、值得发展中大国学习的政府之一,在取得这些成就的同时还有哪些问题是尚未克服的呢?

钟伟:我们可以看一下30年来,中国经济发生了怎样的变化。在1979年,我国GDP规模在6000亿元略多一点,外贸也就是450多亿元,固定资产投资仅500多亿元,钢产量3400多万吨。这样的国力,政府要上几个大项目都会非常艰难。

到了1989年,中国GDP达到了1.56万亿元,以10年的时间实现了经济总量的翻番,同时发电量5820亿度,钢产量6100多万吨,也都实现了翻番。固定资产投资则达到了4000亿元,这使得政府有一定的财力来进行战略性的基本建设。1997年,亚洲遭遇了金融危机,但中国依然克服艰险,当年GDP规模达到了7.5万亿元,固定资产投资达到了2.5万亿元的规模,外贸规模达到了3200多亿美元,外汇储备超过了1000亿美元。用1979年、1989年、1997年相比,每隔不到10年国力就增强了数倍。对外开放给中国经济带来的红利开始持续显现。1997年全国城镇居民人均可支配收入5160元,农村居民人均纯收入2090元,中国居民储蓄达到4.6万亿元,但是城乡居民的收入差异,在20世纪80年代后期又开始逐渐拉大。

到2009年,进出口总额超过2万亿美元,官方外汇储备突破1.5万亿美元,和30年前相比,国力的提升令人瞠目结舌。同时,城镇居民可支配收入达到13800元,农民人均纯收入达到4140元,中国居民储蓄达到了17.6万亿元。考虑到目前城乡居民家庭食品消费占消费支出的比率均已经低于40%,因此中国国民的生活已从小康基本步入到比衣食无忧更宽裕的小康。

另外,不可忽视的是,中国社会经济改革的巨大成就,是在克服沉重的人口压力之下实现的,自1979年以来,差不多每10年我国人口就增长10%,到2007年,全国人口已经从9.8亿增长到13.2亿,但即便如此,中国在过去10年仍然连续保持了城市化率以1.1个百分点不断提高的速度,再过5年左右,城镇人口将首次多于农村人口。中国过去30年的改革开放有多重要？如果不考虑中国脱离绝对贫困的人口，那么很可能过去30年全球减贫的成果就可能乏善可陈。

但是改革30年，中国也依然存在着30年也尚未攻克的体制弊端，这些弊端使中国经济的发展依然带着沉重的痛苦和枷锁。

一是政府治理体制本身，从改革开放至今，政府治理结构的变迁缓慢而艰难，虽然政府效率大幅提高了，但是体制运作成本及其稳定的可持续性仍然有待改善。好的政府，是市场机制的“扶持之手”，而坏的政府则有可能成为市场机制的“掠夺之手”，体制性腐败和商业贿赂的广泛存在，都要求进行更为艰巨的体制变革。

二是新双轨制的痼疾依然存在。我们也许把新双轨制定义为：以公共权力为背景，自下而上地寻找和套取已经市场化了的商品和服务价格体系和远未市场化的资金、土地、劳动力等要素价格体系，这两大体系之间的巨额租金。我们初步估测，新双轨制带来的损失可能高达GDP的8%～10%，这可以在很大程度上解释，为什么日本和韩国经过不足30年的经济高速成长先后都跻身发达国家，而中国的改革成果却在很大程度上犹如流入沙漠中的溪水，蒸发消失得了无影踪。

三是要素价格市场化进程，迄今为止，土地、资金、大宗商品等要素市场的发育和要素价格的市场化仍然不足，而劳动力价格则存在过度市场化的倾向。这在导致依赖行政和资源垄断的企业不断成为“中国最赚钱企业”的同时，在国民收入的总蛋糕中，劳动力要素分得的蛋糕份额则不断下降。

四是国民收入分配不公平的问题日益突出，改革30年，绝对贫困的确大大消除了，但是由于贫富不均造成的相对不公在近年来观察不到有明显改善的迹象。中国历来的传统是不患寡而患不均。目前城乡人口之间的相对收入差异在拉大，在城镇人口中也出现了高达2800万人左右的城镇贫民。这种情况延续下去可能造成阶层之间的分化、隔阂甚至对立。

五是始终未能形成一个有效的社会救助网络，使得国民能够充分享受基本社会保障。应该说，政府提供的公共产品和服务不能制造地区差、城乡差，而应普遍地向全体国民提供。但是目前围绕养老、教育、医疗、住房等基本社会保障问题的矛盾，已经构成了社会矛盾的持续不断的焦点问题。

六是改革30年社会经济发展付出了沉重的环境代价，青山绿水难再，千沟万壑难平，经济富足的同时环境满目疮痍，国民的精神家园也一点点地被侵蚀。

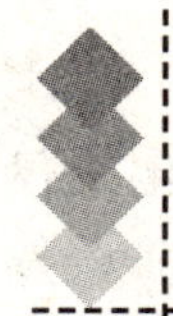

# 建厂创造供给　造城启动内需

周明剑:次贷危机之后,我们也许会惊讶地发现无论美国还是东亚,都在不同程度上走上了老路,而不太会寻找到新的经济增长模式。但中国不同,目前中国仍然苦苦寻求着出口导向和内需拉动并举的均衡发展战略,从长期来看,哪些因素会影响我们的发展战略?

钟伟:我们现在处于国民财富的快速积累阶段,这体现在中国政府有2万多亿美元的外汇储备,而美国却是11万亿美元的联邦国债;中国高速公路和铁路、机场港口日新月异,而美国的州际公路却日益残破;中国国民平均年龄仅32岁并且受教育年限不断提高,而美国国民平均年龄接近44岁且消费过度。如果没有大波折,中国2010年的经济总量已经超越日本;再过20年左右,中国经济总量有可能达到美国的2/3,因此在2030年左右,全球可能真正出现美国、欧盟以及以中日为核心的东亚三大经济圈“三足鼎立”的格局,说中国目前处于“战略机遇期”恰如其分,但怕就怕有机遇没战略。

关于中国中长期经济增长战略,有一个学者是不能忽视的,他叫做王建,我多年的挚友,20世纪80年代“两头在外、大进大出”的国际经贸大循环战略的重要倡导者。其特点是短期宏观判断屡屡走眼,但中长期战略却往往有神来之笔。最近其对城市化的一系列论述,给我们思考中国经济向内需为主转型,提供了新鲜思路。

第一,中国目前工业化超前,城市化滞后。所谓工业化超前,最典型的是中国制造业的巨大产能。这种产能不仅令全球一度畏惧中国输出通货紧缩,也使所谓美国消费并举债、中国生产并储蓄的全球经济“恐怖平衡”一度成为解释次贷危机成因的托词。目前中国GDP之中,35%～40%是出口,外贸顺差对GDP的占比在6%～8%,说明中国迅捷的工业化,使得外需和内需两个市场并举时,仍然不能充分吸收中国的产能,这样看起来工业化的确超前了。所谓城市化滞后，是中国城镇人口比重太低。目前全球人口中在农村和城市居住的各一半，中国人均 GDP 约 3000 美元，官方公布的城市化率在 45% 左右，也就是城镇人口 6 亿，农村人口 7 亿，但这是一个虚夸的数字，扣除掉县改区等的“翻牌人口”之外，中国实际的城市化率仅为 38%，或者说，中国城市人口虚夸了约 1 亿人。而在人均 GDP 达到 3000 美元时，欧洲的城市化率超过 50%，东亚的城市化率超过 70%。或者说，中国目前真实的城市化水平，大约相当于人均 GDP300 ~ 500 美元的穷国，说城市化滞后并不过分。

第二，中国目前工业化创造供给，城市化创造需求。说工业化创造供给虽然不尽恰当，但比较容易理解，工业化以工业项目为基础，吸引投资圈地盖房，引进设备开工生产，供给就此产生。当然工业化本身也创造中间需求，例如对基建、原材料、设备、物流等行业的巨大带动。但归根结底，工业化仍以创造供给为主。由于中国制造业产能利用率一直不充分，目前甚至不足 70%，因此过度制造业化似乎也带来了过分的供给。2003 年之后，中国 GDP 的三大增长动力中，最终消费下降到 40%，资本形成则随着制造业的提升而上升到 40%，净出口对经济增长的贡献在过去 3 年上升到 30 年来最高的 20%，可见大规模工业制成品的供过于求何等严峻。说城市化创造需求，也只是个粗略的比喻。城市化的昂贵程度超过了许多人的想象。2003—2008 年，中国固定资产投资累计约 63 万亿元，其中 85% 是投向城镇的，仅有 15% 投向农村。在城市投资中，用于城市基础设施和房地产投资的大约 62%，也就是说过去 6 年大约投资了 33 万亿元。在过去 6 年，中国城镇人口增加了 1 亿，此外还有外出打工的农民工，每年可能在 1 亿 ~ 1. 5 亿人，假定一个在城市的农民工耗费的城市公共资源，是城镇居民的 50%，那么我们不难推算出：为了新增加一个真正的城镇人口，城市需要付出人均 20 万元的各种城市综合配套投资。可见城市化之昂贵，同样，如果中国在未来 5 ~ 6 年把真实的城市化率水平提高到 50%，也即城市农村人口各 6. 5 亿人左右，那么需要固定资产投资近百万亿，其中 60 万亿用于“造城运动”。

第三，中国均衡的经济增长战略，是升级工业化补课城市化。制造业的升级转型，说易行难。补课城市化也绝非易事，其中房地产是城市化的核心内容之一。一个城镇人口和农村人口的差异，不仅仅体现在前者的平均年收入超过1.5万元而后者仅4400余元,还体现在城镇人口在用电、用水、用钢材水泥,乃至交通、电讯、教育、医疗等方面的人均消费,都可能是农村人均消费的5~10倍。仅以房屋为例,其实一直到2005年之前,农村自建房屋的面积一直高于城镇房屋建设面积,近3年城乡每年新建房屋面积才大体持平,在6亿~7亿平方米,农村人均居住面积达32平方米,还略高于城镇的27平方米。但从城市化角度看,一套100平方米的高层建筑类普通住宅,至少需要耗钢2~3吨、水泥12~15吨,这还没有考虑商品房的市政配套投入。而一旦购置商品房,则城镇居民将比之前每年消费支出直线增加58%,例如有商品房和无商品房的城镇居民在去年人均消费分别为1.8万元和1.15万元。林林总总举这些数据,想说的无非一点,城市化是昂贵的,房地产只是城市化的一个缩影,城市化带动的需求如果能够逐步释放,那么中国经济内需不足之虞迎刃而解。另外,城市化似乎和保住18亿亩耕地的底线没有冲突,1亿农村人口的城市化,就意味着农村至少约消失2500万户家庭,并闲置约50亿平方米的宅基地,如果城乡用地规划衔接得好,控总量调结构应该可以避免城市侵蚀农田的冲突。

我并不担心城市化的重要性最终会得到承认,中国有可能、有机会和有必要在未来经济转型中,造厂的同时追求"中国创造",并在造城的同时保留中国传统。我担心的恰恰相反,各级政府对土地财政的热情和开发商圈钱圈地的热情,都有可能使得中国遍布了丑陋而没有文化传承、凌乱而没有总体规划的千人一面的钢筋水泥的城市丛林,罗马不是一天造成的,中国也不应在20年内就匆匆走完城市化。

# 极速货币化：中国金融的幸运和不幸

周明剑：20世纪80年代初，中国曾经流行过一个词汇，叫做“万元户”，这些当年作为先富裕起来代名词的“万元户”，经过30年的中国金融洗礼，其财富的可能膨胀和缩水状况如何？极速货币化给中国金融带来了什么？

钟伟：我们分别选取1981年、1991年、2001年和2007年这四个时点来考察，看看货币可能的变迁途径。第一种，从居民家庭人均收入看，上述四个时点分别为500元、1700元、6800元和13800元。因此“万元财富”要跟得上人均货币收入增长，30年前的1万元，大体和现在的27万~28万元相当。当然也有另外的货币收入变动口径，例如以城镇职工平均工资看，上述四个时点则分别为780元、2300元、10800元和21200元，这样算下来结果差不多。从业人员的货币工资，在过去的30年间，每10年增长3~4倍，这实质上就意味着储蓄起来的1万元必然随之贬损。或者说，1981年的1万元，大约相当于当时职工13年的工资，或者家庭人均20年的收入，按照目前工资或收入水平来推算，当年1万元应该大体相当于现在的27万~28万元的水准。

第二种，从居民人均储蓄看，上述四个时点居民储蓄总额分别为523亿、9200亿、7.4万亿和17.3万亿，考虑人口变化之后的人均储蓄为52元、800元、5900元和1.3万元。这样算来，1981年的“万元财富”相当于当时人均储蓄的200倍，折算到现在差不多是255万元。

从上面两种很粗糙的计算看，“万元财富”经不起时间的折磨，大幅度缩水，假定中国有类似美国一样的与通货膨胀指数挂钩的国债（TIPS），那么以1981年为定基，四个时点的CPI指数分别为100、199、390、440，也就是说，即便中国居民早在30年前就能够购买和CPI指数挂钩的国债，当年的1万元到现在也就仅仅4.4万元而已。假定当年的“万元户”采取5年定期储蓄不断滚动定存，即便考虑到保值贴补，当年存入银行的1万元今天充其量也难超过10万元。

例子可能是粗糙的,但结论显而易见:过去30年,钱本身的确随着时间的推移非常“不值钱”了!虽然中国30年来CPI平均不过4.8%,表象上没有严重的通货膨胀,但各口径货币供应量的极速增长,仍然使货币当局巧妙地、不知不觉地取走了居民财富的大部分,这种进程就是所谓的“货币化”。一国货币化程度以及相关影响的研究,在国际上兴盛于20世纪60年代到80年代初期,以后显著降温。国内的先驱研究则是易纲在2001—2003年完成的,易纲测定了当时中国的经济改革、货币化进程、汇率变动、货币化和价格变动的关系。为了便利起见,我们不妨把事情说得更直白一些。

过去30年,中国货币化进程的一个维度是货币使用范围的不断扩大。在20世纪80年代初期,可能只有柴米油盐等生活必需品才用得着钱,并且还是有票证配给,才能派得上用途。当时的教育、住房、医疗等基本上是公费的。随着经济社会改革的不断深化,上述领域大体都货币化了,上学贵、看病贵、商品房更贵。不仅如此,连许多不应该货币化的领域也充分货币化了,举凡行贿受贿、买官卖官,钱都是背后的根本推手。货币使用范围的扩大,本身就要求货币当局发行更多的货币,原来“高福利、低工资”的劳动报酬结构,也逐渐向以货币收入为主、以社会保障为辅的结构倾斜了。

中国货币化进程的另一个维度是货币发行规模的惊人膨胀。以每年净投放的现金看,1981年为50亿元,2007年则为3300亿元,增长了66倍,流通中现金则从3200亿增长到2.7万亿,这还没有考虑银行卡对现金的巨大渗透和替代效应。以广义货币M2的余额来看,1981年为1.9万亿,2007年则为40.3万亿,增长了21倍,在过去20年,即便在M2增速最低的2000年,也达到了同比增长12%。信贷和广义货币的投放持续快于居民收入增长,快于GDP增长,过去10年,中国的M2/GDP比率始终是全球最高的。经过次贷危机的冲击,截至2009年上半年,M2余额达到了57万亿,同比增速28.5%,信贷余额37.7万亿,同比增速34%,流通中现金余额达3.37万亿,同比增速11.5%。中国经济似乎被宽松的货币供给和同样难以遏制的工业规模膨胀所笼罩,经济运行类似于被过度润滑的车轮,快速向前。但是很遗憾,劳动力要素分配在GDP中的占比、职工货币收入的增长以及收入分配的扭曲都已难以掩饰。无论如何,职工收入增长赶不上发钞增长的步伐。

中国极速的货币化进程带来了许多幸运的事情，一是货币化能够使得财力实际上向政府集中，不利于持有银行储蓄或中长期国债，这在一定程度上缓解了收入分配恶化的问题。二是货币化能够使得银行体系的总资产不断膨胀，快速扩张不利于银行维持稳健的资本充足率，但却在很大程度上稀释甚至掩盖了银行体系的不良资产问题，周小川曾指出，在2003年之前，银行体系不良资产的化解，很大程度上得益于资产规模的扩张，然后才是治理结构的改善。从过去的30年看，中国极速的货币化进程，是政府得以统领经济改革不断向前的很重要的幸运因素。

经济金融运行的有趣之处就在于，这往往是政府和私人部门之间你有政策，我有对策的博弈过程。就20世纪80年代的万元户而言，如果他沉湎于消费，在当时购入还十分稀罕的彩电、冰箱和磁带录像机，那么到今天这些资产的残值接近于零；如果他前瞻于保值，在当时购入黄金并持有至今，我记得20世纪80年代金价每克大约60～70元，目前大约270元，增值不到5倍；如果他当时买入大米并假定大米可长期不变质，那么30年间，每千克大米的价格已从约0.5元上升到约3.5元。即便选择储蓄或者国债，在货币化的侵蚀下，30年来币值仍然会被销蚀2/3。在快速货币化的进程中，持有现金或者低风险低收益的储蓄、国债等金融资产，和把过半财富拱手让出的差异并不大。用货币去购买可以大规模产业化提供的消费品，几乎等同于奢侈的挥霍。

钟伟在万科蓝山文化季CBD2.0新规划价值论坛上

（图片来源：新民网）

中国极速的货币化进程虽然已经持续了30年，但很难想象它还能再持续30年，金融体系的过度银行化以及投资在经济增长中过于显赫的地位，都可能使技术创新迟缓、结构调整不畅、收入分配改革难以得到真正关注。更令人关注的是，地方政府、企业甚至居民都已经在30多年的切身体会中，注意到了运用“长期金融负债”去对抗甚至去利用快速货币化，其基本理念无非就是今日之财不是财，明日之债不是债。在我看来，中国的货币政策必须在很大程度上重新回归，向古典的货币数量论回归，使经济增长、收入增长和货币供应保持相对稳定合理的关系，货币政策工具也应不拘泥于所谓间接调控，而应该价格工具和数量工具并举、对内平衡和对外平衡兼顾，并关注资产价格和通货膨胀预期异常变动的可能风险。

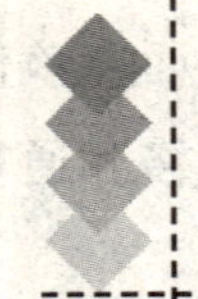

# 莫测的资产价格周期和可测的中国人口变迁

周明剑：我们看到包括股价和房价在内的资产价格波动，本质上是难以预测甚至不可预测的，人们之所以需要各种层出不穷的预测，可能并不在于他们相信这些预测，而在于用其刺激投资亢奋和安慰投资损失。莫测的资产价格波动的背后，是不是和人口变迁有着某种程度的联系？

钟伟：是这样的，一个人口年轻而创造梦想的国度，比一个老迈而日趋保守的国度，更容易滋生资产价格泡沫。

人口变迁和国民财富之间的关系比较容易理解。世界银行曾经在2005年9月发布过一个全球各国人均财富状况的报告。其中，2000年最富裕的瑞士、瑞典、丹麦等北欧国家，人均财富在55万～64万美元，美国和日本的国民人均财富则超过50万美元。中国2000年的人均国民财富约为1万美元。越老龄化的国家，其国民财富的增长潜力就越有限。例如日本、新加坡等很可能已经达到甚至越过了最富裕阶段。而"金砖四国"则仍有较大的财富上升空间。其中中国并不是最出色的，虽然俄罗斯GDP等主要经济指标不如中国，但其人均国民财富在2000年超过了4万美元，可见其自然资源之殷实。在世界银行那份190多页的报告中，人均财富最少的国家，则正在饱受战争和种族冲突困扰。一个和平和正常的国度，人口结构越老龄化，那么其未来国民财富持续增长的前景就越黯淡，因为这个国家经济上每一步的前行，都需要背负沉重的社会保障、昂贵的劳动力成本、相对保守稳定的社会氛围等重重包袱。

不仅国民财富和人口结构相关，资产价格周期可能也与之相关。生活中衡量资产价格周期的最直观指标是摩天大楼。大都市地标性的摩天大楼通常在资产价格上升时规划宏伟蓝图，在资产价格接近见顶时动工奠基，随后一两年就可能和迅速下滑的资产价格一道陷入烂尾，并等待下一轮周期的降临。研究中度量资产价格周期的不可或缺因素是人口结构。从生命周期的角度讲,人们总是在大致类似的年龄做类似的事情,青春期恋爱,20 多岁就业,30 多岁有子女并开始投资股市积极置业,40 多岁接近或达到收入峰值,50 多岁投资结构趋于保守(资产配置从股票房地产等追求收益的积极投资,转向债券和储蓄甚至保险等关注风险的稳健投资),60 多岁拥有孤独的闲暇,70 多岁道别并离开。因此看起来,一个国民平均年龄超过了 45 岁的国度中,劳动力人口和婚配人口占比在逐步下降,冒险、进取、创新的热情也随之下降,资产价格的巅峰也可能随之而去了。如果这样的假说成立,那么日本资产价格显然已经过了巅峰,而美国则有可能正在经历远离巅峰的逐步滑坡。

相当多的历史学研究表明,人口爆炸之后,大量年轻的、激进人口的出现,可能导致较为严重的社会动荡甚至革命。资产价格周期也不例外,最典型的例子是日本,其婴儿潮开始于 1945—1950 年,在人口红利最丰厚的 20 世纪 60 和 70 年代,日本每 7 个劳动力人口对应于 1 个 65 岁以上的老人,日本经济经历了高速增长,70 年代末期到 80 年代,居民的消费和积极投资意愿达到巅峰。1987—1992 年,日本国民的平均年龄超越了 45 岁并逼近 50 岁,随之,日本国民在股市和房地产方面的积极投资意愿下降,储蓄和保险等防御投资意愿上升,产业创新活力和社会消费能力接近巅峰,资产价格泡沫持续破灭。日本逐步成为一个稳定的、成熟的发达经济体,不复 20 世纪 80 年代的辉煌。或者说,第二次世界大战之后 5 年,日本出现婴儿潮,45 年之后日本资产泡沫大规模持续破灭。到 2005 年,日本已经是发达国家中国民年龄最老迈的国家;到 2050 年,日本国民可能不足 1 亿人,其中 40% 是 65 岁以上的老人。日本厚生劳动省曾悲观预测,按目前的人口结构变迁趋势,到 3000 年日本仅有 500 人,而到 3500 年日本只剩下 1 人。日本经济和资产价格的巅峰,可能永远只存在于回忆中了。

从人口结构变迁的角度看次贷危机,令人对美国经济的中长期前景印象黯淡。第二次世界大战之后,美国婴儿潮持续的时间,比日本长了 10 年,一直到 1965 年左右,婴儿潮才逐步退去,加上美国灵活的移民政策,吸引了大量来自东亚、南亚和东欧的高素质移民,使得美国国民平均年龄一直保持在较低水平。但嬉皮士、雅皮士时代已经随着迪斯尼的米老鼠唐老鸭一起老去。目前美国国民平均年龄已接近 45 岁,加之更多的年轻移民来自于拉美,而不是教育素质更高和纪律性更严的东亚和东欧。这使美国社会保障体系的压力急剧增加。美国以中年人为主的产业工人大军，显然不能承受来自东亚产业工人的持续冲击，不再具有很好的再学习、再创新和再就业的弹性，甚至冒险和创新都不及巅峰时刻。从1965年至今，也是时隔45年，美国居民工薪收入和消费增长趋缓，资产价格从巅峰开始大滑坡。尽管对美国经济中长期前景做出悲观判断有些武断，但至少人口结构对美国资产价格水平和产业创新能力不再是支撑力量，而是一种拖累。不仅如此，整个OECD国家都在老去，在2030年之前，发达国家的3个劳动力就必须抚养一个超过65岁的老人。

那么中国有机会崛起吗？有的，到2030年左右，中国可能达到美国或者欧元区经济总量的2/3，到2050年左右，中国的综合国力非常有可能和欧美形成三足鼎立之势，并在总量上略略超过后两者。答案的一部分也仍然在于人口结构。北京师范大学管理学院人口预测课题组的新近研究表明，中国目前国民年龄平均为32岁，正是年富力强，这保证了中国政府至少有10年左右的充裕时间在未来逐步完善社会保障制度，以迎接老龄化冲击。此外，中国人口的峰值为14.5亿人，在2030年前后出现该峰值。人口峰值可能分布在14.2亿~15亿人，出现峰值的可能期限在2027—2035年。这比通常预想的人口峰值数要少1.5亿人左右，峰值的来临也比通常预想的晚5年左右。中国劳动力人口的峰值为8.85亿人，在2012年之后出现该峰值，此后劳动力人口逐步下降，到2050年左右降至7.22亿人。上述预测显示，中国人口红利的持续期还有20年左右，这是中国抓住战略机遇期的关键阶段。用该数据和日、美所经历的资产价格周期看，在2007年大牛市之前被广泛流传的中国股市“黄金十年”似乎并不过分，中国资产价格甚至有可能在国民平均年龄达到45岁之前，总体上保持一个和国力崛起相应的状态。

当然，中国人口结构趋势也有令人忧虑的地方，一是劳动力人口的持续增长，使我们意识到至少在未来3年，“就业难”问题不会有明显缓解；二是人口性别失衡使目前婚配年龄人群中，男性比女性多1000万人，而到2050年则多出3500万人，男性“择偶难”会愈演愈烈；三是假设中国适宜的人口峰值放宽到15亿人左右，并考虑政策执行的实际效果，2020年前后独生子女政策有必要放松；四是由于中国地大人多物薄的约束，因此中国人均国民财富的峰值可能低于15万美元，或者说中国整体上很难达到比日本、新加坡甚至韩国国民更富裕的水平。

周明剑:从国际经验上观察,在经历经济危机之后,国际经济格局难以重返旧的增长格局,而是要选择并重新布局产业结构,寻找新的技术进步和新的增长点,从而为下一轮经济上行周期开辟道路。目前的时机是不是适合重新布局产业结构,中国在这个过程中应该怎么做呢?

巴曙松:首先,从国际视角观察,危机之后是重新布局产业结构的关键时间窗口。从产业政策的角度看,目前各国已经把着力点由大规模的刺激政策转向史无前例的"以补贴技术开发和扶持代表性的中小企业为主"的产业政策,并积极推动战略性新兴产业的发展,推动技术进步。

从美国的情况看,在2009年金融危机应对期间,美国就通过"美国复苏与再投资法案",转而向电动汽车蓄电池(锂离子电池)的研究与开发进行大规模的补助,并对购买外接充电的混合动力汽车(混合电动系统和电动机)的相关税收进行减免和抵扣,同时通过汽车"以旧换新"大力发展低耗油汽车。日本在实施了应对危机的金融稳定政策之后,根据"产业活力再生修正法案",通过日本的政策性银行,加大对环保汽车和环保家电的支持,并设立专门的产业革新机构对环保能源和生物能源等领域的创新研究与开发进行大力扶持。在法国,目前已设立了所谓的"战略投资基金"以及"创新投资基金",一方面向宇航、海洋风力发电等环保汽车提供融资和产业补助,另一方面向生命科学、信息通讯技术和低碳制造部门及企业进行出资或者提供债务保证,以扶持这些企业的发展。在德国,则通过"经济基金"提供信用与融资保证,以及购买新车补贴,大力培育海运和电气汽车等。

由此可见,许多发达国家正紧紧把握危机之后的重要时间窗口,对诸多新兴产业和技术进行前所未有的投入,这是未来全球经济走向可持续复苏的根本保证。

其次,中国目前重新布局产业结构的时机已成熟。

目前,关于中国劳动力供给状况,谈论最多的是"人口红利"的消失,然而,与之相对应的是,劳动力结构的变化却容易被忽视:所谓的"人口红利"消失侧重于人口老龄化和低端劳动力供给减少所引起的劳动力成本上升,同时这种人口结构的转换也为促进居民收入的上升和消费的增长提供了条件,另一个问题则是高端劳动力供给的日益增多,为经济转型提供了人力资源上的条件。从区域结构看,在沿海地区遇到高劳动力成本和高要素价格等压力下面临转型压力时，中国广大的中西部地区提供了广阔的腹地和回旋的空间。

从劳动力供给结构上看：其一，20～65岁的工作人口在未来10年必然会在达到高峰后，出现明显下滑，特别是35～55岁的核心工作人口下滑的幅度与速度都将较快；其二，低端劳动力供给将持续减少，20世纪90年代之后，中国大量的农村劳动力进入城市，并进入低附加值的简单加工制造业，为其提供大量的劳动力，然而在经过20多年的转移过程之后，目前低端劳动力已日趋减少，预计将在未来不长的时期内就可能达到拐点；其三，与低端劳动力的减少相对应的是高端劳动力的供应持续增长，从数据上看，2005年以来中国高等院校的毕业生已累计超过2000万，每年的在校学生也达2000多万，这意味着每年都有近500多万的大学毕业生进入社会。总体上，中国经济面临的约束条件一方面是低端劳动力的持续减少，另一方面是高端劳动力的持续增加。在这种客观约束下，中国过去那种过度的投资依赖与重工业化进程必须要得到转变。

基于这种认识，大致可以认为危机之后的政策“动态调整”应致力于对未来新的经济增长点给予前瞻性扶持，同时对传统产业进行改造和升级，并且通过放松管制来激发市场的活力，推动区域的均衡化发展，加快城市化的进程。

# 全球金融发展新趋势中的大国博弈：中国的定位与选择

周明剑：2008—2010年应该被定义成“危机应对之年”，在这两年时间里，全球各国极其罕见地携手共治“百年一遇”的金融危机，中国则成为最先摆脱危机，走出“大衰退”泥潭的国家之一。虽然危机的余波未了，但最坏的情况已经过去，世界经济正迈入所谓的“后危机时代”，并将重新拉开一个“十年大幕”。中国在这种大形势下，应如何准确选择自己的定位？

2009年10月17日，北京，庆祝北京交通大学经济管理学科百年庆典重要环节的EMBA名家讲坛——巴曙松教授讲座《当前金融形势》在科学会堂圆满举行

（图片来源：北京交通大学MBA中心）

巴曙松：如果从一个宏大的视角思考中国在未来国际经济格局中多极化背景下的再定位，那么这将体现在两个方面：全球经济再平衡和国际金融体系改革。

## 中国在全球经济再平衡中的角色

从“大萧条”以来的百年金融史看今天的全球性金融危机，这次“大危机”也是原有的全球经济和金融平衡被打破的产物。因此，危机本身具有两面性，它既意味着旧的平衡格局难以为继，也预示着新的平衡格局会不断形成。对于美国等西方发达国家而言，表现为“过度消费”的经济模式不可持续，新的平衡要求储蓄率必须提高，而消费则必须降低；对于中国等新兴市场经济而言，表现为“过度投资”和“出口导向”的经济模式也需要相应进行调整，寻找内部需求拉动等新的经济平衡点。

金融危机之后的近两年来，由于美国和欧洲发达经济体受到了较大的冲击，经济增长率下滑，居民财富水平也受到大的冲击，所以需求下降，对来自新兴市场的进口需求也相应减少。

从中国的情况来看，在危机冲击下，中国外部贸易不平衡的状况在2010年初也有所改善，外汇储备增速放缓。从总量上看，2010年一季度外贸呈恢复性增长：一季度进出口总额同比增长44.1%，比上年四季度加快34.9个百分点，其中，出口增长28.7%；进口增长64.6%。更为重要的是，由于进口恢复力度较出口更为强劲，2010年一季度贸易顺差为144.9亿美元，比上年同期减少479亿美元，3月出现贸易逆差72.4亿美元，中止了连续70个月的顺差局面。所以，在贸易顺差缩水和外商直接投资减少的情况下，2010年一季度外汇储备新增479.3亿美元，较2009年四季度新增额下降786.3亿美元，回落幅度达62%。

当然，这只是一个开始。未来中国仍需要进一步地更多依赖内需来推动增长，减少对外部需求的依赖，这需要转变经济增长方式，把出口导向的增长转变为内需和外需平衡并重的增长。从现实层面讲，中国的出口导向型发展战略是全球化大背景下的一个组成部分，较低的劳动成本和不断提高的劳动生产率使中国成为全球产业链的一个重要组成，如果中国的供给优势和全球的产业分工格局不变，则中国的生产能力就会保持或上升。

因此，中国的调整必须放到全球调整的大背景下。2009年以来以美国为代表的西方发达国家正在进行不同程度的经济“再平衡”，仅以美国为例，在金融危机的冲击下，美国的消费和储蓄模式正在发生积极变化。美国的国民储蓄率不断上升，目前国内居民储蓄净额占GDP的比重已由危机初期的-1.2%提高到6.5%以上。随着国民储蓄率的不断提高，美国的国际收支赤字也不断下降，目前国际收支差额占GDP的比重已由2008年的-5%降低到2009年上半年的-3%。这样一来，作为世界最主要消费进口国，美国的进口减少，可能会对全球贸易格局产生直接影响。长期来看，美国等国的经济“再平衡”将不可避免大幅减少对中国产品的市场需求，需要中国的出口部分进行新的调整，提高高附加值产品的出口，同时更加关注内需市场的拓展。这就是中国要调整的部分，也是中国对全球经济再平衡的贡献所在。中国再平衡是全球再平衡的有机组成部分。

**中国在国际金融体系改革中的再定位**

一定程度上，目前国际金融体系的框架仍然延续了长期以来的那种为以西方发达国家为中心的所谓“中心—外围”模式。此次金融危机以前，美国和欧洲被认为理所当然的领导者，他们制定国际标准并推销到世界各地。

然而,在金融危机巨大冲击之下,目前这种模式的可持续性也越来越受到挑战,那么未来国际货币安排应该具备什么样的特征,或者最为核心的关键是什么?未来中国在国际金融与货币体系的重建过程中,必须更加关注国际多极化趋势背景下的公平和稳定,并最大限度推进这一目标的实现。

首先,中国在未来的国际货币体系安排中应当获得更为公平的对待。第一个问题是未来国际货币金融体系的设计必须是公平的,即在多极化的背景下,它不应再由西方等发达国家主导,处于绝对的决策权垄断地位,中国等新兴市场应该参与游戏规则的制定。

在未来的国际货币体系安排中,以西方为中心的模式能否持续,本质上取决于经济力量的对比。对此,美国和欧洲曾经都是充满信心的。欧盟曾经雄心勃勃地打造所谓最具"活力与竞争力的知识经济",从而为欧洲的恢复注入新的能量,但目前可以看到欧洲部分国家正陷入严重的主权债务危机而不可自拔;美国政治家则以其一贯的"can do"心态认为新能源经济和企业家创新将成为美国经济增长的长期驱动力,然而同样也可以看到,美国正在经历一种尴尬的"无就业的复苏"困境。

因此长期来看,世界经济中心由发达国家转向发达国家和新兴市场国家多极化发展的趋势将是不可逆转的。许多权威机构的研究表明,在世界经济总量份额中,相对于发达国家,新兴市场经济的比重将稳定上升;而且在未来世界经济增长的贡献方面,新兴市场也是最为重要的世界"发动机"。据测算,到2020年"金砖四国"在全球经济总量中的份额将增加到27%,而美国将下降到17%,因此,世界经济格局的结构性变化和新兴市场日益提高的影响力意味着在未来的全球政策制定过程中,包括中国在内的新兴市场都将成为重要的新的建设性的积极参与者,而不再仅仅是旁观者,同时这也将使得全球决策机制更加多元化和均衡。

其次,未来的国际货币体系安排应当更为关注稳定性,为中国经济融入全球经济创造一个稳定的国际经济金融环境。全球金融危机揭示了国际货币体系高度的不稳定性。金融危机期间,甚至到今天,在范围、速度及规模方面,世界主要货币的名义汇率都出现了大幅波动。最近愈演愈烈的欧洲主权债务危机表明,货币的不稳定有可能成为金融危机的下一个中心。

目前来看,关于当前国际货币体系的缺点基本已经达成共识。国际清偿力的管理建立在一个根本上不对称的体系中。在这种体系中,美国占据着世界 GDP 总量的25%，美国在各国中央银行国际储备资产所占的比重达到65%～75%。这意味着，美联储不太可能把自己的国内政策从属于国际经济发展的需要，而是更多片面强调自身的利益。例如，为了应对金融危机和经济衰退，美联储大幅投放货币。短期内，大量的货币投放可能是治疗危机的一剂“良药”，但是过于宽松的政策不仅影响了美国通货膨胀的潜在压力，也对全球的货币政策形成巨大的冲击，很容易演变成为全球性的中长期的问题。

因此，在未来的国际货币安排中，为了克服这种不对称性并维持货币稳定，新兴市场的应对之策应该包括：(1)一个什么样的新国际货币体系才能体现新兴市场的关切，对此应该达成共识；(2)加强 SDR 的作用；(3)国际货币多元化。首先，新兴市场国家的政治意愿和国内政策优先顺序将决定他们能否就新的国际货币体系安排达到一致意见，但是，至少应该认识到，特别是对于中国这样的经济大国而言，将其货币盯住无约束的美元越来越是下下之策；其次，SDR 分配机制的制度约束限制了其作为主要储备资产的功能，使之仅发挥辅助性角色；另外，国际货币仍然是管理国际清偿力的主要工具，因此一个多元化的国际货币体系将更加安全和稳定。

本杰明·科恩认为美国国际收支赤字和金融危机的冲击将会明显弱化美元在国际储备货币中的主宰地位，长期来看，欧元、日元甚至人民币都将成为美元最有力的竞争者，但这些“同等竞争者货币”还不能取代美元，因此我们未来将处于一个更加分散化、竞争更加激烈的国际货币体系。

然而，随着中央银行所持有的美元储备资产规模不断膨胀，对中国而言，“盯住美元”与国际货币多元化已经成为需要谨慎权衡的“两难困境”：一方面，大量的储备资产赋予中央银行足够的能力来影响国际市场行为，并推动多元化储备体系的建立；另一方面，人民币盯住美元的前提条件即是作为“锚货币”的美元价值必须稳定，这意味着中央银行需要继续持有而不是抛售美元储备，从而与储备多元化目标相互冲突。事实上，目前美元资产价值之所以没有出现大幅波动的重要原因是以中国为代表的新兴市场仍在增持美国国债。因此，研究“美元之锚”的汇率退出机制十分必要。历史经验反复表明，像中国这样的崛起中的大国，不可能通过将本币盯住一个越来越不稳定的信用货币而获得长期的经济金融稳定，因为这不但使本国的货币政策失去应有的独立性，而且也很容易招致外部的压力，目前以美国为首的发达国家甚至新兴市场对人民币升值的施压也从特定的角度说明了这个问题的迫切性。

因此,如果从这个角度思考,在国际经济金融体系多极化的背景下,应当积极参与国际金融体系的重构,更多体现发展中国家的利益,同时应当及时退出“美元锚”,稳步推进人民币的区域化和国际化,改变当前中国的贸易大国、金融小国的格局。尽管这一进程处于起步阶段,距离最终目标还有很长的路要走,但是这一次全球性的金融危机凸显了这一课题的不可拖延和不可回避。

# 第三篇

# 通胀经济时代

2011年，防止通货膨胀成为当务之急。由此坊间预期国家适度宽松的货币政策将会退出。新年伊始，房地产调控、央行加息、股市翻红、金价小幅波动。新世纪第二个十年大幕拉开之际，中国经济将走向何方？百姓人家又应该如何因势利导、有效理财……

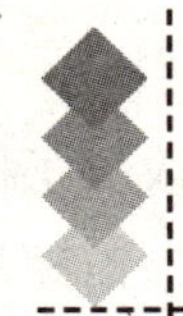

# 中国正走在通胀经济的路上

周明剑：本轮全球金融危机全面爆发以来，中国政府采取了超额货币和超额信贷的“适度宽松的货币政策”，对经济稳定起到关键性作用。但有观点认为这也造成了新一轮的通货膨胀预期，赵兄，你怎么看？

2009年10月24日，赵晓在北京参加以“颠覆与新生——低迷时期的全球化机遇”为主题的2009环球企业家高峰论坛

（图片来源：中国策划顾问网）

赵晓：是这样的，本轮通货膨胀预期的形成，从理论上而言是货币超额供应的一种结果。从全球金融危机后的中国经济体内的货币供应状况看，M2占GDP比重不断升高，尤其在2009年第三季度，M2/GDP比重达到1.88。这一指标不但远远高于美国、欧洲等成熟市场国家，而且远高于印度、巴西等新兴市场国家。自2009年以来在超宽松货币政策作用下货币供需缺口持续扩张，这给通货膨胀预期的形成造成了潜在压力。货币当局的超额货币供给，是通货膨胀预期形成的内因。

从外部因素看，全球金融危机后的人民币升值压力，在2009年三季度开始造成热钱加速向新兴市场流入，其直接结果就是造成资产价格（尤其是房地产价格）上涨幅度过快。有效汇率和名义汇率的背离，造成了人民币的升值压力。随着人民币升值预期的变动是大规模的热钱流动。在中国存在资本管制的情况下，国际热钱大量利用转移定价方式通过贸易渠道流出和流入。应当采用贸易顺差修正值来计算热钱的规模和构成，即通过估算正常的贸易顺差来修正实际的顺差。

国内中国货币当局的超额货币供应，以及外部人民币升值压力流入的数百亿美元热钱，直接推动了国内资产价格和通货膨胀预期形成，并且这已经在金融市场得到反映。

周明剑：那通货膨胀预期对居民生活有什么影响呢？

赵晓：超额货币和超额信贷对居民部门的行为预期产生影响，改变了居民部门的资产持有形态，风险资产转化程度提高，推动了通货膨胀预期形成，从而导致过多的货币更多流向购买投资品。

在货币超额供给和信贷超额投放作用机制下，货币购买力必然下降而产生通货膨胀预期，通货膨胀预期的自我实现机制会对经济产生负面影响。根据对中国主要经济指标进行跟踪分析可见，CPI这一传统度量货币购买力的指标并不能完全有效地衡量物价水平。目前，通常理论上以CPI作为货币购买力的指标，而经济现实中消费品和投资品的价格出现了明显偏离，货币购买力下降更多地体现在资本或投资品，而不是消费品。度量生活成本的通货膨胀指标主要测算的是过去的消费品价格压力，对通货膨胀的传统测量并不能完全反映通货膨胀状况，生活成本的完整衡量应该包括未来商品价格的改变。

除了上述的这些中长期因素可能使得通货膨胀回升的幅度超出市场预期之外，也可看到一些短期的物价上升因素。最近各地有关水、电、煤气、出租车、成品油、食用油、蔬菜以及肉类涨价的消息不断，这些因素会推高短期的通货膨胀水平，也会提高人们的通货膨胀预期。通货膨胀预期对实际通货膨胀有很大的影响力。

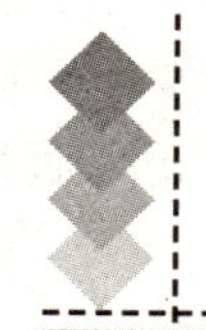

# 应对通货膨胀的资产配置

周明剑：由于政府成为经济增长的源泉，通货膨胀成为不可避免的经济现象，通胀经济不请自来，作为普通人，能做的是在力所能及的范围内做好资产配置，最大程度地保护自己的资产，避免被通货膨胀剥夺的命运，那我们应该如何来配置资产呢，资产配置和经济周期之间有什么样的关系呢？

赵晓：从根本上讲，把握了经济周期，也就把握了资产配置。在经济周期的衰退、复苏、扩张和放缓的四个典型阶段中，可以看到资产从债券，到股票，到商品，再到现金的轮换规律。同时，股票资产的行业表现以及债券资产的收益率曲线变化，也都在经济的不同阶段体现出相应的转换规律。而从长周期角度，资产跟随经济的春夏秋冬，也经历相应的四季转换。资产对经济周期的敏感性应该得到重视。但最为困难的，也就在于经济周期的划分，因为经济周期的时间和形式从来都不是固定的。

通过把握经济周期与资产周期之间的有效信息，能够达到优化资产配置组合的效果。在每波周期中都配置最合适的资产，如在经济复苏阶段中多配股票，在经济衰退阶段中多配债券，一定可以获得良好的资产配置效果。但想要强调的是，实证表明，只要在资产配置中应用到有效预测信息，即使对资产的解释度并不高，也同样能够优化配置组合的效果。

施罗德资产管理公司基于1950年以来的美国经济数据所做的实证研究，按照产出缺口将经济周期划分为衰退、复苏、扩张和放缓四个阶段。通常在经济衰退期更有利于债券表现，但如果具体区分，发现在经济衰退早期国债表现良好，但到经济衰退晚期股票资产就开始领先。这与资产的先行性有很大关系。具体看影响股票资产收益的PE（市盈率，股价与每股收益的比值）和EPS（每股收益）变动情况，在经济放缓阶段虽然盈利仍然增长良好，但估值已开始下降；同样在经济衰退阶段，虽然盈利表现很差，但基于对未来上升的预期，估值出现大幅上升。在四个经济阶段中，通货膨胀上升而增长下降的经济放缓期是最不利于资产表现的，房地产信托、黄金和石油是此时最具有防御功能的资产。

长周期根据通货膨胀和通货紧缩的基本环境差异，可以划分为四个阶段：温和通货膨胀的春天、高通货膨胀的夏天、通货膨胀回落的秋天和通货紧缩的冬天。经济活动和资产表现在一轮长周期的循环为如下。

春天，经济增长和就业逐渐回升，通常伴随科技创新的推动；消费者信心提升，消费品价格从一个较低水平有所上升但仍很温和；利率水平从底部缓慢上升，信贷适度扩张，股票和地产表现良好，比如美国20世纪50~60年代的经济繁荣。随着货币供给扩张，生产率提升达到瓶颈，通货膨胀和利率快速攀升，通常伴随资源争夺的战争，经济进入高通货膨胀的夏天，此时商品和黄金价格大幅攀升；政府通过大幅升息压制通货膨胀的举措，导致经济衰退，利率在夏天期末达到顶点，美国20世纪70~80年代初的滞胀就是典型。之后进入通货膨胀下降、经济复苏的秋天，此时也是通货膨胀水平相对平稳的阶段，包括地产、股票、债券等大部分资产都表现良好，信贷膨胀直至出现泡沫，如美国20世纪90年代的经济繁荣和资产繁荣。最终，过度积累的信贷和资产泡沫破裂，冬天来临，出现经济萧条和股市危机，以美国1929—1933年的大萧条最有代表性。之后再孕育新的一轮长周期循环。

资产反应的角度，是关注的另一个方向；资产表现是提示经济周期变动的很重要参考。就股票资产的历史来看，美国每次经济衰退前都出现了股票的大幅下跌；而债券资产，收益率倒挂对未来经济衰退的预示作用非常显著。

中国经济增长虽然也呈现一定周期波动的特征，但要进行经济周期划分比较困难。一方面，在原有的计划经济体制下是否能够应用一般的经济周期理论存在疑问；另一方面，中国在20世纪90年代后经济体制经历较大转变，前后的经济数据就存在是否具有可比性的问题。由于缺乏有效稳定的周期判定标准，这里并不想就这个问题做更多探讨，也无法给出足以让人信服的中国未来经济周期演变的判断的重点，我们的目的在于寻找中国经济周期波动和资产周期波动之间的关联，为资产配置提供更有价值的信息参考。

从历史来看，中国经济周期变动与资产周期变动之间存在关联，并在2003年后更加紧密，能够找到在经济转换中的资产轮动以及资产对经济变化提前反应的相关证据。因此,基于经济周期转换的信息,进行资产配置调整是有效的。

虽然中国资产周期很短,没有非常稳定的统计性结论,但还是可以从历史上看到经济变动与资产变动直接的密切关联。首先,我们可以看到在经济周期中,随着经济从衰退到增长再到过热的转换,资产也相应出现转换的现象,观察1996—2007年这十几年期间,根据工业增加值和CPI的变化,可以将经济粗略划分为三个周期,每个周期持续时间为3~4年:第一轮周期开始于1998年东南亚经济危机后,到2001年底受世界经济低迷影响结束;第二轮周期自2001年底至2004年底宏观调控结束;第三轮周期则开始于2005年。

相应的,能够清楚看到资产价格经历了三波周期。其中,1998—2001年股票和商品的轮动次序相对明显。而在2002—2004年的这波周期中,股票和商品的周期性特征则不十分明显。2003年后资产与经济间的关联更加密切,资产对经济波动的反应也更加敏感。2003—2006年,经济经历增长和通货膨胀先上后下再上的波动,比较在这期间股票和债券资产的表现,2004年4月股票价格和债券收益率基本上同时见顶,同时工业企业利润增长也达到顶点,但CPI在3个月后才达到顶点。到2005年7月,股票指数领先工业企业利润增长3个月见底,短期国债收益率也基本上见底,长期国债收益率则在2006年3月CPI见低点后见底。这期间股票下跌,债券上涨,反映经济格局变化的时间为5个季度左右。

周明剑:清楚了资产配置和经济周期的关系,那在最近的几个经济周期里,不同的资产都分别有什么样的表现呢?

赵晓:对资产配置问题的解释,可以从字面上来拆分成资产和配置两部分。资产部分具体需要回答选择什么样的资产、资产的风险收益特征以及相互关系如何;配置部分具体需要回答资金的投资目标、风险偏好和投资限制如何,在此基础上的最优组合方案如何这些问题。资产配置,就是在对资金性质充分认识基础上,通过有效的资产组合实现其投资目标的工作。

通货膨胀程度是影响资产收益的一个重要因素。对比不同通货膨胀率下的资产收益可知,债券和货币资产适应低通货膨胀环境;股票适应温和通货膨胀环境;商品是高通货膨胀甚至恶性通货膨胀的最大受益者;房地产资产在低通货膨胀环境和高通货膨胀环境均有比较高的收益。长期高通货膨胀下，股票、债券等收益要低于长期低通货膨胀环境下的收益；商品资产则正好相反。

2011 年 2 月 14 日，赵晓在“ACCA 名师讲堂——2011 年世界及中国宏观经济形势解读”做讲座（图片来源：ACCA）

具体来看，在通货紧缩阶段（以通货膨胀率小于 1% 衡量），货币和债券资产能够获得最高的名义收益和实际收益率，而其他类资产，无论是股票资产、房地产资产抑或商品资产，在通货紧缩阶段，其表现均显著低于其他情形下的收益。

当通货膨胀处于温和上升阶段（落在 1% ~3%）时，股票、房地产均有较强的正收益。我们知道，当通货膨胀处于温和上升过程时，对企业的盈利是有利的，因为企业可以获得较高的毛利率。而企业较强的现金流，提供了明确的未来现金流预期，并且市场对于风险溢价的要求趋于下降。因此，在温和通货膨胀阶段，股票资产有较强的收益率。

但是，当通货膨胀继续上升超过一定界限时，对企业盈利反而产生负面影响，（预期）未来现金流下降。股票资产的收益率下降明显；而在这个阶段，能源、基础金属等工业原料成为瓶颈，价格不断攀升。房地产资产由于其能够通过提高租金等方式部分传导通货膨胀，因此，在高通货膨胀环境中，房地产资产仍旧能获得较高收益。而当通货膨胀继续恶化，当大家普遍对货币失去信心时，这时，作为保值工具的稀有金属成为稀缺资源。

不仅在高通货膨胀和低通货膨胀阶段，资产的表现有明显差别；实际上，在通货膨胀的上升阶段和下降阶段，其对资产的影响也是有显著差别的。我们发现，通货膨胀上升阶段，商品资产最受益；股票、债券、房地产与货币等在通货膨胀下降时的总体收益率更高。在通货膨胀趋势性上升阶段，建议先增加股票资产，再增加商品资产的配置；当通货膨胀上升到一定程度时，房地产资产能有效抵抗通货膨胀上升和回落的风险；在通货膨胀下降过程中，建议先增加债券的配置，直至通货膨胀水平落入对公司盈利有利区间，增加股票和房地产的配置比例。

大多数资产，除商品资产外，在通货膨胀率趋势性上升的阶段下，其收益均要落后于通货膨胀趋势性下降阶段下资产的收益，债券类资产表现得尤其明显。虽然通货膨胀下降阶段资产收益的波动率也略高于通货膨胀上升阶段，但经过风险调整后的收益仍旧有明显的优势。相反的，对商品资产来说，通货膨胀上升阶段是其获得明显更高正收益的阶段；而在下降阶段，商品资产表现甚至为负。

如果更加具体的细分在通货膨胀率上升阶段和通货膨胀率下降阶段中，各个通货膨胀水平下所对应的资产收益率来看，短期内（一年期），股票、债券、房地产与通货膨胀呈现负相关性；仅有商品资产是从通货膨胀上升中受益的资产。并且，虽然股票、债券和房地产总体是在通货膨胀下降阶段表现更优，但并不意味着在通货膨胀的各个水平都是如此，比如说股票资产，虽然通货膨胀率升至顶峰之后有所回落，但股票资产还可能经历继续大幅度下跌过程，直至通货膨胀回落到对企业盈利开始有利的区间，股票资产才能开始获得显著的高收益。但是债券资产则在通货膨胀下降开始，就能获得更高的收益。而房地产资产，虽然总体上在通货膨胀上升阶段的收益要远远落后于通货膨胀下降阶段的收益，但我们也发现，当通货膨胀上升到一定程度，比如8%以上，房地产资产的收益要远高于股票、债券等其他资产，也就是说，当通货膨胀在高位时，房地产资产能够获得较高正收益。

从近百年来黄金的价格来看，大萧条时期黄金还是作为价值尺度和财富存在，其价格并不自由波动，但脱离金本位制度后货币的大幅贬值使得黄金价格出现了近百年历史第一次跃升；20 世纪 70 年代布雷顿森林体系解体后，各国货币大幅贬值，使得黄金出现了第二次大的跃升，如果从 1971 年 8 月 15 日美国宣布停止美元按固定比价兑换黄金开始算起，一直持续到 1980 年 9 月，黄金涨幅超过 20 倍，持续时间达 9 年左右。最近一轮黄金牛市从 2001 年初开始算起，持续至今 8 年左右，如果 20 世纪 70 年代黄金牛市持续的时间可以类比，这意味着当下的黄金牛市还未完全走到尽头。另外，从 20 世纪 70 年代开始黄金价格自由波动的历史来看，其上升周期一般开始于经济不确定性开始增加的时候，此时一般伴随的也是大幅减息，而其到局部周期的顶部一般是全球经济显现出企稳迹象的时候。目前全球范围内数量型放松货币政策刚刚开始，主要货币竞相贬值，全球经济还未完全确定企稳，使得黄金这种近百年来产量一直小幅、稳定增长的特殊商品依然具备继续重估的空间。

在货币体系转换的时期，由于原有体系下相对稳定的增长和物价预期被大幅的货币贬值打乱，物价预期相对紊乱，增长波动加大。这使得企业利润增长大起大落，股票的波动也较大，整体来看没有系统性上升趋势。20世纪30年代和70年代股票市场的表现就是佐证，但股市从低点到高点的波动性机会也非常明显。20世纪30年代大萧条时期，美国股指按照道琼斯指数计算，从1929年9月3日高点到1932年7月12日的低点，跌幅是88.9%，历时约35个月。股市在此之后的见底反弹，到1936年也未能反弹到下跌前的高点。而20世纪70年代滞涨时期，股市也是大起大落，整体没有上升趋势。行业方面，与实物资产密切相关的基础材料、原油、房地产及相关行业大幅跑赢大盘。

20世纪30年代和70年代这两个阶段的股市表现给当下股票投资的启示就是，作为在经济发展中起基础性作用的货币体系的变革，货币大幅贬值，可能打乱原有体系下形成的比较稳定的增长和物价预期。而新的体系以及新的体系下的增长和物价预期的形成需要时间，使得股市要面临一段较长的波动和低迷的时期。当下，全球主要国家正在努力倡导建立新的货币体系，主要国家的利率已经降低到历史最低水平，并准备尝试或者已经开始数量型的宽松货币政策，主要货币对黄金已经大幅快速贬值。这些迹象表明，原有的以美元为中心的牙买加体系正在逐渐发生改变。在这种情况下，即使目前全球范围内的数量型宽松货币政策最终能够刺激经济走出通货紧缩，正如在前两个货币体系转换时期看到的一样，经济也很难立刻进入一个持续增长的轨道，而是在增长与衰退之间徘徊，支撑股票表现的盈利增速也会波动较大。股票整体也会表现出较大的波动，而难有系统性的上升趋势。

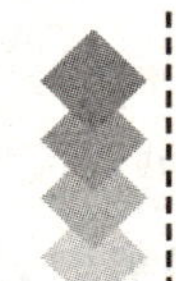

# 解读房地产和经济周期的关系

周明剑：房地产也是最近10年来大家非常关注的板块，在资产配置中也占据了相当高的比例，怎么解读房地产和经济周期的关系，对房地产投资有什么好的建议？

赵晓：根据风险溢价理论，房地产的长期合理收益应该是介于股票和债券之间，风险也如此。从美国1960—1986年将近27年的数据来看，房地产风险收益与债券相当，而低于股票资产的风险和收益。从2003年以来中国各类资产的风险和收益同样可以看出，房地产投资风险收益特征与债券更加接近。虽然长期来看，房地产并不能带来很高的收益率，但由于房地产与其他资产的低相关性甚至负相关性，在组合中加入房地产能有效分散风险。

把握房地产周期具有十分重要的作用。经济周期的长周期转换蕴含着资产的长周期转换，在K周期（在20世纪20年代，苏联学者康德拉季耶夫提出，在资本主义经济生活中存在着45～60年的长期波动。这种长期波动被人们称为康德拉季耶夫周期，简称K周期）的春夏阶段，投资房地产的收益最高。对短周期来说，经济的复苏和过热阶段仍旧是房地产资产表现最好的两个阶段。而在衰退阶段，则能提供一个较好的买点。

2008年，首届中国房地产策划师年会上赵晓发言

（图片来源：房龙网）

房地产周期与经济周期具有一致性。相比于其他类资产，房地产可能是与经济关系最为密切的资产。与经济的长中短周期对应，在房地产的周期波动中，可以发现其与经济周期相契合的长波、中波、短波周期。同时与经济周期类似的是，相比于短波周期

下房地产价格的波动，长波周期下总是伴随更大的繁荣和衰退。房地产衰退更容易伴随经济衰退，同时也通常伴随股票的泡沫破灭。因此，人们更需要关注的是长波周期下的房地产的繁荣和衰退。

通过对比各国经济和房地产的相关性的时间序列数据，我们可以发现经济和房地产相关性呈现周期性波动，而当二者相关性呈现上升趋势时，应该引起足够的警惕。虽然很难分清房地产周期与经济周期二者孰因孰果。但历史数据显示：(1)短波来看，经济周期领先；(2)长波来看，房地产领先或者同步。

虽然从长期来看，房地产并不能带来很高的收益率，但是根据现代组合投资理论，在组合中加入与其他资产相关程度低的资产，可以在保持期望收益不变的基础上降低整个组合的风险，或在保持风险不变的基础上提升整个组合的期望收益。国外相关研究表明，从中短期情况来看，虽然股票/债券的平均收益与房地产的平均收益间的相关系数波动非常大，但是在大多数情况下，房地产与股票或债券间的相关系数都是负值，出现正相关的情况非常少见。

利用房地产分散组合风险的重要理由在于其不同于股票和债券周期的特殊的周期。从20世纪70—90年代西方各工业化国家的数据可以看到，虽然房价的高点总是伴随着股市高点的出现而出现，但二者存在明显的时滞，房价顶点滞后于股市顶点出现，从20世纪70年代初的约4个季度，到20世纪80年代初的5.5个季度，到20世纪80年代末90年代初的11个季度。

观察中国房地产和股票价格数据，同样可以看到2003年以来，房地产周期明显滞后于股票周期，房地产价格顶点在股票价格顶点后6~9个月出现。究其根本原因，主要是由房地产本身的行业属性所决定的。

对战略性决策来说，对房地产长周期的把握至关重要。对于买卖时点的选择来说，对房地产较短的周期波动的判断则十分关键。

经济周期的长周期转换蕴含着资产的长周期转换。比较股票、债券、房地产资产在K周期春夏秋冬阶段的收益率情况，春天，经济增长和就业回升，是房地产和股票资产表现最佳的季节；当经济进入高通货膨胀的夏天，房地产仍旧强势，而股票则表现不佳(实际上，夏天是房地产、商品、贵金属表现最好的季节)；当经济进入通货膨胀下降、经济复苏的秋天时，股票、债券表现优异,而由于信贷泡沫的累积,虽然房地产价格仍旧在上涨,但动能已明显减弱。而当冬天来临,出现经济萧条时,除债券资产外,其他资产表现都很弱,实际上,这时候最好的投资选择是黄金、现金与债券资产。

当然,对于买卖时点的选择来说,短周期下资产价格波动的把握,则更加具有指导作用。因此,应该研究短周期(4 年左右的基钦周期)经济波动和资产波动间的关系。借鉴美林证券对经济周期的划分,也就是根据产出缺口和通货膨胀率将经济划分为衰退、复苏、扩张和滞胀四个阶段,研究在各个阶段不同类型资产的表现,同样可以看到,对短周期来说,经济的复苏和过热阶段仍旧是房地产表现最好的两个阶段。而在衰退阶段,则是一个较好的买点。

相比于股票、债券等其他类资产的周期,房地产可能是与经济周期关系最为密切的资产。无论是从长周期还是短周期来说,在经济的复苏和过热阶段(春天和夏天),都是房地产投资收益最好的时候。而当经济转向滞胀或者衰退的时候,则是房地产资产表现最差的时候。当长的经济周期的冬天来临时,甚至出现负收益。其实这也很容易理解,作为经济的重要一部分,房地产与经济息息相关。一方面,房地产的繁荣带来投资的增加,进而拉动经济增长。同时,地产增值形成财富效应,促进居民消费增长进而带动经济增长。另一方面,当经济增长时,居民收入上升,购买力增加,从而推动地产繁荣。由此循环,反之则出现负循环。从以上循环模式可推测:对于经济中受投资拉动(尤其是地产投资)或者消费占比比较大的国家来说,房地产与经济的关系更加密切。

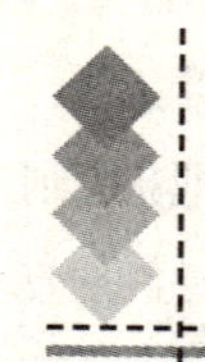

# 黄金还能买吗？

周明剑：除了房地产，我们还能看到黄金价格不断攀升，屡创新高，甚至在某些地方还出现了抢购，是什么原因诱发了这一轮的黄金热？

赵晓：投资黄金，最重要的是判断黄金的价格走势。黄金市场的开放程度介于外汇和股票之间，投资者必须关注国际与国内金融市场两方面对金价的影响，尤其是美元汇率变动以及开放中的国内黄金市场对黄金政策的变革性规定。

在全球经济前景黯淡，股票、房产以及大宗商品等资产都出现了大幅度的缩水，在经济前景尚不明朗的情况下，黄金以其良好的抗风险能力备受投资者的青睐。黄金市场从2001年开始的超长期牛市依然在延续。

在避险需求和通货膨胀预期这两大因素的支撑下，黄金价格的中短期走势和长期走势均保持上涨的格局。由于对美元贬值的预期明确导致黄金投资需求量大幅增长，全球矿产黄金增长幅度有限，而各国央行也将改变对黄金的看法，会适时收储，这些都将刺激黄金价格走强。出于对全球经济衰退的忧虑及美元弱势的预期，黄金的避险保值功能将受到重视。如果全球经济的财政和货币刺激举措取得成功，那么通货膨胀将促使黄金价格上升。如果财政和货币刺激方案没有奏效，那么经济不稳定将导致一些国家或者地区政治动荡，作为最安全的避风港，黄金价格也将上升。

相对于2008年原油、有色金属、农产品等大宗商品遭遇重挫、股市暴跌、楼市下滑、美元动荡的情形，黄金以其保值避险的功效获得买盘支撑，并终于在2008年底守住了8年连阳的牛市格局，也算得上是“一枝独秀”了。2010年，黄金的商品属性进一步弱化，其金融属性得到提升。在价格波动上，黄金的季节性周期进一步弱化，黄金价格运行更加贴近经济周期的运行。

周明剑：从以往的经验来判断这一轮的黄金热还能持续多久，尤其是在目前数量宽松的大环境下，金价接下来会是什么样的走势呢？

赵晓：我们将20世纪30年代大萧条、20世纪70年代滞胀以及2008年下半年以来全球主要经济体利率降至百年来新低，并纷纷宣布将采用数量型宽松的货币政策等这三个历史性的阶段放在世界货币体系变革的同一框架下研究。这三个阶段背后刚好对应的是世界货币体系发生变革的时期：20世纪30年代世界主要国家脱离金本位制度；20世纪70年代战后建立的布雷顿森林体系解体。

2008年下半年以来，美国、英国、日本等主要经济体利率已经降至百年来的最低水平，到了接近零利率的水平。在传统的利率手段已经捉襟见肘的情况下，各国纷纷宣布将采取数量型的宽松货币政策来力阻经济进入通货紧缩。主要经济体的货币在之前大幅贬值的基础上对黄金又大幅贬值。种种迹象表明，当下也正在经历一个类似20世纪30年代世界脱离金本位制度后的世界货币体系变革时期、20世纪70年代布雷顿森林体系解体时期的阶段，支持全球经济运行的牙买加体系正面临逐步的变革。

历史经验表明，世界货币体系的变革往往带来货币的竞争性和集体性贬值，打乱原有体系下形成的相对稳定的增长和物价的预期，增长波动加大而物价预期（通货膨胀或者通货紧缩）也变得紊乱。20世纪30年代大萧条先是持续的通货紧缩，全球脱离金本位制度后走出通货紧缩、迈向复苏，接着是高通货膨胀；20世纪70年代则是高通货膨胀，而石油的供给冲击更加剧了这种趋势，造成持续滞胀；当下全球经济经历了2008年上半年的高通货膨胀之后随着金融危机的深化，通货紧缩预期抬头，随着各国大量向市场投入货币，通货膨胀预期又起。的确，从近百年主要国家通货膨胀的波动率来看，20世纪30年代、20世纪70年代以及2007年以来的三个时期，刚好对应的是三段非战争情况下通货膨胀波动率最高的时期，而这三个阶段，也对应着纸币对黄金的三次大的贬值和黄金价格的三次大跃升

在金本位制度下，黄金本身就是价值尺度和财富的代名词，其价格在货币不贬值的情况下是一成不变的。但是，大萧条的到来，使得1931—1936年世界主要国家相继脱离金本位制度，之后主要国家的货币都对黄金大幅贬值。主要国家中，英国最先脱离金本位制度，英镑与黄金的平价从金本位制度下的4.25英镑/盎司最终下跌到1940年的8.4英镑/盎司左右，以此计算英镑贬值幅度近50%。

黄金价格的第二次跃升，是在布雷顿森林体系解体后。这一轮黄金的

跃升，如果从1971年8月15日美国宣布停止按固定比价用美元兑换黄金开始算起，到1975年1月到达一个局部高点，然后进入一个下跌通道，到1976年10月开始反弹并一路上扬，到1980年9月见顶，前后持续了约9年近108个月的时间。布雷顿森林体系瓦解后，各国货币对黄金大幅贬值。前面提到过，布雷顿森林体系解体后的3年内，世界主要货币对黄金贬值幅度最低的也超过250%。

当下的第三次黄金价格大的跃升周期，黄金已经从低点255.95美元/盎司一路上扬，中间经历几次震荡，并在2010年4月达到1150美元/盎司的水平，最近又处于震荡盘整之中，从低点到高点的上升幅度为351%，持续时间约112个月。

这一次黄金价格的跃升，起始于2001年的大幅减息至当时的历史低点，而美元则开始大幅贬值。自那个时候开始，全球主要货币也开始大幅贬值。虽然此后美国自2004年开始又逐步升息，而2007年下半年以来，面对次贷危机的冲击，全球主要央行又开始大幅减息，目前部分国家的利率水平已经是近百年来的低点。我们相信这些巨幅的货币贬值幅度、前所未有而且范围广泛的低利率，是以美元为中心的牙买加体系正面临变革的反映。

搜狐财经独家专访经济学家赵晓

（图片来源：搜狐网）

可以看出，三次黄金价格大跃升都与背后的货币体系变革有关。接下来问题就是，当下的黄金牛市是否已经走到尽头？答案是还没有。之所以认为没有走到尽头，是因为，首先，黄金一般是作为安全资产和反映通货膨胀预期的资产类别存在的，从20世纪70年代开始黄金价格波动的历史来看，其上升周期（小周期和前面提到的三次跃升大周期）一般开始于经济不确定性开始增加的时候，此时一般伴随的也是大幅减息，而其到局部周期的顶部则是经济显现出企稳迹象的时候才出现。目前全球主要国家刚刚从大幅减息过渡到数量型放松的货币政策，其效果还在被市场观望，而经济还未见到完全企稳迹象，这是我们认为黄金这一轮市场还没走到尽头的主要原因。

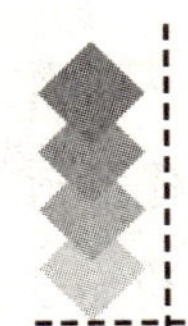

# 通货膨胀下股票该如何投资？

周明剑：最后我们回到大家普遍关注的股市问题上来，通货膨胀会如何影响股市？

赵晓：通货膨胀这个术语有很多复杂的定义，但从投资角度看，把通货膨胀复杂化，既没有必要，也不是投资者所期望的。就实务角度而言，通货膨胀不过是货币购买力的下降过程（只有在极少数情况下，才有可能暂时偏离这一过程）。

通货膨胀是影响股票市场价格的一个重要宏观经济因素。这一因素对股票市场趋势的影响比较复杂，它既有刺激股票市场的作用，又有压抑股票市场的作用。通货膨胀主要是由于过多地增加货币供应量造成的。货币供应量与股票价格一般呈正比关系，即货币供给量增大使股票价格上升；反之，货币供给量缩小则使股票价格下降，但在特殊情况下它们之间又有相反的趋势。

货币供给量对股票价格的正比关系，有三种表现：(1)货币供给量增加，一方面可以支持生产扶持物价，阻止利润下降；另一方面对股票的需求增加，又成为股价止跌回升的重要因素；(2)货币供给量增加引起社会商品的价格上涨，股份公司的销售相应增加，从而使得以货币数量表现的股利有一定幅度的上升，使股票需求增加，从而股票价格也相应增加；(3)货币供给量的递增引起通货膨胀，通货膨胀带来的往往是虚假的市场繁荣，最终出现企业利润上升的假象，保值意识使人们倾向于将货币投向贵重金属、不动产和短期证券，股票需求量也会增加，从而使股票价格相应增加。

可见，货币供给量的增减，是影响股价的重要原因之一，货币供给量增加，扩大的社会购买力就会投资于股票上，从而把股价抬高。反之，如果货币供给量减少，社会购买力降低，投资就会减少，失业率就会增加，因而股价也必定会受影响。这是问题的主要方面。但是，通货膨胀到一定程度，甚至超过了两位数，将会推动利率上涨，从而使股价下跌，这又是其对股价作用的另一方面。

当刺激作用大时，股票市场的趋势与通货膨胀的趋势一致；当压抑作用大时，股票市场的趋势与通货膨胀趋势相反。美国20世纪70年代的经验显示，在高通货膨胀时期，股市表现明显落后通货膨胀，而股价波动与通货膨胀走势负相关。20世纪70年代的美国股市上涨48%，但同期物价指数上涨129%，考虑到同期美元的贬值约25%，实际表现更差。另外股价波动加大，20世纪60年代股市月平均波动率为3.4%，而在20世纪60年代后期至20世纪70年代上升至5%。20世纪70年代贯穿始终的是经济政策在通货膨胀和增长之间摇摆，而通货膨胀和增长兼顾的摇摆政策使得通货膨胀没有受到遏制，而经济增长也未能恢复到可持续的正常轨道，致使这一段时期的股市总体跟随经济起伏而波动，总体表现平平。实际上不只是美国，其他主要工业国家，如英国、德国等国的股市，在此期间的表现都不尽如人意。

周明剑：对于普通投资者来说，应该如何正确看待通货膨胀对企业、行业带来的影响，如何更好地选择投资机会？

赵晓：自上而下看通货膨胀对企业盈利的影响，通货膨胀上升最直观的作用就是使得名义的收入和利润趋于“好看”。从宏观层面的通货膨胀，过渡到微观层面的企业盈利，有两个并行的途径：第一，随着经济活动趋于活跃，通货膨胀逐步由负转正，企业资金周转会趋于加快，表现为收入增速会有变化；第二，随着物价水平的上升，企业获利能力会受到影响，表现为毛利率和净利率会随产品价格的波动而出现变化。收入增速及利润率的变化最终会影响企业盈利增长。

这两个途径其实也可以从上市公司盈利增速与中国货币流通速度的变化量之间较为明显的相关关系得到印证。我们注意到，中国的上市公司盈利增速（包括金融类和非金融类）与中国货币流通速度关系较为密切。一方面，货币流通速度加快，说明经济活动活跃，企业周转加快，收入增长趋势应该在提升；另一方面，货币流通速度加快反映的是物价提升趋势，不同行业企业的获利能力（利润率）会受到影响，在通货膨胀达到一定水平之前，总体利润率会随着通货膨胀逐步由负转正而扩大。同时，收入增长与利润率水平其实也有一定内在的正相关性。一般企业具有定价能力，利润率能够获得提升，往往也说明消费者对企业产品或者服务的需求也比较旺盛，此时收入增速往往也比较理想。所以在通货膨胀的周期中，企业毛利这个指标往往对收入增速和利润率水平两方面具有统一的代表性。

对历史上通货膨胀周期的研究显示，通货膨胀背景下产品价格提高与投入成本上升这两股力量在通货膨胀的不同时期对总体盈利的重要性是不同的。在物价逐步停止下滑趋势、开始企稳到逐步回升的阶段，非金融企业的盈利能力总体是提升的。但一旦物价进入全面上升阶段，物价上升带来成本压力将侵蚀企业利润率水平。也就是说通货膨胀水平与企业盈利改善的关系并非是线性的，这两者之间的关系有一个临界点。根据对2002—2004年及2005—2007年的通货膨胀上升周期的分析，发现这个通货膨胀水平的分界在4%～5%，也就是在整体通货膨胀（CPI）从负的区域逐步上升到达4%～5%之前，非金融企业的毛利整体是提升的；而在这之后，物价的上升带来的更多是对企业毛利的侵蚀，非金融企业的毛利水平也迅速回落。

周明剑：为什么这个临界点是在4%～5%？

赵晓：我们认为原因来自两个方面：（1）物价上升达到一定程度一方面会抑制需求，另一方面会招致国家对可能加剧通货膨胀的上游行业的物价进行管制，使得企业盈利受到负面的影响；（2）物价上升过快往往表明经济过热的趋势，政府会出台针对整个经济体的宏观调控措施，包括货币紧缩的政策。这些都会对企业盈利造成负面的影响。在2002—2004年的通货膨胀周期中，国家在2003年开始出台房地产的调控政策，特别是在2004年4月份集中出台了针对固定资产投资的严厉限制措施。这对上、中游行业的盈利是比较严厉的打击。而在2005—2007年的通货膨胀周期中，2007年2月份开始加快收缩货币政策的步伐，在2008年初出台了系列的物价管制措施。

企业盈利对通货膨胀水平的敏感度如何？我们采用定量模型在预测收入和利润率的基础上对非金融类公司2010年的盈利进行了估算。模型分析显示，非金融公司2010年盈利增速有望达到29.9%，这与自下而上汇总的盈利增速比较接近。基于此模型来对盈利进行敏感性分析，结果显示，非金融企业的盈利增速对非食品通货膨胀是比较敏感的，非食品通货膨胀每提升1个百分点，非金融企业盈利增速提升3.8个百分点。

确定对企业盈利影响的通货膨胀水平临界点，接下来的问题就是哪些行业从逐步上升的通货膨胀中受益最大。通货膨胀中获益或者能够抵御通货膨胀将是两类企业：一是金融行业，在通货膨胀逐步上行的背景下，金融业将受益于收益率曲线的陡峭化或者实际利率下降的趋势下投资活动的活跃；另一类是资源性的企业，这里的资源性具有比较广的含义，不仅包括具有"硬"资源（如基础材料、房地产等），也包括通过企业经营积累的分销渠道、品牌优势等"软"资源。这种"资源"属性给企业带来的是在物价上升的情况下的"定价能力"或者转移成本压力的能力。金融行业从通货膨胀中受益比较直观。以银行业为例，在历史上的几个通货膨胀周期中，银行的净息差都随着通货膨胀的波动而波动，当通货膨胀逐步上升时，银行净息差逐步扩大。

我们再来具体分析哪些非金融类的行业将从通货膨胀中受益较多。按照行业分类（一共95个子行业），将各个非金融行业根据物价传导机制和在生产和消费中所处的链条分为上、中、下游行业。总体上说，为生产提供原材料的行业处于上游，基于原材料进行加工提供生产资料和耐用消费品的行业被分为中游行业，为工业生产提供服务的也被分为中游行业，而被消费者消费的最终产品和服务被划分为下游行业。

非金融企业的净利润率随着通货膨胀起落呈现明显的波动特征，利润率水平的波动从上中下游依次递减。在前面的分析中提到过，企业利润率水平其实包含有收入和获利能力两方面的信息，因此可以从利润率水平的变化来看哪些行业从通货膨胀中获利最明显。

对在2002—2004年及2005—2007年的通货膨胀周期中利润率获得提升的行业打分，并按照最终得分进行排序分析显示。

（1）在上、中、下游三类非金融企业中，上游行业和下游行业在两个周期中均获得净利润率提升的行业是最多的，中游只有一个行业在两个周期中获得利润提升。

（2）观察在上、下游中利润率均获得提升的行业，能够从通货膨胀中获益的行业具有一般"资源性"的特征。上游行业的资源性特征比较直接（"硬"资源），比如基础金属、石油、部分农产品、化工中的化肥等行业。

（3）下游行业中，具有"资源性"特征的行业（"软"资源），一般是拥有较强的分销网络资源或者品牌资源的行业（如百货、超市、家电零售等）。这种

"资源性"给企业带来的是定价能力,使得企业在面临物价上升的压力中,能够直接提价或者将成本的上升转嫁出去,从而维持甚至提升自身的盈利能力。

结合上述对历史情况的分析以及当前各行业基本面的特征,能够抵御或者受益于通货膨胀的行业将是以下两类企业。

(1)金融类企业,包括银行、保险、证券及地产:通货膨胀逐步上升,存款活期化的趋势有望强化,银行资金成本降低,净息差可能扩大:保险将受益于息差的扩大以及资本市场投资收益的提升;证券业将受益于在实际利率下降的趋势下投资及投机活动的活跃;地产行业将受益于通货膨胀预期的提升和实际资金成本的下降。

(2)非金融企业中受益或者能够抵御通货膨胀的行业主要是上、下游行业中的"资源性"企业,中游行业能持续受益或者抵御通货膨胀的行业较少。这里的资源性企业是广义的"资源"概念,主要包括部分上游的行业("硬"资源),如基础金属、煤炭、部分农产品及相关行业、部分化工行业如化肥,以及下游的具有分销网络或品牌优势等资源的企业("软"资源),如百货、超市、品牌零售、旅游与酒店以及具有品牌优势的食品饮料如高端白酒、葡萄酒。

根据历史的经验,中游行业在通货膨胀的环境中往往是两头受压并受损的品种。如果通货膨胀持续上升,相对看淡中游行业的表现。但是在中游行业中,也看好汽车、家电以及工程机械等品种。预计这些行业龙头公司市场地位在逐步巩固,整体行业需求依然保持强劲,同时在需求相对旺盛的情况下,即使成本有上升的压力,其定价能力并不一定会削弱。

历史经验表明,通货膨胀环境下价格变化的路径往往是从 PPI 到 CPI,又从 CPI 反推至 PPI,这是一个温和的、立体的循环上涨过程,不是平面的和直线式的。在这个过程中,各个产业感知通货膨胀价格变化的时间和程度是不同的。分析显示,当前显示出的温和通货膨胀实际上起源于 2002 年,并已经在上中下游产业中依次形成了两轮上涨。第一轮价格上涨的高点,重工业、轻工业和 CPI 依次出现在 2003 年 3 月、2004 年 5 月和 2004 年 8 月。

第二轮价格上涨同样是由重工业带动的。在第一轮上涨之后,经过半年回落,重工业价格指数在 2003 年 9 月再次上涨,并在 2004 年 11 月创出新高。此时促使中央政府进行大规模的宏观调控,重工业指数随之回落。

但重工业价格指数的上涨在轻工业中的连续反应，在 2006 年 3 月后才逐步显现出来。

在第一轮价格上涨过程中，往往最先上涨的是上游重工业等行业，然后再传至中下游行业，最后才传递至终端的消费品业（CPI）。也就是说，从 PPI 传导至 CPI 的路径是从重工业到轻工业，再沿着轻工业尤其是以农产品为原料的轻工业上涨这一条线上传递过来的。这表明，自 2006 年下半年以来，农产品价格出现的持续上涨是导致 CPI 价格快速上升的直接因素。由此可以进一步判断目前价格上涨传递到什么产业环节的基本结论：第二轮价格上涨目前已经传递到了下游消费类行业，而且涨势还将延续一段时间，至少目前还不是最后高点，年内 CPI 指数和轻工业指数还将进一步创出新高。而上游价格在持续两年零八个月的回调后，也有可能开始反弹。因此，建议重点关注的行业次序：首先是下游消费类行业，其次是下游资源，最后才是中游行业。

实际上，价格上涨传递到产业链中的哪一个环节，哪个环节上的行业就受益。根据 WIND 系统提供的数据显示，价格传递过程与行业上市公司利润变化是基本一致的。2003 年净利润增长最快的两个行业是黑色金属和有色金属行业；2004 年是食品饮料和采掘业；2005 年是餐饮旅游和纺织服装；2006 年是农林牧渔、信息设备、有色金属和房地产。从行业毛利率变化上看，2003 年、2004 年重工业价格指数上涨时，采掘业等明显受益、钢铁类价格大涨，钢铁类上市公司毛利率大幅上升；2006 年 3 月轻工业指数和 CPI 指数上涨时，消费类行业的毛利率在上涨。如饮料类上市公司的毛利率在 2006 年 3 月后出现两次大幅提升，而农产品类上市公司毛利率在 2006 年 3 月止跌回升；PPI 指数中黑色金属行业指数自 2006 年 3 月率先止跌上涨时，钢铁类上市公司毛利率就快速大幅反弹，而对应的以钢铁为主要原材料的电气设备行业毛利率则一路下滑。

消费类行业与资源类行业值得重点关注的总体思路是：选择产品溢价能力强、成本上涨压力不大或者可以转嫁的行业及其龙头公司。

温和通货膨胀背景下，很多行业产品都面临较大的上涨压力。但是行业竞争格局不同，其涨价幅度和速度也不同。行业竞争格局稳定、供给短期难以大幅提升并且消费价格弹性相对较小的行业涨价能力最强，倾向于重点关注此类行业。

在考虑产品价格提升给公司带来收入增长的同时，还需要考虑原材料价格上涨带来的成本上升。倾向于重点关注原材料上涨压力不大或者可以转嫁的行业，这类行业应该属于下面情况的一种：(1)原材料成本中可变成本占比相对较小；(2)原材料市场竞争激烈，产品涨价能力弱；(3)产品市场竞争格局稳定，产品提价能力强，成本压力可以转嫁。

需要重点关注的行业及公司有哪些呢？显然，符合产品涨价能力强、同时成本压力不大或者可以转嫁这两个条件的行业公司，在温和通货膨胀期间公司盈利会得到比较明显的提升。因此也就按照产品价格涨价能力、成本结构和转嫁能力两条线索对A股公司从行业角度进行梳理，以求找到最佳的投资品种。

2008年，赵晓参加中国特色国有公司治理高层论坛

（图片来源：时尚网）

第四篇

# 阵痛中的房地产如何实现住有所居？

资源配置分配不公，地方财政依赖土地收益，中央、地方财政分配不对等，城市化带来大量住房需求……这些都刺激着房地产行业的迅猛发展。那么，房地产究竟有没有泡沫和风险？经济危机阵痛之后，我们的政府要怎样才能保持社会公平，实现居者有其屋？

房地产：

投资机会：☆☆☆

投资风险：☆☆☆

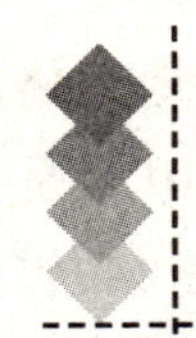

# 房地产究竟有没有泡沫?

周明剑:房地产一直是备受关注的行业,我们先来回顾一下房地产市场的发展?

巴曙松:房地产市场的价格变动一直备受关注,居民的直观感受和统计部门的差距巨大。我们简要总结如下。

(1)就全国房价而言,一线城市房价持续快速上涨。2000—2009 年间,我们估计京沪深杭等一线城市的房价上涨了 3 ~4 倍,年均涨幅在 12% ~15%,其中城市核心区域的涨幅超过了近远郊区域。2000 年,全国商品房价格高于 5000 元/平方米的城市只有北京和深圳。到目前,全国商品房价格高于 1 万元/平方米的城市已约有 10 个。2000—2009 年,我们估计全国 70 个大中城市的房价上涨了 1.2 ~1.5 倍,年均涨幅在 5% ~8%,其中地级以上城市的涨幅明显高于县区,东南沿海涨幅明显高于内地。上述估计结论和国家统计局的差异性较大,尤其是一线城市的房价涨幅和国家统计局的差异极大。

(2)就目前房价而言,房价调控取得阶段性成果,房地产市场价稳量升。自 4 月调控至今,国家统计局的数据显示过去 4 个月,房价同比涨幅在 10% ~12%,月环比涨幅在 0 ~1%。其中值得指出的是,统计局关于目前的房价同比涨幅值得斟酌,和 2009 年相比,我们估计商品房的绝对价格,过去 20 个月全国平均上升了至少 20%,一线城市上升了至少 50%。

根据中央电视台财经频道的统计,从调控至今,除杭州之外的一线城市房价涨幅得到明显遏制,但杭州、银川、包头等城市的房价仍在攀升。我们的判断是:实施调控以来,2010 年 3 ~4 月份房价快速上升、民众陷入消费恐慌的局面已经消逝。全国房价滞涨,商品房交易面积经历了 5 ~8 月份的明显萎缩之后,在第四季度可能温和复苏。2010 年内有望将商品房新房价格调控在 2010 年春节前后的价格水平。

(3)就全国的土地价格土地储备而言，我们估计在2000—2009年，土地出让价格上涨了1～1.2倍，从每平方米约1000元上升到目前的约2200元。一线城市土地出让价格约上涨了5倍，其中城市核心区域土地价格的上涨更为显著。考虑到2007年房地产开发企业的土地储备大约10亿平方米，我们估计目前房地产开发企业的土地储备12亿～13亿平方米，和媒体估计的18亿平方米有较大差异。

自调控以来，土地成交量明显萎缩。到2010年9月中旬，除上海市完成土地供应目标的70%以外，其余一线城市前三个季度仅完成全年土地供应目标的30%～40%，地方政府的土地出让收益已完成全年目标的60%以上，土地市场的调控成效有限。

根据土地市场和房地产市场的简要回顾和现状分析，我们认为，如果坚持收紧房地产信贷，强化土地市场整顿，理性引导消费，大力改善保障性住房供应，今明两年房价有望维持稳中略升的状态。

周明剑：面对日益攀升的房价，我们不禁要问房地产究竟有没有泡沫？

巴曙松：我们选择三个指标来判断中国房地产市场是否存在全国范围的泡沫，即房价收入比、房地产行业增加值/GDP或者商品房销售额/GDP、信贷规模/GDP。

**房价收入比**

房价收入比显示目前缺乏的是面向中低收入阶层的、由政府推动的保障轨住房体系房价收入比，这个比例通常是衡量房价泡沫的一个重要指标，但是众所周知，该指标的分子与分母都具有极大的误导性：平均房价没有考虑不同城市、不同地段和不同质量商品房屋的巨大差别；平均收入也没有考虑不同收入群体之间的收入差距，换言之，购买房子的家庭并不是拥有平均收入的家庭，而且并不是所有的家庭都会形成商品房市场的潜在购买者。因此，仅仅通过商品房平均售价与家庭平均可支配收入简单对比得出的房价收入比不具有可信性。根据国家统计局的官方数据，我们会发现在绝大多数时间里，房价收入比甚至是持平或者下降的，泡沫无法得到验证。为此，我们区分了不同层次家庭可支配收入水平、不同城市家庭的住房可承受能力两个角度对这个指标做出一些必要的调整。

首先，我们可以将不同收入层次家庭的收入情况做对比，那么最高收入家庭平均年可支配收入分别是中等偏上、中等偏下、低收入家庭平均年可支配收入的2.3倍、4.3倍、6.0倍,收入差距十分明显,而且高收入家庭的收入增长速度也远远快于中低收入家庭。因此,如果将不同收入层次家庭的房价收入比分开来算,那么高收入家庭的住房负担能力远远高于其他层次的家庭。

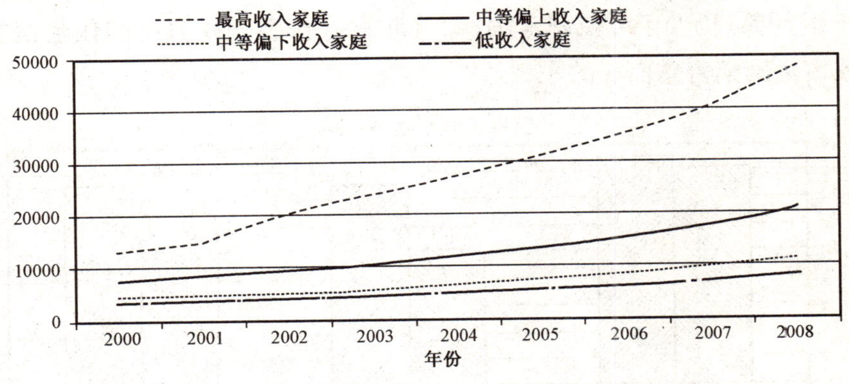


不同层次家庭收入水平对比情况

(数据来源:国研网)

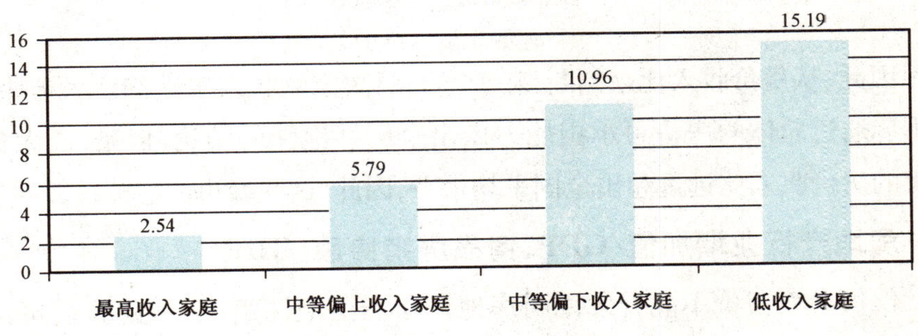


不同层次家庭的房价收入比

(数据来源:国研网及估算)

考虑到中国的住房体系一直有商品房和保障房两条线,中低收入和低收入家庭在很大程度上并不会进入商品房市场,那么以高收入和中等收入家庭计算的房价收入比和家庭可支付能力就会显著提高。此外,如果考虑到各种灰色或隐性收入、代与代之间的收入转移,那么中高收入以上家庭的住房负担能力会进一步提高。整体上观察,在过去的10年,中国家庭的住房可支付能力在逐步提高,这意味着家庭的可支配收入的增长速度至少和房价的上涨速度保持了一定的匹配。

其次,我们可以将不同城市的住房承担能力分开考虑,那么北京、上海、广州和深圳一线核心城市的人均GDP和人均可支配收入都远远在全国平均水平之上，但是反过来讲，这些收入最高的城市同时也是房价上涨最明显的城市。从数据上看，北京、上海和深圳的房价收入比分别为17、15和15.2，都是历史性高点。然而多数二、三、四线城市的房价2010年的上涨幅度并不十分显著，从数据上看，二线和三线城市房价仅仅是一线城市房价的40%和30%，仍处于可控制范围，而且北京等核心一线城市的住宅销售面积仅占全国销售总面积的8%左右。

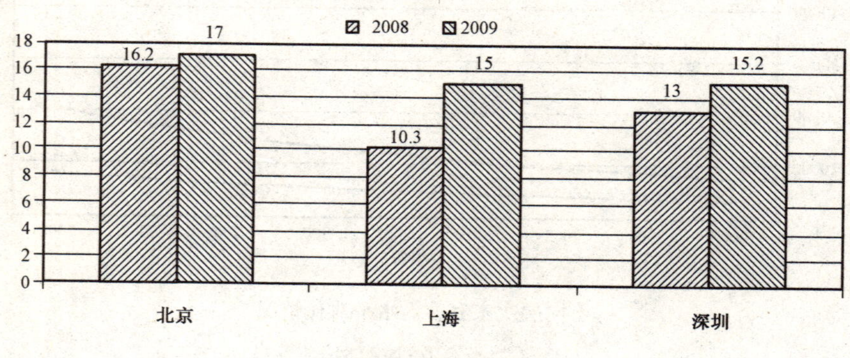


核心城市房价上涨过快

（数据来源：WIND）

因此，从房价收入比来判断，基于不同层次家庭收入水平的巨大差距，我们不能通过总体的房价可承担能力做出全国性泡沫的结论；但是，四大核心城市的房价收入比远远超出全国平均水平，因此，这些城市的泡沫比较明显。

### 房地产行业增加值/GDP、商品房销售额/GDP

仅仅考察房价不能有效说明房地产市场的泡沫情况，为此我们可以考虑成交量指标。从东亚新兴市场的房地产泡沫的历史经验看，1997—1998年的危机之前，房地产市场的成交量上涨了两倍，而在危机之后，这一高峰的成交量再也没有出现过。美国和英国的房地产市场在经历大起大落的时候，也表现出类似的现象。

从中国的情况看，过去的近10年里，扣除2008年金融危机的特殊外部冲击，中国房地产市场的销售面积（成交量）和成交额一直呈现明显的增长趋势。

首先从2007年金融危机之前的这段时间看，鉴于1998年启动的住房货币化改革所产生的巨大需求释放作用，成交量的上升具有合理性。

其次，从2008年金融危机到2010年，成交量和成交额确实出现了大幅度上涨，其中2007年、2008年、2009年三年的销售面积分别是7.6亿平方米、6.2亿平方米、9.3亿平方米，由此可见2009年9.3亿平方米的销售面

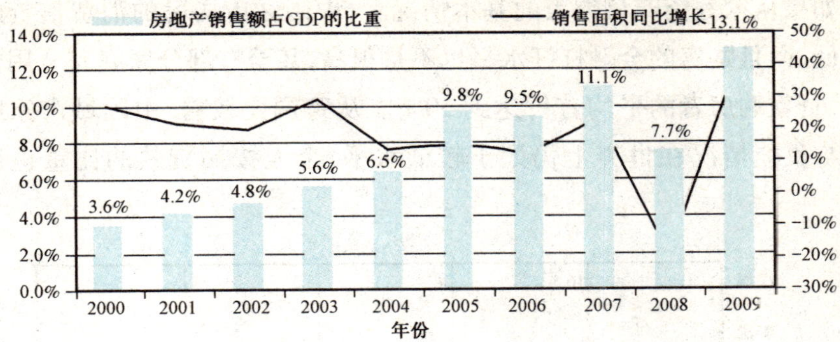


销售额与销售面积

(数据来源:中宏专家数据库及计算)

积其实包括了金融危机期间被抑制的约 1.5 亿平方米的住房需求。因此,如果做个简单的移动平均,那么 2009 年天量成交面积是可以理解的。

### 信贷规模/GDP

从银行信贷规模总量来看,2009 年的新增贷款和信贷总量都创下历史高点,一定程度上,这是危机应对期间大规模信贷刺激的结果。从这个指标判断,中国的房地产市场在几个局部城市确实释放出了泡沫的信号。但是从发达国家房地产泡沫的产生、酝酿与持续周期看,中国在 2010 年所表现出的泡沫更多的是一种预警,随着 2010 年信贷的收缩,局部性泡沫很难变成全国性泡沫。

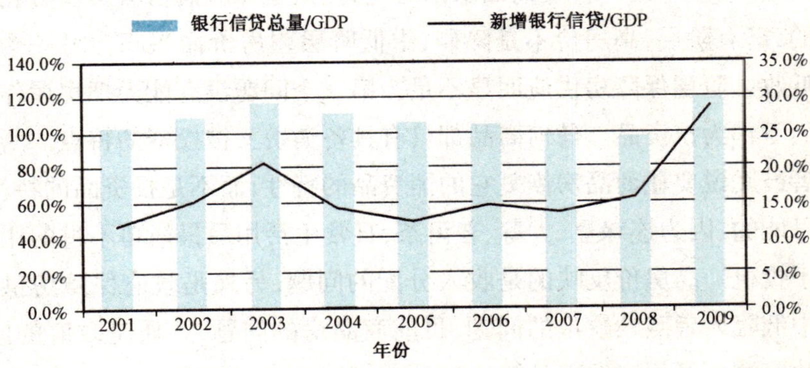


银行信贷/GDP

(数据来源:中宏专家数据库及计算)

如果从家庭资产负债表的基本情况看，中国城市居民的消费信贷的比重很低，而且购房的金融杠杆水平也不是很高，甚至有部分家庭完全用现金支付，贷款购房者的平均首付达到50%。从跨国比较看，中国城市家庭的资产与负债情况在世界上仍处于较低水平，个人按揭贷款的比重也比较合理。

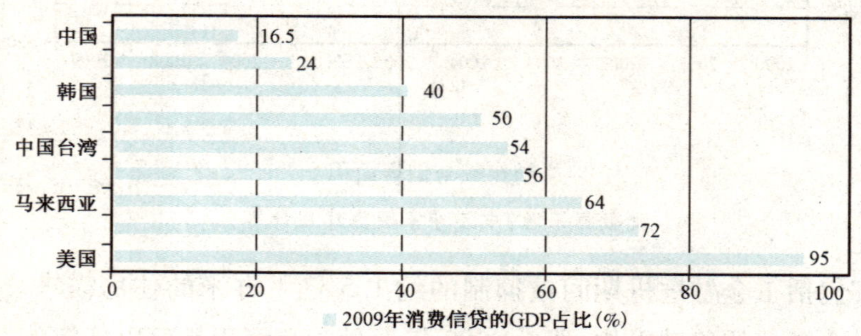


2009 年消费信贷的跨国比较

（数据来源：国研网及计算）

因此，总体上判断，与局部城市显著的泡沫特征相对照，没有足够的证据表明中国存在全国性的房地产泡沫，而且新一轮调控重点也在于核心城市的局部性泡沫，这对于整个房地产行业的健康发展来说，也是有利的。

周明剑：钟兄对房地产泡沫好像有另一种看法？

钟伟：在现在的价格下一抢而空，说明大家买得起而不是买不起。接下来的判断，如果在高房价下商品房销售这么好，意味着购房者贫富分化非常悬殊的，富有阶层，高房价不是障碍，中低阶层望房价而兴叹。另一个问题对中低收入阶层保障房供应明显不足。第三个问题没有能力把房屋作为消费品而不作为投资品。任何商品都具有具备消费又被投资的特点。所以有些学者鼓励说要让商品房恢复它的消费品的特性，而不是投资品的特性，这是不可能的，因为连绿豆、大蒜、普洱茶，日常生活用品最简单不过的用品都被用于投机。高房价反映的是收入分配的问题，另外是政府保障房供应方面对中低收入者照顾缺位的问题，目前商品房的问题，本质是政府的问题。如果政府搞好了住房保障政策，就不会有现在这么多问题。

周明剑：还有一个问题，房地产供给的问题，本身来说更主要是一个土地供给问题？

钟伟：说到土地供给仍然是政府问题，2005 年土地招拍挂被广泛实施之前,房价涨幅非常平稳,2005 年随着土地招拍挂的推出,2006 年、2007 年和 2008 年狂涨,房价上升跟地价上升有关系,跟地方政府垄断土地供应又有直接关系。

如果说是市场的话,从源头上来看,我们不是说面包、面粉等之类的问题,现在没有收上的谷子都是政府的,谷子磨成粉也是政府的。什么时候政府卖多少面粉也是政府的。现在市场存在缺陷,政府是最大的庄家。为什么这么讲,土地一级开发,土地被整理、拆迁、安置之后,多大的地块多大的价格出售是地方政府的问题,出售完了之后土地收益多大部分用来改善保障房供应也是地方政府的问题,所以地方政府是房地产行业的最大的操纵者。上海市是上海市政府,北京市是北京市政府,土地市场又是分割的,单个地方政府看起来理性的行为加总起来不一定是理性的结果。地方政府追求自身利益的理性不能一味责怪地方政府,中央政府也有很强的逼良为娼的政策。中央政府对地方政府的考核是以 GDP 为中心的政绩考核。

地方政府行为如果以经济增长为中心,地方政府肯定想尽一切办法集中资源,搞经济建设。集中资源一块就是财政收入。1994 年分税改革到现在,中央政府财政收入迅速增长,地方财政收入增长速度相对比较慢;所以靠财政收入增长对地方政府来讲有难度,这是远水解不了近渴。第二是地方投融资平台。地方投融资平台现在也在清理规范当中,所以对地方政府的投融资平台要利用它来筹措资金也困难了。在财政收入有限,在地方投融资平台被规范清理之中这样的背景之下,土地出让变成地方政府可支配的很大一块,税收支配不了就借钱,借不了钱就卖地,大多数县一级土地指标是多少?700~800 亩,土地的毛收益为每亩两三百万,所以能卖八到十亿,扣除拆迁支出,净五六亿。对于县政府来说,能有创造这样收益的企业是很困难的,因而卖地就成了改变地方市容市貌、增加地方政府可用财力的主要手段。

另外,在以前拆迁征地过程中,地方政府处于强势的状态。由于目前钉子户逐渐增多,而且对居民拆迁补偿不到位,所以居民包括城市和农村的居民,对拆迁这块满意程度在下降。中央政府三令五申要照顾土地拆迁工程原住民的利益,使得土地的整理更加困难,尤其是整理时间周期拉得特别长。你政绩考核要看经济增长,同时又要看地方和不和谐,太不太平,两个事情加起来土地市场变得非常困难。

周明剑：在当下正在清理地方融资平台的情况下，房地产价格会不会更加不好控制？

钟伟：地方政府更加依赖土地出让收入。土地出让的总量是有限的，有限土地出让总量的情况下提供更多保障性住房，留给商品房的地更少了，县一级政府七八百亩地，今年买八个亿，明年希望卖十个亿，明年十个亿。现在要求70%都要是中小户型保障性住房、棚户区改造，剩下30%才是商品住房。只有把商品住房抬得价格更高，才能实现卖地收入更高的目标。不管中央政府怎么说，除非给我更多可支配财力，否则只能带来更坏的坏处。调控的结果是什么，商品房供应会减少，价格未必下得去。

周明剑：过渡到你的结论，你的结论是近期价稳量升，长期量稳价升，阐述一下这个结论。

钟伟：近期价稳量升的情况是什么？因为2010年4～10月份房地产都处在紧锣密鼓的调控措施之下，如果10月份没有加码加量的调控，国庆前后市场应该会温和复苏的。现在有了新的二次调控措施出台，虽然有些影响，但市场仍然将温和复苏，价格仍然稳定，交易量比4～7月份这段时间好一些。

近期判断是这样，交易量放大一些，交易价格基本平稳。从长期来看，有三个因素推动房价，一个是货币化，一个是人口，一个是城市化。货币化指的是货币发行总量的增加和货币使用范围的增大。城市化也很简单了，人口不断向县以上的城市集中。人口有总量也有结构的变化。这三个因素是推动房价长期上升重要的因素。我们回到短期，当我们经过二次调控之后，我们不妨到2011年或者更晚一点的时间看这次调控收获了什么。对高收入阶层他们的购房没有受到丝毫影响，因为他们全款或者几乎不用按揭。对低收入阶层，地方政府改善保障性住房的供应现在看起来有所改善，但是力度不大。这次调控，不客气地讲，真实效果是什么？第一，毫无精准性可言。全国都吃同样的药，没有区分一二三线城市，没有区分不同城市不同房价的涨幅，统统一刀切。无论房价涨得快还是慢，无论你的区域市场是投资泡沫大还是小，统统一样干。这有什么精准可言。第二，另一个直接结果是租金价格不断推高，原来中等收入阶层，大学生在城市留下来可以租房，现在租房都变得更困难了。第三，原来够一够跳一跳买得起商品房的现在买不起了。经过这次调整之后，改善性居住的需求和没有户籍的白领阶层被赶出去了。这次调控的效果无非推高了房租,使中低收入的阶层收入更为困难,对高收入阶层没影响,对低收入阶层没有改善,我们不是否定和不否定,从来不考虑一个政策的动机。动机高尚与否不重要,公共政策决策主要看政策效果,而不是动机。如果政策效果是恶劣的,则不是高效的政策,即便以高尚的名义出台,也是不好的政策。动机是不能为效果做任何辩护的。

周明剑:是,你说得有道理,这种措施下来,不能使房价下来一点点?

钟伟:整体没有明显下来,只是涨幅放缓。

周明剑:未来几个月也不会?

钟伟:未来几个月可能性非常小,怎么判断现在房地产有没有泡沫,我个人认为没有泡沫。结构性泡沫也不存在。

2010 年 2 月 8 日,在"行业自律、平稳发展"——2010 年中国地产领袖年会上钟伟发言

(图片来源:新浪网)

周明剑:它是几个指标在比,收入房价比、GDP 比,你觉得这几个指标比较的话,有意义吗?

钟伟:没有什么特别大的意义。我们通常使用的收入房价比指标,在中国来看没有什么价值,很多研究人员反复强调收入房价比,这个指标忽略了很多东西,第一研究人员不了解全国的平均房价水平。

周明剑:真的不了解,非常模糊。

钟伟:我了解,我们做过很多调研。

周明剑:你的数据是你调研出来的?

钟伟:截止到 2009 年,土地价格每平方米 2000 元,房价商品房每平方米 5000 元。国家统计局统计的房价覆盖了 70 个大中城市,肯定比中小城市要高。中国有 340 多个地级市,有 2800 多个县城。房价构成是这样的:2000 块钱楼面地价,1200 块钱建筑安装成本,1500 块钱也没有关系,1200 块钱左右是建安成本,还有什么呢?一般来讲政府的税费占到商品房售价最少 12% ~13% ,5000 块钱的房税大概 600 块钱。2000 块钱地,1200 块的建安成本,600 块税费,200 ~300 块的财务成本,100 块钱的设计、营运、管理、销售,加起来是多少？4000 多块,4000 块出点头,实际上开发商的项目开发的毛利润率,销售利润率好一点也就是 15% ~20%,所以房地产行业的销售毛利率并不高,比餐饮、网络、游戏毛利润率低得多。但是净利润率很高,从资本角度来讲,你要搞一个房地产,一块钱本钱进去,两到三年,至少变成两到三块出来,房地产行业是杠杆非常高的行业,或者叫空手套白狼。

现在说房地产泡沫首先忽视了房价的构成。你说拆迁征地能不能再少一点,不能少了,2000 块钱的地不能少了,建安 1200 块钱建筑品质很差了,再节约恐怕楼就要塌了,政府少收点税,万万不能,银行少收点利润万万不能,企业营运成本再降低一点,已经皮包公司管得很差了,再差一点,景观、销售设计基本没有了,不能再搞了,房地产是粗放低价增长的,要担心 20 年之后这些房子适不适合人类居住。从这个角度来看,附加在房价之上的东西太多,不要只看建安成本,哪块都撇不下去。

第二块是什么？忽视了中国居民收入的构成。收入构成贫富分化很悬殊,穷人买不起房不能不让富人买房,不让在国内买去国外买。投资热情挡不住。政府给中国富裕人群提供了怎样的投资和消费的渠道？炒房有罪还是炒房犯法？如果公然界定炒房有罪或者犯法另当别论,富裕阶层的投资需求是存在的。

第三块,收入房价比的问题,忽视了储蓄率的因素。我打个比方,我们现在人均 GDP4000 美金,国外 4000 美金基本上储蓄率 5% ~10%,吃光用光没什么存的钱,我们现在高达 30%。国外只有 10% 储蓄率,而我们有 30%、40% 的储蓄率,还有父母帮忙。中国人几代人买一套房和高储蓄率的现象,使得中国人承受高房价的忍耐能力比其他国家高得多。

周明剑:对我有很大的启发,政府有没有办法让房价回归理性？

钟伟:从收入房价比衡量房价没有特别大的用处,至少在现在的情况下没有用处。收入房价比在一个成熟的房地产市场必然有用,人一辈子活这么长,从工作到退休,工作所得是有限的,房价再怎么涨,不可能超过一个人劳动所得所支付的极限。现在收入房价比对房地产没有阻挡作用,现在房地产没有泡沫,不意味着未来房地产没有泡沫。中国的房价将继续奔腾上涨,到它完全成为完全的泡沫破裂为止。现在大的国家还没有任何一个国家发现房价问题是能够调控、阻止泡沫发生的,政府面对泡沫的滋生、成长、发展、恶化、破裂基本上无能为力。政府和市场对于开发商,对于投资者或者消费者要用市场或者政府的方法让他们回归理性是很困难的。

周明剑:仅仅在房地产层面吗?

钟伟:股市上也是如此,美国讲非理性繁荣的时候,格林斯潘也在大报小报喊,此后5年美国股价、房价仍然往上涨,然后成为泡沫,进而成为次贷危机。我们不要太高估政府和市场对于市场失败的调控能力。市场本身调控不了,政府也很难具备充分的调控能力。从长期角度,15~20年中国房地产肯定是一堆泡沫,最终是泡沫,现在还不是。我们要适应泡沫化生存,我们也看着小泡泡吹成大泡泡,我们不是改变泡泡,而是随着泡沫起舞。

股市几起几落证明对中国有影响,但不是绝对性的影响。房地产市场现在如果有大的调整对经济的影响还不是特别大。但是如果再发展十年二十年,有大调整的话,对经济的影响就会比较大。

周明剑:房地产行业涉及很多社会问题,房价持续上涨的话会不会有影响?

钟伟:总的问题不是太多,如果再持续向高价走,可能就会有问题。

我觉得房地产行业这个事情当中,有很多很奇怪的说法。比如说房价是因为我们土地有限,这个是没什么道理的。现在我们的城市建城区面积3.8万平方千米,农民宅基地14.6万平方千米,18亿亩耕地,要折合成占地面积大约120万平方千米。现在的不到4万平方千米的城市承载了6.3亿~6.4亿人,即便未来城市的人口达到10亿,城市建城区面积有6万平方千米就够了。6万平方千米,仅仅增加两万平方千米,农民进城,宅基地复垦,14点多万呢,减少两万就平衡了,农民宅基地少两万平方千米,地腾出来,多建两万平方千米的就行了。两万平方千米占到我们耕地总的120万平方千米耕地多少?2%都不到。跟我们粮食安全有什么关系。比18亿亩耕地更重要的是输出劳动力、利用国外的资源来生产粮食、通过长期的进口协议来进口粮食。以长期协议稳定价格和供应量的方式来进口粮食,就是进口土地和水资源。为什么要对粮食进口这么忌讳,没有道理。今年5000万吨,明年2000万吨,后年不进口了,国外肯定不愿意给你提供粮食,今年给你种粮,明年就失业了。比如中巴两国换文,巴西本国的人口不够,中国也可以组织输出劳务到巴西种田、蔬菜,返销中国市场,我们初步锁定价格风险,这样巴西的土地得到开发,水资源得到利用,农业产业工人得到收益。

什么最终决定中国房地产？三个因素，货币、人口、城市化。货币因素是什么？为什么大家拼着命买房，买房什么道理，就是对钱不放心。当然可能跟户口、教育、医疗有关系，买房根本的动力对钱不放心。怎么对钱不放心呢？广义货币和信贷投放的速度太快，过去20年16%~18%的速度，超过了经济增长和通货膨胀，流动性泛滥。我记得在1999年、2000年的时候，我们三口之家，一个月在食物方面开支400~500元就够了。现在2010年三口之家，并没有吃得更浪费、更奢侈，一个月大概需要1500~2000元。就从我们北京三口之家来讲，基本上物价涨了三倍。房价同比差不多也涨这么多。

不管富裕阶层，还是白领，他们买房的原因，都是以买房的方式投了货币否定票。

第二是城市化，农民要进城。有人说中国重复日本的悲剧，房地产资本市场走向泡沫，有人说2009—2012年中国房地产要崩溃。它不可能发生，我也不期待它发生，但是有人期待。日本在20世纪80年代中后期开始房价狂涨的时候很有意思，人口流动基本停止了，没有大量人口从农村向城市迁移，1985年城市化率超过83%，还有一点日本1985年人口到顶峰了，此后日本的人口总数开始下降。

我们中国可以这么简单地算，人口的估计有各种各样的算法，现在按照保守的估计2025年左右，中国14.2亿~15.3亿人，现在城市化率46%、47%，假定每年0.8%的增长率，2020年左右城市化率55%、56%这样的水平，2020年假定我们人口总数是13.6亿~13.6亿人，城市化率55%~56%，意味着2010—2020年城市人口将从目前6.3亿人，增长至7.4亿~7.5亿人，未来10年以最保守的估计中国城市人口增加1亿，就是330万户家庭，这些人都没房子。2010年城市有2.1亿户，假定这些城市的人口改善性需求只占总户数1%，一百户人家只有一户人家买新房子更新一下，那个量有多大，每年的需求是210万户，210万套，新增城市人口带来330万~340万套，改善性居住需求加起来500万套、600万套左右，商业、商铺、写字楼还要配套，算起来中国在未来十年左右，每年有8亿平方米左右的商品房销售是比较正常的。这些因素不考虑，不把印钞票的速度放慢一点，不把城市化节奏放慢一点，另外一点如果计划生育政策不更严厉那是没有办法的。房价我不认为有泡沫，因为我们人口在增长，我们钞票还在猛印，我们城市化还在推进,现在谈房地产泡沫为时过早。

周明剑:你讲得很透彻,但有的东西我还是有疑惑的,可不可以说目前的房地产是存在结构性泡沫的?

钟伟:结构性泡沫,这个提法永远正确。人死的时候不是五脏六腑都有病,肯定心脏、肝脏、肾脏只要一个器官有病就行了。死的时候是结构性健康,同时又是结构性有疾病。我们说你这个身体,不是整体健康,是结构健康,话题永远正确。判断房地产市场,市场不是在所有区域、所有环节都健康,就是结构性泡沫,我们就是在泡沫当中成长的。这种话任何场合都是对的,我们要进行结构调整,我们要优化房地产结构,结构这两个字不知所云。

# 如何调控房地产市场?

周明剑:调整显然是必需的,应该从哪些方面进行调控呢?

钟伟:房地产行业有其自身的特点,导致行业调控时复杂而艰巨。

**房价统计体系亟待改善**

长期以来,国家统计局只统计全国70个大中城市商品房新房的平均价格,这带有明显的局限性。一是这种统计方式覆盖城市有限,除了70个大中城市之外,目前中国另有340多个地市和2800多个县。二是这种统计方法不能反映商品房品质和地段的改变。三是这种统计方法只覆盖新房,不覆盖存量房,而在一线城市存量房的交易规模接近新房的2倍。四是这种统计方法只反映成交价格,不反映预期价格,自2010年4月份调控以来,商品房新房的绝对价格略有下降,但是房价和预期价格之间形成明显差异,也就是所谓的"低价入市"现象,目前的房价统计方法,无法反映上述变化。导致了房地产调控缺乏可靠的数据支撑,增加了对调控重点城市和重点环节进行把握的难度。

**房价构成复杂且生产周期较长**

由于房地产相关行业较多,因此房价构成较为复杂。我们估计,到2010年上半年,全国商品房均价约为5050元/平方米,其中土地价格2000元/平方米,建安成本1200元/平方米,企业财务和营运成本350元/平方米,不考虑土地增值税和企业所得税清算的从价税费约650元/平方米,行业销售毛利润率在15%左右,其中土地和税费等政府收取项目占据了房价的50%以上,这是导致房价调控困难的关键。此外,房地产生产周期往往在2~3年,如果不能将调控政策至少覆盖2个生产周期(大约5年),那么调控政策对形成合理预期、引导房价平稳就难以充分发挥。

**增长转型下地方财政的压力较大**

到目前为止,对地方政府而言,主要的考核和激励指标仍然是经济增长。考虑到1994年分税制改革以来,事权重心下移、财权重心上收,地方可用财力增长压力较大。在融资余额达7万亿左右的地方投融资平台遭遇分类规范清理,在地方投资冲动不减,对要素、环境和劳动力的关注仍然不够充分的背景下,土地出让收益仍然是地方政府可用财力的重要组成部分。2009年,全国土地出让金高达1.6万亿。对东南沿海的一个县城而言,每年约七八百亩的土地出让可获8亿~10亿元的收益,扣除征地安置补偿整理等成本,净收益约5亿元,增长转型下,土地出让收益仍将是地方可用财力的重要补充。这无疑增加了土地市场调控的艰巨性。

**房地产使贫富分化和阶层矛盾加大**

这种矛盾的加大体现在两方面,一方面是房地产带来了中国巨富的增加,根据胡润2009年中国富豪排行榜,前20大富豪中,有14人以房地产为主业;另一方面是有房者财富的增加,和无房者财富的缩水。考虑到商品房购置的资金门槛比较高,这导致房地产在其供应(开发商)、需求(业主)两端都导致了更为严重的贫富分化。

我们的简要结论是,考虑到房地产调控的复杂性和长期性,应当坚持土地、信贷调控长期坚持不动摇,并积极完善涉及房地产的税收政策,通过土地、信贷、税收"三管齐下",将调控推向常态化和长期化。

周明剑:但目前市场对房地产调控普遍存在争议,应该如何看待?

钟伟:诸多担心房地产调控的看法有一定的道理,但从理性角度看待,调控本身并不会付出经济增长滑坡、城市化进程放缓等沉重代价。总体而言,中国经济增长的动力,和房地产市场的基本格局,使得目前针对房地产市场的调控可以持续。

**房地产调控和地方GDP增速之间的争议**

相当多的舆论认为,房地产发展和中国经济增长之间存在密切关系。单纯从商品房销售金额看,房地产似乎对经济增长影响巨大。但是我们可以从其他多方面观察房地产对经济增速的可能影响。一是过去10年,房地产信贷占据信贷余额的15%~18%。由此看,房地产对经济增长的贡献大致不会超过2个百分点。二是尽管房地产的产业带动面比较广,但受到房地产影响最大的金融、商业、建筑业、钢铁制品、社会服务前五大行业的带动效应也仅在0.08~0.15。房地产调控不会产生严重的产业波及效应。三是过去10年，房地产行业的增加值占GDP的比重，始终在4%～5%，因此尽管目前地方政府的可用财力和房地产行业密切相关，但房地产调控对地方GDP增速的影响，在可控和可承受的范围之内。

**房地产调控和耕地占用之间的争议**

为持续巩固目前的房地产调控成果，增加土地供应尤其是保障性住房的用地，平抑土地价格也相当重要。这和耕地保护是否冲突？我们认为，目前全国18亿亩耕地的占地面积至少120万平方千米，而目前城市建成区总占地面积为3.8万平方千米，农民宅基地总占地面积为14.6万平方千米。即便未来城市建成区面积再增长50%～60%，使得城市人口上升到约10亿人，也仅需多占地不到2万平方千米，如果能提高土地利用效率、能在城市用地和宅基地置换复垦、在适当提高商品房用地的容积率等方面有所改善，增加住房建设用地不会明显影响基本农田保护。在土地政策的调控方面仍有较大余地。

**房地产调控和收入房价比的争议**

尽管我们认为中国房地产调控十分必要，但同时我们也并不认为错综复杂的房地产目前就存在非常严重的泡沫。其中多次被提及的一个概念是收入房价比。以全国商品房均价5050元/平方米，城市人均可支配收入1.56万元，户均人口3人以及住宅套型面积90平方米计算，收入房价比在9～10倍，在一线城市，收入房价比可能高达20倍。但这并不足以表明目前中国已处于房地产泡沫状态。其中的关键因素在于中国的居民储蓄率远远高于发达国家和中等收入国家，因此中国国民对房价的忍受能力也远比收入房价比所体现的更高，同时中国国民的生活水准也因为住房负担而比同等收入水平的其他国家国民的水平更低。

我们对上述争议的简要结论是，如果中国在未来5～10年，甚至更长的时间内持续采取较为严厉的房地产调控政策，并不会对经济增速构成明显影响，也不会对粮食安全和耕地保护产生严重的负面影响，更不会导致房地产的“泡沫崩溃”，相反，相对严厉的调控政策和不断完善的住房保障政策，才是未来中国房地产市场健康发展的保障。

**周明剑：**如果从短期、中期、长期分别来看的话，房地产调控有多大影响？

钟伟:就长期而言,房地产行业仍有平稳健康发展的巨大空间,在现阶段就将其视为泡沫和威胁值得斟酌。

博鳌·21世纪房地产论坛2009届年会在海南三亚隆重举行,图为钟伟发言（图片来源:新浪网）

我们可以从三方面来看待中国房地产市场的长期趋势。一是货币供应量的增长。在过去十年,广义货币M2年均增速超过18%,信贷年均增速超过16%,现金M0增速年均超过10%。货币供应量的增加以及国家居民投资渠道的不足,是推高房价的决定性因素。二是人口的增长,目前中国何时出现人口的顶峰,以及顶峰期人口总数的估计不一,关于人口顶峰时间的估计,从2020到2050等各种估计都有,人口峰值也从14亿到16.5亿不一而足,保守估计中国人口在2025年左右达到约14.2亿的峰值。三是城市化的继续推进,保守估计,到2020年中国的城市化率有望达到55%,其中城市人口和农村人口分别约为7.48亿人和6.12亿人(目前城乡人口分别约为6.3亿人和7.0亿人),这意味着未来10年,中国城市人口仍需增加1.18亿人,再假定现有的2.1亿户居民在未来10年每年有1%的家庭存在居住改善需求,那么未来10年中国仍需每年至少提供约600万套住宅。现阶段的高房价主要是货币化、人口和城市化的综合需求所推动的,未来十年上述需求仍将存在。

从长期看,克制货币供应量的增速和启动分税制改革,是抑制房价过快上涨的关键政策。

从长期看,为在经济转型背景下稳定房价,优化房屋供应结构,理顺市场和政府的关系,建议从货币和财政两方面推动改革。一是在货币方面,目前中国人民银行和美联储的各口径货币供应量相当接近,但中国的经济规模仅有美国的1/3,此外,中国的M2/GDP(约200%)、央行负债/GDP(约65%)等指标在全球范围看都已处于非常高的水平,快速发钞无疑将推动资产价格尤其是房地产价格的上涨,并可能带来严重后果,因此稳定货币供应量的增速,使其和经济增长趋势一致起来,是防范房地产走向泡沫的关键。

二是在税收方面,1994 年分税制改革以来,大约每 3 ~4 年政府财政收入实现翻番,其中县及以下基层政府可用财力增长相对滞后,在货币供应量放缓、地方投融资平台分类清理规范、土地财政难以为继的背景下,只有重新启动新的一揽子税制改革、加速公共财政体系的确立、充实基层政府的财力,才能使地方政府有能力、有压力、有动力去积极增强住房保障体系。

从中期看,针对房地产开征资本利得税是维持房价平稳的简洁可行的后续政策。

就中期角度而言,土地、信贷和税收是调整房地产行业的三大工具。就税收政策而言,存在四种税收方式,一是以美国为代表的物业税制(Property Tax),这是一种在房地产保有环节征收的房地合一的税种,税率大约在 1%。其有效征管的前提是必须具有有效的国民身份和财产识别体系。二是以香港特区为代表的租金税收制,税率是租金的 15% ~18%。三是以德国为代表的资本利得税,即房地产在进入交易环节时,政府对物业增值部分征税,税率是和物业持有时间相关的累退税。四是目前国内一些地方政府拟议的房产税,其在立法依据、程序、税基和税率的确定上,存在一定缺陷和征管难度。

我们认为,对房地产开征资本利得税在我国简便易行。一是该税在交易过户环节征收,而不是保有环节征收,征收环节清晰而难以逃避。二是税基容易确定,该税不考虑房屋的大小、套数、面积、区域等可能导致巨大争议的起征点问题,只要房产属于居民合法所有并进入交易环节,一律予以征税。三是税基不容易逃避,买卖双方的阴阳合同始终是有效征管的挑战,但在资本利得税的情况下,政府可以对不同城区、建成年代的建筑厘定交易参考价,不论买卖双方实际成交价的高低,一律以政府参考价作为税基。四是税率容易确定,例如可以考虑持有物业 5 年以上的房产征税 20%,4 年、3 年、2 年、1 年的税率可分别为 40%、60%、80% 和 100%。这样买卖房屋的间隔在 1 ~2 内的投机性需求,其房价上涨的收益有 80% ~100% 在过户环节被政府以税收的方式征收。

举例而言,北京市海淀区某房主想要出售其房屋并已和买主成交,假定房主购入房屋成本为 50 万,出售价格为 250 万。那么对北京市地方税收部门而言,如果开征房地产的资本利得税:(1)税收部门不用考虑房主出售的房屋是第几套房、是多大面积的房,是商品房还是房改房,只要有房屋所有权证的房屋进入交易过户环节,即对其增值部分征税;(2)税收部门不用了解房屋出售的实际成交价格是多少,但根据房产在海淀区、建成年代和建筑品质等细节,可确定该房屋的参考成交价为200万,如此税基为150万;(3)税收部门根据房屋产权证的登记时间以及交易过户时间,即可确定房主买入和卖出该房屋的持有时间,并进而可确定税率;(4)税收部门也不必担心避税,房屋交易绝少有不过户的,而资本利得税在交易环节征收、资本利得税可有效抑制投机需求,但对刚性需求有一定的保护作用。

从短期看,坚决抑制部分城市过快上涨的政策不适宜放松,仍应强化,建议如下:

(1)不同物业针对不同群体。一是廉租房对低收入群体兜底,只租不售,居住者收入水平改善后将退回廉租房;二是公租房对非户籍的中等收入群体兜底,政府予以税收优惠;三是经济适用房和限价房对中等收入群体兜底,政府保留优先回购权;四是商品房面对高收入群体,但逐步降低对商品房的消费金融支持。

(2)不同调控针对不同城市:一是放三线,毕竟目前三四线城市房地产以刚性需求为主,房地产泡沫不大;二是管二线,大多数二线城市的人口规模在500万~800万,年均增加常住人口20万~30万人,应当把对二线城市下一年度土地、信贷和税收政策的调控力度,和该城市本年度的房价涨幅挂钩;三是控一线,目前一线城市人口大多超过千万,每年新增常住人口均在30万~50万人,城市资源和环境都已不堪重负,对这些城市的房地产开发建议以谨慎和限制为主。

(3)加速房地产统计体系的改革和建设,目前房地产统计体系不能满足房地产调控的需要,应当在土地出让、租金价格、新房和二手方交易价格和面积等统计方面,有更为接近实际的统计数据,以利于宏观决策。

周明剑:近期,各地在风传即将开征房产税的消息,似乎这是一种民意,一种带有美好动机的政策,你支持征收房产税吗?

钟伟:我不能代表任何人,只能表达我自己微弱的意见,反对。

第一,政取民予,官肥民瘦。目前中国收入分配存在问题,因此才有中央政府提出的要努力增加居民的“财产性收入”的提法,才有改革国民收入分配、提高劳动要素报酬的说法。中国经济增长的蛋糕,无非就是政府、企业和居民三者来瓜分,这是大格局;然后才是富人、中产和穷人的分配,这是小格局。新近的研究是，贾康等指出，在过去20年，劳动报酬在GDP中的分配比重有所下降，值得关注。然后蔡昉等则认为，并无明显证据表明居民在收入分配中吃亏。但过去10年，财政收入对GDP占比的大幅上升，以及规模以上企业利润的明显增长则似乎不用争论。有数据证明，在过去10年，居民可支配收入对GDP的占比大约下降了10个百分点。以2009年为例，这意味着差不多本可供居民分享的大约3.4万亿元，放入了政府或企业的腰包。姑且不论学者争议收入分配恶化与否，但至少声称过去10年收入分配明显改善的研究是极其罕见的，至少房产税的开征必然意味着政府向民众多征敛了一块，官更肥，民更瘦。

第二，税乃国器，用之有据。税收政策不是一件开玩笑的事情，有其程序正义，不能无凭无据。目前在中央政府层面开征房产税仍有漫长的立法程序；而在地方政府层面似已急不可耐。但地方政府的征税依据，是湮没在故纸堆里的1986年的一则文件，该文件中国务院授权了地方政府可以对“经营性房产”开征房产税。当时中国甚至还没有“商品房”这个概念，当初的意思，似乎是向有酒店商铺之类的企业征房产税。到如今，它突然变成了地方政府向居民所拥有的各种房产（尤其是住宅）征税的法理依据。我们只能惊叹要么1/4世纪之前的法规预见性太强，要么目前地方政府官员的想象力太好。法有法度，还是谨慎地走完应走的程序为好，而不应太情绪化。

第三，非我财，不纳税。巴菲特拥有巨额财产，但并不构成我应纳税的理由。我曾粗略估计过，中国居民拥有总财富总额约为275万亿，其中城镇约150万亿，农村约为125万亿，但是其中土地等所有权属性尚不明确，因此中国居民，尤其是农民的财产处于高度不确定状态。就房产税而言，如果商品房统统盖在租用的土地上，那么若开征房产税就应全额扣除土地价值；如果对土地和房产合并征税，那么就应明确商品房土地永续民有。如果不分清目前房产的青红皂白，就眉毛胡子一把抓地征税，明显失妥。

第四，不能以给予为名，行征取之实。无论房产税最终是怎样的税，说到底它是政府从民众取走财物的行为。取之于民是纳税人的义务，用之于民则取决于纳税人的权利。在过去10年的房地产膨胀进程中，中央和地方财力强盛，仅财政国库现金就达3.5万亿元，但保障性住房的投资和供应并无明显改善，或者说住宅供应结构的失衡根源不是政府无钱。既如此，政府对民众的征收,和侠者劫富济贫是两回事。

第五,只看财富,不看负担,可能丧失了公平税负的起点。房产可能是居民最大的一块财富,因此以家庭为单位,既要看到家庭在财富方有什么,有多少房产,储蓄和其他细软,也需要看到家庭在负债方有什么,有多少按揭和借贷,更要看到家庭对老人、对子女的赡养培养负担。针对家庭的税负,起码应是财富扣除负债,再扣除赡养负担等可免税金额,对余额部分再行纳税。现在房地产税只看到居民财富最大的一块,对负债和家庭负担等一概视而不见,几乎丧失了公平的起点。年轻人可能抱怨他们没有享受到房改的好处,辛苦按揭贷款购房之后却要交纳房产税;上点年纪的人则可能反击说当年的房改房是作为多年低工资的补偿不应纳税;农民可能认为宅基地及自建房不应纳税,而城镇居民可能认为那才是既有地又有房真应纳税。我们必须看到家庭或者个人的财产、负债和家庭特性,在此基础上才有可能合理征税,否则阶层的裂痕可能更深。

第六,不问为何购房,只管借房生财,是治标不是治本。各级政府首先应该自问:

为什么中国居民如此热衷购置房屋?如果人民币币值是稳定的,如果居民有丰富的投资渠道,如果居民对未来的养老医疗教育有足够的乐观信心,如果中国居民不被户籍分裂成城乡的深深鸿沟,如果城乡之间没有因收入严重失衡导致巨大的人口迁徙,那么中国人的购房热情是否仍如此高涨?中央政府财权上收事权下放会导致什么?不自问自省这些根本问题,只是通过土地出让敛财,通过房产税再敛财,是不是解决问题的正常思路?

第七,良好的政策动机,不能为恶劣的后果做辩护。在中国住房自有率高达92%的背景下,为什么征收房产税被认为符合民众利益?在作为迁徙人口主体的高校学生和农民工被基本排斥在住房保障体系之外时,如何避免住房保障政策沦为实质上的权贵分利?为什么在房地产问题上地方政府被贴上恶的标签而中央政府的演出是善的?中国居民有无追求财产免于被通货膨胀悄悄剥夺的资格?地方政府试图出台房产税之前,对可能的政策后果有无明确的预见性?现在看来,房产税就像政府挥舞的手术刀,不问病理、不看病灶、不管不顾,先下刀而后快,下刀顺从了民意是善的,因此下刀之后的结果似乎不在考虑之列。

基于上述理由,我对开征房产税的回应是:反对。如果中国居民被免除了“用手投票”的权利，那么越来越多的居民会被迫尝试“用脚投票”的可能。

周明剑：那房价稳定的答案到底在哪儿呢？

钟伟：政府和公众对于房价的关注日益强烈，但在供求之外去寻找稳定房价的答案，几乎是无解的。需要指出的是，价格更多地取决于供求而不是成本，在始终存在行政垄断、自然垄断或者竞争垄断的行业，价格总是难以趋向于成本，中国移动用户看到每月的账单时应该深有感受。只有在充分竞争和供求平衡的市场，价格才逐渐趋向于成本。如果商品或者服务长期供不应求，那么，要么出价高者得之，要么权力大者得之。

很不幸，从2000年至今，商品房恰恰陷入到长期的供不应求之中，导致房价日益高涨。看供应总量，2000—2008年，中国商品房销售总面积为40亿平方米，其中住宅为35.8亿平方米，即便假定这些商品住宅全都是90平方米以下的商品房，那么总套数约4000万套，也就是每年约450万套的供应量。中国目前户均人口不足3人，因此这些商品住宅每年最多可容纳约1350万城镇人口。

看需求总量，2000—2008年，中国城镇人口从4.59亿增长到6.07亿，增加了1.48亿。大致年均增加城镇人口1640万，至少550万户。之所以用“至少”二字，是因为这样的估算，假定了所有新增城镇人口，在进入城市当年就立即结婚并立即生育。因此，最简单的供求关系是：中国城市化进程，决定了每年区区450万套的商品住宅的供应和每年至少550万套住宅需求之间，始终存在供不应求的缺口，这不可能不推高房价。

上述假设可能过于简单了，需要对供应量和需求量做进一步的细致分析。在供应方面，有两个因素我们没有考虑，一是保障性住宅，二是单位自建房。2000—2008年，中国建成经济适用房4.43亿平方米，相当于同期商品房供应量的12.3%，我相信廉租房和限价房等提供规模更小。单位自建房通常只有有钱有地有资源的政府职能部门或大型央企才能提供，普通城镇居民不太可能享有如此福利。

在需求方面，也有两个因素我们没有考虑，一是改善型需求，二是投资需求。目前中国约150亿住宅存量中，有60亿~70亿平方米建成年代早于1995年，其中绝大多数只能称为建筑垃圾。以过去10年，城镇人口每户每年居住面积改善仅1平方米计算，改善型住宅需求18亿~20亿平方米。如果过去10年中国收入分配变得更糟糕,那么一户拥有多套住宅的现象也会更严重,但估算投资需求总量是非常困难的。有的政府职能部门设计了问答卷,调查有房户当中,仍有高达68%的家庭希望在未来1~3年购入商品房,因此就把68%作为目前住宅投资需求的比率,并得出楼市存在严重泡沫,这样的调查接近荒诞。

考虑更为细致的供应和需求因素之后,我们不无悲观地承认,中国商品房的供求失衡,可能比政府和公众直观预期的更加严重。麦肯锡曾有报告指出,约在2025年,中国的城镇人口可能会突破10亿人。目前中国处于15~64岁的人口占比在72%以上,人口自然增长率在0.5%左右,这决定了在过去10年,中国住宅长期供不应求,在未来15年,如果不能每年提供1000万~1200万套住宅的话,供求失衡就不太可能有根本改观,上述分析,甚至还没有考虑人民币被过度发钞等一系列问题。

因此,想在解决供求平衡之外,去寻找稳定房价的答案,基本是缘木求鱼。也由于供不应求,中国消费者总体上用高昂价格购买品质低劣的商品房。稳定房价无非是三大手段,一是放缓城市化节奏,二是增加商品房供应,三是抑制商品房需求。现在政策的误区恰恰在于当总量上供不应求的问题还没有解决的时候,就试图进行结构上的优化,诸如以推进城镇化来缓解城市化,以增加保障性住房供应来平抑商品房房价,以收紧信贷提高利率来抑制需求,凡此种种都是回避了供求本质之外的旁枝侧节的举措。延续这样的政策惯性,房价问题绝不是在2010年骑虎难下,而是在未来10年都在舍本逐末。

周明剑:中国房地产在多大程度上影响了银行业的稳健?这似乎一直存在争议,我记得你在2006年的研究结论是:如果房价在一年内下跌30%,可能带来5000亿左右的不良贷款,使得银行业的资产不良率上升约2个百分点。自2010年对房地产采取新的调控措施以来,据说监管部门压力测试的初步结论是,银行可承受30%的房价下跌,也有银行声称其能承受40%的房价跌幅。这和你5年前的结论差异不大。这个怎么解读?

钟伟:其实我们真正担忧的是,房地产信贷是牵一发而动全身的,即便不考虑整个金融体系,仅考虑银行信贷,问题也可能更复杂。压力测试需更全面,并考虑更多因素。在我们看来,对中国银行业而言,房地产信贷可能是一种系统性风险。

第一，目前的压力测试可能采用了狭义信贷口径，央行披露2006年上半年，包括房地产开发贷款和消费者按揭贷款在内的贷款余额约8万亿元，其中开发贷约2万亿，按揭约6万亿。从开发贷的不良率而言，过去10年表现尚好，加上其自有资金占比的上升，和项目贷款的封闭运行，风险尚属可控。就按揭的不良率而言，过去10年始终极低，考虑到安界率已从2005年的约50%下降到目前的仅约30%，考虑到贷款/抵押物之比（LTV）的水平，再考虑中国居民高达20%的储蓄率仍将维持约10年，因此，如仅考虑8万亿的信贷，似乎当下针对房地产信贷的压力测试，也有一定的可信度。

第二，需要考虑的因素一，是房地产开发的自有资金中，未必没有银行信贷。考虑到目前贷款中，针对企业的信贷大约为14万亿，占全部贷款余额的1/3。其中即便有10%～15%分流到房地产业，那就是有1.5万亿～2万亿元的信贷被挪作了开发商的自有资金，且该部分信贷可能存在到期滚动、短贷长用的风险。

第三，需要考虑的因素二，是尽管目前商业银行普遍设立了贷前、中、后的尽职调查、控制和催收清算体系，但是注重土地、不动产、设备等抵质押物等静态的第二性还款来源，较少注重企业现金流、供应链应收应付等动态的第一性还款来源。日本等国的教训显示，房地产的景气波动，会传染和影响到银行体系整个抵押物的价值。并且工业用地厂房等变现折扣更大。目前银行信贷余额大约47万亿元，其中高达约60%是中长期贷款，这令人相当不安。此外，工业贷款的大部分抵押物很可能是土地厂房设备等，少部分可能是动产质押。工业贷款对全部贷款的占比约为28%，余额约为13万亿元，抵押贷款部分可能不会低于8万亿元。房地产景气的下滑或泡沫破裂，无疑也会使该部分贷款间接受损。

第四，需要考虑的因素三，是地方政府从事土地开发和储备的信贷。据说监管部门估计地方投融资平台的信贷余额约7.3万亿，假定其中15%是用于土地一级开发的，则有1万亿元左右。结合2009年地方土地出让收益金为1.6万亿，以及地方政府做土地规划、整理、储备、出让的连续性，也可以印证可能约有1万亿元的信贷被投入到土地开发市场。考虑到各地土地整理储备中心既非企业也非政府部门，这部分信贷风险，主要取决于地方政府信用。

第五，需要考虑的因素之四，是房价下跌的速度，以及市场出清的可能性。现在尚不清楚压力测试中所称的,可承受房价下跌30%的具体含义是什么。如果房价在较长时间内缓缓下降30%和在一年内急跌30%,银行承受的压力不同。如果房价下跌30%之际,银行仍可出售其土地或不动产抵押物,和银行根本无法在市场实现出清,银行承受的压力也不同。没有任何实际案例显示,房价在急跌30%之后银行仍可顺利实现市场出清,房价一旦急跌深跌往往就会直向市场崩溃而去。日本和中国香港的房灾中,房价最大跌幅均超过50%,美国在次贷危机中,若不是其通过复杂衍生品,构成了全球金融的系统性风险,若不是全球协力的经济刺激计划,房价跌幅就可能不仅仅是25%了。如果中国陷入房地产泡沫,那么它将是一个国际救助可能性很低的国内问题。

简要的结论是:目前房地产信贷的压力测试,很可能低估了风险水平。涉及房地产的信贷总额可能接近20万亿,这还没有考虑到公积金系统约8000亿元的贷款。涉及房地产价格下行带来的风险也未必是可控的,如果房价在一年内下跌30%,在没有政府救助时,市场很可能走向崩溃而不是自我修复,这有可能导致银行的系统性风险,以及经济衰退。

周明剑:中国房地产行业这些年来始终处于风口浪尖,谁是这个行业最大的牺牲品?

钟伟:开发商显然不是,他们正挣扎着摆脱自身的暴利形象,开始学习什么是企业的社会公民责任;地方政府也不是,他们获得了巨额的土地出让金,拆迁几乎就意味着升迁;建筑施工企业也不是,他们忙着投标陪标中标分标,层层分包层层克扣。

那么中国房地产行业狂飙突进的牺牲品是购房人,是"房奴"一族吗?尽管他们在媒体和网络上声势浩荡,但考虑到商品房价格的虚火是供求双方决定的,商品房买卖契约也是买卖双方自由缔结的,因此购房者也并非这个行业的牺牲品。估计目前所谓"房奴"一族大致有190万人。他们试图拥有和其收入不相称的财产,如果同情其无力支付按揭的违约行为,那么也许就是对数以亿计的储蓄者的无情,毕竟房奴们给银行带来的贷款损失,最终是全体存款人来分摊的。

谁是中国房地产行业沉默的祭品?毫无疑问这个群体最主要的角色,是被征地拆迁的广大农民。

先看看土地出让金,迄今为止全国土地出让金总额的权威统计仍不存在,我的梳理结果是,据全国人大2004年的调查,2000—2003年,全国土地出让金收入约9100亿。据2004年国土资源公报,当年全国共出让土地17.87万公顷,土地出让金为5894亿元。考虑到2005年全国土地购置面积比2004年轻微下降了约2%,但出让价格上升约30%,因此2005年土地出让金应该不少于7500亿。

这个7500亿意味着什么?2005年中国农村有7.4亿人,农村居民人均年纯收入3255元,实际收入增长6.2%,也就是说2005年,中国农民的全部增收为1369亿。因此2005年各级地方政府攫取的土地出让金,是中国农民收入增长的5.4倍,是温家宝总理痛下决心减免掉的农业税的13倍!换而言之,如果地方政府拿出土地出让金的20%直接补贴给农民,那么其效果是农民年均纯收入可增长6.6%以上,超过一切让农民增收的全部政策努力了。

因此,地方政府非税收入的大幅增长,城市化的快速推进,房地产行业的空前繁荣,以及官员彪炳的政绩单,都指向一个清晰的奥秘:对农民土地使用权进行大规模剥夺的"最后晚餐"。

为什么把地方政府的征地出让行为视为"最后晚餐"?其一,是目前《农村土地承包法》《土地管理法》和姗姗来迟的《物权法》,使得农民对其宅基地、承包地和集体用地的使用权被虚置。其二,是地方政府滥用"社会公益"的名义征地,征地价格依据农作物产值的倍数来计算,哪怕这种倍数放大到100倍,也无法体现土地使用权的市场价值,因此官员当然明了,"卖农民的地,挣政府的钱;征得越狠,挣得越多。"其三,土地出让金的即期使用,使得一届政府竭尽一切可能把能征的地都征了,能卖的地都卖了,以获得最多的当期收益,交出最佳的当期政绩,很少考虑继任政府的难题。其四,被征地拆迁的农民群体,往往陷入种地无地,就业无门,进城无社会交往网络,未来生活无社会保障的"四无"状态。因此把目前的土地管理政策视做涸泽而渔式的"最后晚餐"似乎并不过分。

温家宝总理曾经说过,政府征用土地出让收益主要用于农村。既然是"主要用于农村",那土地出让金至少应该有50%反哺给农民吧?严峻的现实是:这个比例在不同的省市都只有10%~30%。房地产让中国农民每年至少被剥夺了上千亿元的财富。

英国15—18世纪曾发生过"羊吃人"的圈地运动,结果是英国一半以上的耕地变成了牧场,农民被驱赶成为产业工人。现今的中国则开始蔓延

“权吃人”的圈地运动,结果可能造就了一个非农非工的城市边缘化群体。作为学者整天鼓噪房价高低却不关注这个弱势的沉默的祭品几乎是令人羞耻的,因为我们不得不思考,也许50~70年后,我们自己就是下一轮被征地拆迁的祭品。

周明剑:到今天我们依然看到大批央企活跃在房地产行业,更深层次的原因是什么呢?

钟伟:在博鳌房地产论坛上,我对五家开发商做了个小测试,以估测2009年以来出让的商品房开发用地中,有多大份额为国有企业拿走,结果在60%左右。姑且不论这个结果是否精准,但国企甚至央企新军纷纷涌入房地产,是一个令人瞩目的新现象。潘石屹曾反复说过关于北京广渠门地块的拍卖情景,说是大开发商坐在前两排,后面是一些老潘不熟悉的新面孔,及至问及,对方谦虚而面无表情地说,是一家叫做方兴的小公司,恰恰是这家小公司,最后成了被广泛纷争的“地王”。

潘石屹在描绘上述场景时也许疏漏了细节,一则方兴是中化集团旗下的企业,和潘石屹的企业同一年在香港上市,两者不仅是对标的对手,目前规模也差不多,潘石屹不可能不知道;二则方兴在土地拍卖现场直到最后才举牌,肯定是事先有周密预案,而不是临时的财大气粗。但无论如何,央企涌入房地产已属不争的现实,一个令人忧虑不安的现实。

央企进入房地产行业并非始于今日,其中也不乏许多知名企业,例如中外运、华润、中信、中远、保利和首创等。但更多的央企则是新军。我的态度很简单:即便央企涌入并获得了丰厚利润,其行为也是不足取不足喜的,和历史赋予央企的使命也许并无关联。

市场原教旨主义者越来越少了,很少有学者和企业家质疑央企存在的必要性,市场是“无形之手”,但是市场有失灵的时候,需要政府通过央企这个“扶持之手”,去纠正和弥补市场机制的缺陷。既然如此,央企就应该布局在私营部门无力或不愿进入的领域,这种领域有其先天特点。

一些赔钱的、但却是社会经济发展不可或缺的部门,需要央企布局。例如“市场失灵”的公共品供给领域。公共产品的特性是私人部门对这种服务的享受没有排他性,由政府供给并由政府定价,但不管是否享用都要付费,付费方式为直接缴费或间接纳税。再例如风险大前景不明的重大技术创新领域,目前的新能源、生命技术、智能电力系统等领域,或多或少都有这种特点，既然纯粹的私营企业无力或难以大规模进入，那么采用财政扶持手段，或者通过央企进入上述领域就显得十分重要。

如果央企布局在上述领域，要求其像一般私营企业那样具有盈利能力是不妥当的，当部分国企集中在连私营企业进入都要赔钱的修桥铺路、环境整治等领域时，怎么能期望这些国企有持续可观的盈利？如果国资委硬性要求他们必须盈利，那就只能导致基础设施建设的不足，或普遍服务质量的严重下降，或者重大基础技术的研发乏人问津。央企在这些领域赔钱，未见得是坏事。

另一些赚钱的、攸关国计民生的，国家命脉的行业，也需要国企去占领"制高点"。这些行业在遥远的古代是盐、铁之类，给官府带来了滚滚财源。在目前则是银行证券、石油石化、移动通讯、电力运营等部门以及烟酒等传统部门。行政垄断在大多数情况下造成垄断性利润，如果能直接拥有进口原油或成品油的行政许可，并同时拥有国内垄断的销售网络，那么企业要想不产生垄断利润恐怕都难！当然这些企业为执行政府的战略意图而出现亏损也并不意外。因此，对于处于"命脉行业"内的国有企业而言，高额利润很可能是行业禁入的直接后果，而不证明这些企业运作多么富有绩效。央企在这些领域赚钱，未见得是好事。

如果央企布局大致合理，其可能命运有两种：一种是因提供公共品或从事关键研发而亏损；另一种是因行政垄断而暴利。一国国有企业的规模，在于上述两类企业的总体盈亏是否在该国财政可持续支撑的范围之内，如果我们期望所有的国有企业都能盈利，几乎是不可能达成的目标。

绕了一大圈，回到央企蜂拥进入房地产的新现象。问题就成堆而来：房地产是央企必须布局的、具有重要战略意义的行业吗？是不是私营部门不能或不愿进入该行业？央企从事房地产获得丰厚利润能作为其必须进入该行业的证据吗？是什么致命因素导致央企有了进入房地产的集体冲动？

是的，房地产是政府明文规定的支柱产业，甚至是重要的支柱产业，但和基础设施、和重大技术创新、和国民普遍服务有什么关系吗？是央企必须布局的战略行业吗？和国家综合竞争能力有密切关系吗？如果有，请给出证据。

目前的发展商饱受批评，平抑房价的呼声一直不歇。但央企进入房地产是否就是解决这个问题的答案？至少目前进入房地产多年的国企，其所售商品房并不见得比私营企业具有更高的性价比。甚至在廉租房、经济适用房这样的领域，也不是非由国企开发不可，其项目利润虽低但风险也低，私营企业也有能力承做。

央企进入房地产行业极有可能获得丰厚利润,但赚了钱也不能作为其必须进入的证据。如果按照行业利润率的高低来决定央企是否应该进入,那么网络游戏等利润率比房地产还高,央企应当去搞网游开发和运营吗?

央企如果在房地产企业遵守市场规则,按牌理出牌,也可以活得很好,但即便如此也不是国企新军涌入的理由,国企在土地、资金方面更容易和地方政府共谋,对拓展其主业也无实质意义。

看起来,政府必须意识到央企是有所为有所不为的,谁能列举央企必须在房地产行业有所为的任何正当理由?

进而言之,如果我们期望国有企业能够像私营企业那样单纯成为追逐利润的企业,那么会导致怎样的结果?处于公共品提供的国有企业将不断地提高定价并不断地亏损;而处于“命脉行业”的国有企业,原本应该上缴财政的大部分垄断利润就会变为垄断行业超高的员工福利待遇和企业领导者的挥霍浪费。我宁愿看到央企因为大飞机项目赔钱十年,也不愿看到央企做房地产暴利百年。我尊重在边远地区从事赔钱的邮政业务的卑微员工,但未必尊重靠行政垄断攫取利润的所谓央企企业家。

央企纷纷涌入房地产行业的背后,谁能清晰地说清为什么“央企”的头衔对他们如此重要?央企与普通国企和私营企业到底有什么待遇上的重大差异?这些差异能否放置在阳光下讨论?

央企的角色,大致也就是《麦田里的守望者》中的主人公霍尔顿对其妹妹所说的那段经典语言:“有那么一群小孩子在一大块麦田里做游戏。几千几万个小孩子,附近没有一个人——没有一个大人,我是说——除了我。我呢,就在那混账的悬崖边。我的职务是在那儿守望,要是有哪个孩子往悬崖边奔来,我就把他捉住——我是说孩子们都在狂奔,也不知道自己是在往哪儿跑。我得从什么地方出来,把他们捉住。我整天就干这样的事。我只想当个麦田里的守望者。”国有经济从本质上说,是政府假定自身能弥补市场失灵,为市场认真守望的麦田里的守望者,从这个意义上看,央企涌入房地产,几乎类似于守望者自己跳下了悬崖,无论赚钱与否都是一种巨大的资源错配和浪费。

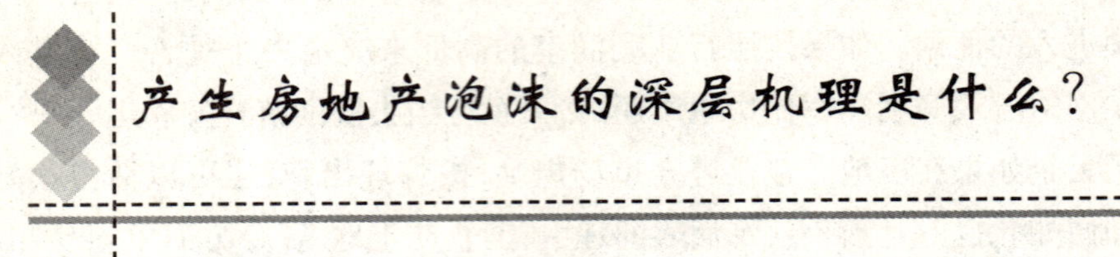

## 产生房地产泡沫的深层机理是什么?

周明剑:赵兄,我感觉你更喜欢在更深层次挖掘经济社会的矛盾。我们可以看到几乎当前中国经济社会的各种矛盾都在房地产市场得到折射,那么,其深层机理是什么?

赵晓:首先,房地产市场是一个不完全市场。

(1)房地产市场实际上是两个完全分隔的市场:反映中高层需求的商品房市场和满足中低收入需求的保障房市场。

(2)不合理的财税体制和土地制度导致房地产的供给存在很大的外部性。

(3)房地产市场的金融属性。

其次,房地产市场成了各种利益集团激烈博弈的战场。

(1)地方政府为了 GDP 增长和政绩表现,乐见土地价格和房地产价格飙涨。

(2)金融资源的不合理配置和投资渠道的匮乏使人们对房地产投资趋之若鹜。

(3)房地产成为权力寻租的最热门场所。

最后,银行在房地产市场中扮演了非常重要的角色。

可以说,城市的高房价是中国特定市场环境和发展制度下的产物,有着多重复杂的原因。

一是房地产本身的投资属性。房地产除了其基本的居住属性外,另外一个主要的功能就是其投资属性。由于中国金融市场不发达,居民的投资渠道十分稀少,最活跃的股票市场的资金吸纳能力也比较有限,而股市的剧烈波动也使不少投资者对其避而远之。20 世纪 90 年代住房改革以来,房地产的投资属性逐步显现,而房地产按揭贷款的推行事实上使房地产投资成为杠杆投资。加上近年来一些居民和私营企业积累了大量的财富,这些财富必然需要寻找投资渠道。

二是金融危机后大量流动性的投放。为应对国际金融危机,自2008年11月份以来,中国政府采取了一系列政策来刺激经济和房地产市场复苏,如扩大信贷投放、实行房贷优惠利率、降低房贷首付比例等。仅2009年一年的信贷投放就达9.59万亿,高速信贷投放一方面使中国经济成功抵御了国际金融危机的冲击,率先实现经济复苏;另一方面也制造了大量的流动性,一些银行贷款通过种种渠道进入房地产市场,加上受金融危机影响从实体经济中游离出来的资金,过多的流动性转移到房地产市场。这种现象不仅出现在中国,东亚地区主要城市房地产价格的上涨,也主要归因于金融危机后低息环境下的流动性过剩。

2009年首届重庆房地产博览会高峰论坛,图为赵晓发言

(图片来源:华龙网)

三是中国的普通居民、特别是中低收入阶层的住房保障制度不完善。在成熟市场,房地产往往都划分为保障性住房和商品房两个市场。前者主要由政府出资,以低廉的价格为普通居民解决基本居住问题;后者实行完全的市场化,用于中高收入阶层的购买和投资。例如,中国香港政府为解决基本居住问题,在20世纪70年代后大力发展公屋制度,通过推行"居者有其屋计划""夹心阶层住屋计划""租者置其屋计划"等规划,用了近30年的时间基本解决了居民的居住问题。目前,有约47.1%的香港居民居住在政府提供的公屋里(其中租住29.1%,低价出售18.1%),家庭数目和房屋数量也基本达到1:1。而新加坡居住在政府提供"组屋"的人口约占总人口的85%,东京的"公营住宅"住户也占总人口的40%以上。由于中国经济适用房和廉租房制度起步较晚,发展缓慢,难以满足中低收入阶层的住房需要。由此在中国房地产市场上,形成了巨大的以基本居住为主体的刚性需求缺口,并且被重重原因推到高房价的市场上,这是导致中国房地产价格居高不下的一个重要原因。

# 此次房地产调控是整个宏观经济调控中最主要的部分

周明剑：目前很多观点认为此次房地产调控是整个宏观调控中最主要的部分，这个怎么理解？

赵晓：该问题从以下几方面进行阐述。

**房地产周期与经济周期存在着极强的关联性**

无论在西方发达国家还是在新兴市场国家，房地产周期与经济周期都有极强的关联性，房地产投资大幅波动始终是经济波动的一个重要来源。历史经验反复表明，房地产的繁荣与萧条周期同步于甚至领先于经济的繁荣与萧条周期。

20世纪80年代的日本房地产泡沫、90年代的东亚金融危机以及最近的美国次贷危机则从另一个极端证明了房地产泡沫的破灭和房地产市场崩溃对经济活动所产生的破坏性冲击。

**经济周期决定了地产调控的目标和工具选择**

正是基于这种相关性，任何形式的房地产调控政策都以抑制地产泡沫、防止对经济波动带来过大冲击为目标，从而避免泡沫崩溃引发的经济震荡，或者至少以不伤害经济为底线，地产调控本身是要减少而不是增加经济波动。

因此，经济周期本身不但决定了地产调控的目标和工具选择，同时也决定了调控政策的作用空间。从最近三年的经验看，中国的地产调控基本延续了这一逻辑：2007年至2008年9月金融危机全面爆发之前，中国经济的周期性特征是过热和通货膨胀，地产调控的目标自然是抑制投资和需求；金融危机期间，中国经济进入下行通道，因此地产调控也由紧到松，开始鼓励房地产投资并扶持合理的住房消费，房地产成为应对危机的一个重要组成部分。

然而，这一次有所不同，2010年所开启的新一轮地产调控必将面临比以往更多、更大的挑战:首先,后危机时代的中国经济周期面临着经济增长的可持续性、经济结构调整的深化、通货膨胀预期的管理这三大任务,因此新一轮地产调控必然要在这三者之间求得平衡;其次,地产调控与多种退出政策的叠加大大增加了调控目标、工具选择和预期效果的不确定性。

随着中国经济步入后危机时代和新一轮经济周期,房地产刺激政策的退出作为超常规危机应对政策正常化的一部分也将再次成为决策者和学术界关注的焦点。

2010年4月房地产调控的主要政策解析(新国十条)

2010年4月17日,国务院发布"新国十条",要求实行更为严格的差别化住房信贷政策。对购买首套自住房且套型建筑面积在90平方米以上的家庭(包括借款人、配偶及未成年子女,下同),贷款首付款比例不得低于30%;对贷款购买第二套住房的家庭,贷款首付款比例不得低于50%,贷款利率不得低于基准利率的1.1倍;对贷款购买第三套及以上住房的,贷款首付款比例和贷款利率应大幅度提高,具体由商业银行根据风险管理原则自主确定。同时规定商品住房价格过高、上涨过快、供应紧张的地区,商业银行可根据风险状况,暂停发放购买第三套及以上住房贷款;对不能提供1年以上当地纳税证明或社会保险缴纳证明的非本地居民暂停发放购买住房贷款。地方人民政府可根据实际情况,采取临时性措施,在一定时期内限定购房套数。

"新国十条"中的"4.17"新政可谓是"9.27"新政的翻版,调控政策如出一辙,但相比之下,不论外部环境还是政策本身,还是有很多不同之处的。其一,宏观经济形势发生了实质性的改变。2007年末经济危机初露端倪,而2010年我国已基本摆脱经济危机,经济仍将强劲复苏。其二,2008年股票市场低迷,出口市场不振,内需乏力,而2010年股票市场已经过2009年的上涨,出口恢复。其三,开发商情况发生大转变。2008年许多开发商资金捉襟见肘,举步维艰,有些企业速动比率已经低于1,甚至拖欠拍卖的地价款和税款。而2010年开发商尤其是央企,经过信贷盛宴后已经没有资金之忧。其四,现今政策更加严厉,贷款首付比例由40%上升至50%。其五,现今政策更加完善,人民银行、银监会要指导和监督商业银行严格住房消费贷款管理。住房城乡建设部要会同人民银行、银监会抓紧制定第二套住房的认定标准。

2008 年 5 月 24 日，赵晓在首届集美地产发展论坛上发言
（图片来源：新浪网）

本次严格差别化住房信贷政策的威力同样不容置疑。在新政出台后，一些城市已经开始出现抛售的苗头。在北京北三环一个楼盘，一浙江炒客一次抛出 20 余套房源，总价近 1.3 亿元；在深圳，目前已有投资客一次性挂出上百套房源出售的情况；三亚甚至出现全民卖房的景象。

随着政策的进一步完善，可以预见的是未来对房地产市场投资和投机的打击将愈加严厉，房价将在本轮调控中应声下降。对未来市场的影响可能有以下几点：(1)二手房交易将会停滞，从 3 月开始上涨的房价飙升将会停止，市场很可能恢复今年 1～2 月的冷淡；(2)市场可能出现断供潮，因为首付的突然增加，将可能影响 50% 以上的购房者出现观望，市场已经难以避免出现房价下跌；(3)改善性需求无力再改善，很多居住在 90 平方米以下住房的家庭可能因为这一政策无力再重新购房，1.1 倍的利率将停止 90% 以上居住升级客户的改善性需求，这需要政策的尽快完善来改观；(4)违约有可能大量出现。如果政策立刻实施，现在已经签约的商品房及二手房因为贷款购买者难以支付首付或将会出现违约。如何认定交易的有效性也是政策需要尽快认定的。

我们以为，国务院近期的楼市信贷紧缩令如同一盆凉水，适逢其时，最重要的是在近期成功地扭转了楼价上涨的预期。严格差别化住房信贷的政策将有效平抑房价并挤出房地产泡沫，在政策的选择上政府应保持审慎的态度和坚定的决心，再加上扩大土地供应的“供应管理”和箭在弦上的税收新政，相信 2010 年楼市疯狂定将不再。而楼市短期调控的政策到位后，如制度创新如果也能尽快到位，那么中国的房地产市场就可能从现在的“问题市场”真正进入“正常市场”。这是我们所格外期待的。

### 市场依然是最为有效的化解方式

一是要大力发展基本住房保障制度。高房价不仅给中国城市居民带来了巨大的生活压力，也给经济的健康发展带来各种隐患，影响内需的增长，增大金融风险,从长期来看也会影响中国的城市化进程。从国外发展经验来看,最重要的是把基本保障性住房市场和高档、投资性住房两个市场区分开来,加大基本的保障性住房投入,以实现住房的居住和投资两个属性。事实上,解决基本居住问题应主要通过政府补贴提供廉价房,而不是对整个房地产市场的调控来实现。目前中国的经济适用房和廉租房供应远远不能满足中低收入居民的住房需求,要通过低价或免费供给土地、加大财政投入、调整中央与地方的分税安排等多种措施来发展这一市场,解决城市居民的基本居住问题。

二是从不同城市的调研看,基本保障性住房要体现在"面积小"而不是"品质差"上。国内发展保障性住房的一个误区是一般位置较为偏远,品质较差,生活配套设置更不完善。但是,保障性住房根本解决的是基本居住问题,这并不代表较差的质量。以香港为例,公屋售(租)虽然比市场价格低出数倍,而且面积十分狭小,但无论是建筑质量、配套设施、交通便利条件等都极为优越,既解决了基本居住问题,又从一定程度上实现了人们的尊严。

三是对高档和投资性房产市场,既要容忍其较高的价格,也要通过各种政策手段防范市场风险。一方面要通过土地供应、信贷政策、税收政策等多种行政和经济手段来引导市场预期,减少投资的盲目性;另一方面,要加强市场监管,完善土地和房地产交易制度,打击市场操纵行为。同时要完善统计制度,增加市场的透明度,降低市场参与者之间的信息不对称。

# 未来房地产走势：短期价稳量升，长期量稳价升

周明剑：你一直强调未来房地产走势，短期价稳量升，长期量稳价升。能不能给我们解读一下？

钟伟：(1)短期价稳量升。所谓价格稳定我们指的是售楼盘价格平稳，新盘低价入市。商品房新房价格实际已经降了，但是在国家统计局统计当中，降幅不太明显。量升呢，尽管传统来看，第四季度和来年第一季度并不是商品房销售旺季，但是今年可能例外。中期，政治因素。在未来2~3年，也就是政府换届之前，三个因素特别重要：① 设计房地产税收政策，我从来没有反对政府开征房地产税，我只要求政府就开征房地产税走正常的立法程序，经过公开讨论，然后征求广泛民众意见后再最终制定、修订和实施。这涉及国计民生重大法律政策，不应该处于秘密的、局部的、不为公众知晓的决策状态下。② 住房保障体系。它也将对房地产行业造成巨大影响。根据目前看法，如果保障性住房面积套型比较小的话，未来3年有可能保障性住房供应量达到5亿~8亿平方米，这对地方政府是一个巨大的财政压力。③ 通货膨胀。由于中国经济在明显降温中，我不再认为2011—2012年会有明显的通货膨胀压力。

(2)长期量稳价升。过去10年(2000—2009年)，房地产行业销售金额每年增长不到40%，约38%，投资增长每年27%~28%，销售面积每年增长大约20%，这也预示着过去10年，三线以下城市商品房价格累计涨幅120%~150%。一线城市，商品房价格涨幅可能在300%~400%。既然这样的话，房地产行业开工面积、竣工面积、销售面积、土地储备面积这些规模上的指标的高速增长期已经过去了，我不认为施工面积最终在未来10年会超过比目前大20%的水平。将从长期的角度来看，未来的4~10年，房地产行业主要特点是销售面积是非常平稳的，但是销售金额和投资仍然稳步增长。房地产行业从一个领先于中国经济增长的行业逐步调整为和中国经济增长几乎同步的行业。也就是说房地产行业不再是领先型的产业，而是和国民经济同步型的产业，这是我们对房地产短期、中期和长期的判断。

第五篇

# 变幻莫测的中国股市如何一举多赢？

中国股市在跌宕起伏中走过2008，在小心翼翼中走过2009和2010，站在2011这个“十二五”的起点，我们应该如何理智看市、缜密分析、冷静出击？

股市：

投资机会：☆☆☆☆

投资风险：☆☆☆☆

# 未来五年宏观环境对中国股市的影响

周明剑:说完房地产,我们再来看看股市。辉清兄,就目前来看,世界经济走势会对中国股市会产生哪些直接或间接的影响?

高辉清:我们先来看看各国经济预计将会呈现哪些特点。

一是世界经济发展重心将“回归”实体经济领域。发达国家,特别是美国,虚拟经济的发展超出了实体经济的承受范围,是产生此次全球金融危机的重要原因之一。虚拟经济具有高度流动性、不稳定性、高风险性和高投机性的基本特征,它以服务于实体经济为最终目的。随着社会信用的扩张,虚拟经济的规模迅速扩大,甚至超过了实体经济。以美国为例,虚拟经济发展严重脱离了实体经济,虚拟经济“泡沫化”极为严重,成为导致本次金融危机的罪魁祸首之一。因此,通过金融体系“去杠杆化”挤压经济中的“虚拟泡沫”,使整体经济发展重心回归实体经济,将成为世界经济的一大特征。

2009年6月27日,高辉清在“北京国际金融论坛2009夏季报告会”上发言

(图片来源:东方早报)

二是世界经济结构将逐步“重塑”平衡状态。全球经济失衡被认为是此次金融危机的根源,失衡的经济增长模式在危机后必将难以为继,世界经济结构将出现一次大的调整。而世界经济结构调整的支点在于各国经济结构的转变,体现为各国经济发展模式的转变。因此,各国经济结构转变带来的世界经济重新平衡将成为“后危机时代”世界经济的特征之一。

三是世界经济格局变动将“催生”新一轮产业革命。从世界经济发展历程看,人类应对经济危机并最终摆脱危机“后遗症”的方式有两种:一是对外战争和国内革命，二是新技术革命。其中，实施新技术革命的社会交易成本较低，是最为积极和有效的“去危机”手段。1857年，以生产过剩危机为主要特征的经济危机席卷了整个资本主义世界，美、英及欧洲大陆许多国家的企业在此次危机中纷纷破产。但是，之后10年内，以电气化为核心的产业革命给资本主义国家注入了增长动力，使这些国家迅速摆脱危机，走上经济高速发展的道路。而1929—1933年的“大萧条”之后，以原子能、电子计算机和空间技术广泛应用为特征的产业革命的发生，为美国等发达国家在20世纪保持经济长期稳定增长提供了新的源泉。20世纪70年代，西方国家全面陷入滞胀危机，以美国为首的西方国家通过信息产业革命走出了经济困局，并持续繁荣至21世纪初。因此，经济危机往往伴随着新的科学技术革命，而本轮危机带来的世界经济格局变动必将“催生”新一轮的技术革命和产业革命。

四是世界经济发展主题将锁定“低碳经济”和“绿色增长”。随着全球气候变暖迹象趋于明显，以发展“低碳经济”为核心的“绿色增长”模式成为世界经济发展新的“标准模式”，各国只有在这个基本模式框架中寻找符合本国的发展路径，才能融入新的世界经济体系，促使本国经济良性发展。“低碳技术”可能成为“后危机时代”新技术革命的主要方向。在“低碳技术”推动下，走“低碳经济”发展道路，创造“能源利用”与“环境保护”相结合的新增长动力，寻求经济的“绿色增长”，将是“后危机时代”世界各国经济发展遵从的主题。

因此，上述世界经济的发展趋势将对我国股市产生以下几个方面的影响。

一是世界经济的发展将直接影响到我国经济的基本面，从而间接影响到我国股市的整体走势；二是世界经济的结构调整、低碳增长将会给一些新兴行业，如环保行业、可再生能源行业等，尤其是能带动产业革命的行业，带来巨大的发展机遇，而这些行业的上市公司也将会获得巨大的盈利增长空间，从而极具投资价值。

周明剑：“十二五”期间我国经济运行会呈现什么格局呢？

高辉清：“十二五”时期是我国经济发展的关键时期，也是我国经济转轨的关键时期。预计在“十二五”期间，我国经济走势会呈现出以下特点。

一是经济增长将会有所放缓。在“十二五”时期，我国经济增长不仅要发展规模,还要重视质量。因此,不追求经济过快增速,或者说不追求透支式的经济增长,将会成为我国经济发展的目标。

二是内需将会显得更加重要。次贷危机虽然对我国经济直接冲击不大,但由于通过对进出口的影响,将会对我国形成较长时间的影响。因而,在"十二五"时期,伴随着我国经济发展模式的转型,宏观经济将会改变原来"两头受制于外"的发展模式,逐渐增加内部需求的重要性。其中,如何启动消费需求将会成为我国"十二五"时期的重要任务。

三是产业结构升级进程将会加快。在"十二五"时期,环保行业、低碳行业、可再生能源行业、医药行业以及消费行业将会呈现较快的发展步伐,而反过来,一些高成本、高污染、高消耗以及资源型行业的淘汰步伐也将会逐步加快。

随着宏观经济面基本稳定,预计我国股市走势将会逐渐向好。但数年内可能难以出现大行情,但是对于一些新兴行业、低碳行业和内需型产业来说,机会相对会更大一些。

周明剑:2011年是"十二五"开局之年,经济增长必须保持一定的速度。而转变经济增长方式势必要对经济结构进行调整,调整则必然会影响速度,同时损害相关利益集团的利益。为了能在较快增速中调整以及保证相关利益集团利益损害最小化,我觉得最终政策博弈结果还会是延续改革开放三十多年的经验——增量改革的思路。辉清兄,依照你的看法,中国经济结构调整将会如何影响股市呢?

高辉清:为确保到2020年实现全面建设小康社会的宏伟目标,预计我国将统筹兼顾,大力推进经济结构的战略性调整,加快转变经济发展方式,加快建设科学合理的能源资源利用体系,提高节能环保水平。

一是以增强经济发展的稳定性、协调性和可持续性为目标,推动需求结构、产业结构、城乡结构、区域结构的全方位调整。这种调整不仅是增量调整,更主要的还是存量调整,也就决定了未来的改革不仅需要增量改革,而且需要存量改革。

二是以促进和谐社会建设为目标,把社会发展摆在现代化建设更加突出的位置,坚持民生为先,推进公共服务均等化,缩小收入差距,保障社会公平正义。

三是促进人与自然资源之间的和谐,树立经济、社会、生态三者空间均衡原则，把经济效益、社会效益、生态效益放在同等重要位置，加快形成节约能源资源和保护生态的增长方式和消费模式，切实扭转生态环境恶化的趋势。

四是以建立健全保障科学发展、社会和谐的体制为目标，坚持市场化改革方向，消除不利于市场基础性作用、不利于转变发展方式、不利于社会和谐稳定的体制机制障碍。

五是以培育形成国际经济合作和竞争的新优势为目标，统筹国内国际两个大局，丰富开放的内涵，提高开放的质量，完善内外联动、互利共赢、安全高效的开放型经济体系，在更大范围、更广领域、更高层次上提高对外开放水平。

伴随着我国经济增长方式的转变及宏观经济结构的调整，国民经济将步入又好又快的发展轨道，这对股市的影响将是深远的，给股市持续缓慢走强带来一定的支撑，同时相关行业比如说医药、保健、水务等的上市公司将会从中受益。

周明剑：中国经济未来的主要拉动动力还是工业化和城市化，特别是城市化，明年伴随区域经济竞争将会有比较大的动作，预计 2010 年的投资增速不会明显低于 2010 年。那么，中国区域经济结构变化对股市的影响如何呢？

高辉清：可以说，2010 年是区域经济发展规划出台极为频繁的一年。面对长期以来我国区域发展不均衡的尴尬现状，系列区域发展规划的出台，实质是引导地方因地制宜的发展经济，各取所长抑或是协同配合，极具针对性地医治了我国经济的“不平衡症”。

在我国经济发展转型的重要关头，不论是东部的长江三角洲、海西、江苏沿海，西部的成渝、关中天水、重庆两江新区、青海省柴达木、西藏、新疆、南部的海南国际旅游岛、广西北部湾、珠三角，抑或是北部的京津冀、辽宁沿海、图们江，中部的如皖江城市带、鄱阳湖、黄河三角洲等，已在祖国各地处处开花的区域发展规划，为传统产业的转移提供通道的同时，更通过对各方积极性的充分调动，将淘汰落后产能等经济发展转型中所不得不承担的代价降到了最低。

因此，可以预计，在“十二五”时期，区域经济结构的平衡以及区域经济发展的侧重点不同，这将会为我国区域经济及宏观经济注入新的活力。而对于股市而言,区域板块分析也是极为重要的因素,因而区域经济结构调整将会对股市产生影响,其中中西部地区的股票具有更大的机会。

周明剑:能不能从不同角度帮我们细致解读"十二五"时期政策环境对中国股市的影响。中国宏观经济政策取向对股市有何影响?

高辉清:整个"十二五"来看,经济增长将保持到8% ~10%,因而预计宏观政策会保持充分的灵活性,低于8%就要采用扩张型的或者是适度扩张型的财政政策,宽松和适度宽松的货币政策。高于10%就采取相反的政策,当然货币政策的调整不仅要考虑经济增长速度,还需要要防止通货膨胀。

因此,保持宏观经济增速的均衡和稳定,预计是"十二五"时期政策的特点。同样,股市的维稳也将是"十二五"时期监管部门的工作重点。

周明剑:产业方面通过税收、财政补贴等政策,鼓励战略性新兴产业。战略性新兴产业主要为节能环保、新一代信息技术、生物、高端装备制造、新能源、新材料和新能源汽车七个产业。这种产业政策取向对股市有何影响?

高辉清:国际金融危机发生后,我国势必会改变目前"两头在外"的经济发展格局,产业结构升级是我国面临的重点。

一是深化制造产业发展,从"制造大国"转向"制造强国"。"十二五"时期,我国会继续确立制造业在经济发展中的核心地位,并实现其转型升级。在保持传统制造业并促进其实现功能和工艺升级的基础上,开拓和发展新兴制造业领域。

二是引导技术创新革命,从"引进吸收"转向"自主创新"。"十二五"期间,我国会通过功能性产业政策和导向性产业政策并行实施,加速培育技术革命。一方面要加大重点战略性新兴行业规划的制定,引导创新经济资源向新行业聚集;另一方面要形成有效的竞争市场,为创新活动提供良好环境。

在"十二五"时期,产业升级所带来的效应必将在股市中得到体现,一些受益的自主创新行业的上市公司的股价必将会走出相对而言较好的走势。

周明剑:中国可持续发展政策取向对股市又有何影响?

高辉清:实施低碳经济战略,从"三高一资模式"转向"绿色模式"。"十二五"期间,我国为实现"绿色增长",将建立一套适应"低碳经济"的保障体系：一要从国家层面制定低碳经济发展战略或类似规划，建立发展低碳经济的长效机制；二要加快低碳相关产业的发展，打造新的经济增长极；三要建立低碳技术创新体系，为发展低碳经济提供科技支撑；四要建立适合发展低碳经济的政策法规体系和投融资市场。

因此，在"十二五"时期，对于低碳行业，将面临难得的发展机遇，尤其是对于具有原有创新技术的企业而言更是如此。而投资者为了享受低碳经济发展所带来的收益，可考虑投资一些循环经济、低碳经济行业的上市公司，尤其是一些拥有核心技术的上市公司。

周明剑：那"十二五"时期改革环境会对中国股市产生多大影响？

高辉清：我个人认为"十二五"时期的改革主要将体现在国民收入分配、政府公共服务、社会保障、住房体制、财税体制、国有经济体制改革、资源价格等几个方面改革。其中，资源价格对股市带来的影响实际上就是前面所讲过的"低碳经济"类股票将受益。在其他改革中，我觉得大家可能需要尤其关注一下以下几个改革。

**城乡一体化制度改革取向及其对股市影响**

城乡一体化包含三个基本要素：一是从制度层面上能够保障城市和乡村各种要素自由地流动，不要受到制度的阻碍；二是作为政府的政策目标来讲，应该是统一的，既涵盖城市也应该涵盖乡村，城乡总体上有一个统一的政策目标；三是在同一个政策目标下，采取一个统一的制度安排、制度设计、制度安排。在这三个基本要素的前提下，预计在"十二五"期间，城乡一体化的制度改革取向和路径为：一是逐步打破城乡二元分割的体制和政策限制；二是适时统一城乡的规划、建设和管理；三是努力实现城乡经济社会和谐发展，协调发展，可持续发展。

城乡一体化制度改革，这将改变我国目前日益严重的二元经济结构，有利于缩小城乡之间差距，撬动农村巨大的发展潜力，同时也加快我国城市化进程。对于我国股市而言，对相关行业的上市公司，如房地产业、消费行业、基础设施行业等，带来有利影响。

**国民收入分配制度改革取向及其对股市影响**

合理的收入分配制度是从增强人本性、富足性、公平性、协调性、畅通性、可控性等方面，发挥协调整合、缓解社会紧张和维护社会公平等作用，从而实现对构建社会主义和谐社会的促进作用,党的十六大、十七大报告都对调整收入分配格局做出了阐述。“十二五”时期,通过收入分配制度改革,降低居民收入差距、提高居民收入在国民收入中占比以扩大消费的路径将成为新时期指导收入分配改革的思想基础。因此,如何加快调整国民收入分配格局、抓紧解决农民和农民工两个群体收入增长较慢的问题、加大税收对收入分配的调节作用、进一步规范收入分配秩序以及继续抓好农村扶贫事业等方面的问题,将会是“十二五”时期我国收入分配制度改革的重点。

因此,很明显,收入分配制度的改革以及最低收入保障线的提高,这一方面将会对劳动密集型产业带来一定影响,压缩劳动密集型企业的利润;另一方面也会给大消费行业,包括消费品行业、医药行业、旅游行业等带来发展机遇。因此,这将会对股市相关行业上市公司的经营业绩带来直接或间接的影响,从而影响这些公司的投资价值。

**国有经济体制改革取向及其对股市影响**

“十二五”时期,国有经济体制改革将会朝着以下几个方面推进:一是将推动国有资本从一般竞争性领域适当退出,拓宽非公有制经济发展的市场空间;二是加大中央企业的整理力度,最大程度提高资源配置和使用效率;三是深化国有企业和垄断性行业改革,提高国有企业尤其是垄断性国有企业的经营效益和效率;四是加快推进大型国有企业特别是中央企业母公司层面的公司制股份制改革,完善中央企业的公司治理结构。

因此,国有经济体制改革取向将会对股市产生的直接和间接影响包括:一是当前股市一些央属企业上市公司的重组步伐会不断加快,这将给投资者提供投资机会;二是央属企业经营效率和效益得到提高,一方面,这将为国民经济提供有力支撑,另一方面也会给央属上市公司利润提高增长空间,从而提升这些公司的投资价值。

# 整体趋势——先期整理、后期加速上扬态势

周明剑：辉清兄，由于经济刚刚开始复苏并未过热，但通货膨胀苗头已然显现。在"十二五"时期，金融环境会如何影响股市？

高辉清："十二五"时期是我国全面建设小康社会的关键阶段，面临的宏、微观问题的挑战将更为复杂，经济产业结构亟待调整、升级，工业化、城镇化将继续深入推进，经济社会全面协调可持续发展进入新的战略机遇期。与此同时，我国金融改革也将有条不紊地展开。

**中国金融发展总体趋势及其对股市的影响**

"十二五"时期，我国资本市场以更好地满足实体经济需要和防范金融风险为出发点，继续深入推进资本市场改革开放和稳定发展，充分发挥资本市场资源配置功能，以建设成为层次丰富、结构合理、功能完善、机制健全、安全高效、具有国际竞争力和风险防范能力的资本市场。重点发展措施包括：一是(进一步)完善资本市场发行制度、并购制度和退市机制等基础制度建设，夯实金融安全基础；二是优化资本市场结构，完善和发展公司债券市场，加速建设多层次股票市场，多渠道提高直接融资比重，优化我国投融资结构；三是加强法规、法制建设，规范市场参与主体行为，提高风险控制能力；四是在风险可控前提下，分阶段稳步推进资本市场国际化进程；五是不断完善期货市场，形成有效的风险管理机制；六是加强监管体系建设，提高金融风险防范和应对能力。

另外，从我国银行业、证券业、保险业等的发展趋势来看，"十二五"时期我国金融业在扩大资产规模、提高金融深化程度的同时，不断提升金融机构的风险管理能力和风险抵御能力；在加强金融产品创新、优化产品结构的同时，不断提高监管的有效性；在加快金融国际化步伐的同时，不断加强金融机构公司治理、资产管理等基础能力的建设，着力于提升金融机构的核心竞争力。总而言之，"十二五"时期，我国金融业在追求量的发展的同时，也要追求质的提升，从而为国民经济又好又快发展提供强有力的支持。

因此，“十二五”时期的金融发展规划将对股市产生巨大影响：一是伴随着发行制度市场化改革的不断推进，股市的市场化水平将会逐渐提高；二是伴随着股市规模的扩大和结构的完善，股市波动幅度将会趋于平稳；三是金融类上市公司将会更加稳健，这将稳定股市中枢。

**人民币汇率变化趋势及其对股市影响**

2005 年 7 月，我们首次启动汇改，人民币对美元汇率从 8.28 开始逐渐升值，2008 年 7 月达到 6.82 的水平，整体升值 21%。随后两年，人民币对美元汇率基本在 6.82 上下浮动。而中国股市的历史性大底出现在 2005 年 6 月，此后逐渐抬高，人民币升值半年后，上涨行情全面展开，股市从 998 点上涨到 6000 多点，上涨了 6 倍多。因而，也许有人会想当然地认为，如果人民币汇率升值，股市可能会随之上涨。

目前，我国正在进行第二次汇改，央行公布的人民币兑美元中间价也已突破了 6.8。人民币二次汇改的启动，如果股市要重走 2005 年的道路，则必然有如下结论：央行维持人民币缓慢渐进的升值，持续买进大量美元，投放大量人民币，再加上货币乘数效应，社会资金膨胀，股市必大涨。但是，果真如此，如果尺度把握不好，可能会重蹈日本覆辙，资产价格膨胀，泡沫破灭。

北京国际金融论坛 2009 夏季报告会于 2009 年 6 月 26—28 日在浙江省宁波市九龙湖举行，图为高辉清发言（图片来源：凤凰网）

因而，我们需从日本经验总结经验和教训。1971 年，日元放弃对美元 360 的汇价，开始快速升值，到 1983—1985 年这 3 年，稳定于 238 日元（年均价）兑换 1 美元的水平。日本用了 12 年时间使日元升值 1/3，又用了 3 年时间稳定。这 15 年时间里，日经指数从 2200 点附近上涨到 12560 点，涨幅也接近 5 倍。1985 年后期，日元开始加速升值，兑美元的水平在 1985 年底达到 200 日元，1986 年升破 160 日元，两年时间升值超过 20%。1987 年进一步升值到 120 日元，1988 年年中回到 136 日元后继续调整，在 124 日元上下稳定。1989 年回到 146，1990 年更一度达到接近 160 日元兑换 1 美元。不过，日本股市的泡沫在 1989 年底破灭，当时，日经指数最高已经接近39000点。相比日元升值之前，整体涨幅达到近17倍。

因此，人民币升值，并不意味着股市就一定会涨。人民币汇率对股市的影响，主要还是看汇率变化对国际资本流动、货币投放及实体经济的影响程度。如果人民币升值过快，导致热钱纷纷涌入，且由于受结售汇制度影响导致，从而导致人民币对内货币投放的增速，同时由于人民币汇率升值不利于实体经济发展，这必将导致股票等资产价格飙涨，而当人民币汇率已经升至一定程度时，热钱将会纷纷流出，从而股票等资产价格泡沫破灭，最终给实体经济及股市带来的将是巨大冲击。

**货币政策的变化趋势及其对股市影响**

2008年，全球爆发金融危机后，我国实施了适度宽松的货币政策，2011年，这与我国长期以来实施的紧缩性货币政策或稳健货币政策形成了比较鲜明的对比。在"十二五"期间，货币政策将从宽松走向稳健。货币供应量预计明年M2增速目标定为15%。信贷规模将低于今年水平，预计在6.0万亿~7.0万亿。同时，以"银信合作"变相扩大信贷的方式将在2011年受到抑制。利率调整更多的是为了抹平利率和通货膨胀率之间的差距，而不是为了抑制投资。预计11月份的CPI增速可能高过10月份的4.4%，央行或在12月份再次加息0.5个百分点，明年一季度视物价和信贷状况持续加息，扭转存款实际利率为负的局面。央行在无力控制货币供应量的前提下，只有通过上调存款准备金率控制货币扩张。继11月16日全面上调存款类金融机构的法定存款准备金率0.5个百分点后，11月29日将再次上调法定存款准备金率0.5个百分点，工、农、中、建存款准备金率变为18.5%，突破历史高点，邮政储蓄和交通银行变为18%，招商和民生银行变为16.5%，其余银行变为16%。考虑到75%的存贷比要求和银行日常现金支付的需要，存款准备金率还有1~2个百分点的上调空间。

随着我国经济逐步走出国际金融危机的阴影，尤其是在通货膨胀预期的背景下，预计在一定时期内，货币政策将会趋于紧缩或者说适度宽松的货币政策将会逐步淡出。这会对股市产生两方面的影响：一方面，随着适度宽松货币政策的逐渐淡出，会对股市产生不利影响，因为股市毕竟是一个资金交易的市场，适度宽松货币政策的淡出往往意味着政府在不断减少货币的投放；另一方面，适度宽松货币政策的淡出，这说明我国国民经济将逐渐看好，这又将为股市的上涨提供有力的支撑。因此，这两方面是一个交织的过程。而究竟哪一方面力量大,可能最终还是得看物价上涨指数,如果物价上涨过快,出现了恶性通货膨胀,监管部门很明显会加大货币紧缩的力度,并抵消甚至超过经济向好所带来的有利影响,从而不利于股市;而如果物价温和上涨,则货币紧缩力度将会趋于缓和,加上宏观经济形势看好,这可能更有利于股市的上涨。

**中国股市供需变化及其对股市行情的影响**

在"十二五"时期,中国股市的供需都会出现明显的变化,并且都有巨大的增长潜力。从最近监管层面的监管趋势可看到,我国在"十二五"时期,国家将会从不断创造需求、稳步扩大供给以及维护市场"三公"(指公平、公正、公开)出发,发展壮大证券市场。

对于股市供给方面,一是供给量的变化。随着创业板市场的逐步发展壮大,中小型、创业型等上市公司将会纷纷出现,中小企业、民营企业将会加快上市步伐,同时地方商业银行等金融企业也将会纷纷寻求上市。二是供给结构的变化。随着一些大型央企大都已实现了上市目标,股市的供给将会更加趋向于中小企业、非国有企业或地方性企业。同时,随着股指期货的推出,金融衍生产品将会纷纷出现。

对于需求方面,一是需求总量的变化。目前我国居民持有股票资产比重仍然远远低于成熟市场国家,因而有很大的发展潜力。在"十二五"时期,随着收入分配制度改革的逐渐推进,居民平均收入将呈现较快增长,从而为股市需求提供支撑。二是需求结构的变化。随着机构投资者(包括公募、私募基金,社保基金,保险基金)的发展壮大,尤其是国家对保险基金入市条件放宽,机构投资者占市场需求总量比重将会越来越大。

随着股市供给、需求总量及结构的不断变化,股市行情将会更趋于稳定,暴涨暴跌的行情将会逐渐减少,从而有利于降低股市的系统性风险。

**股指期货等衍生金融产品的推出对股市的影响**

预计到2011年3月两会结束前,价格调控的高压态势不会改变,因此大宗商品会快速回落后低位盘整,等待新的契机卷土重来,时间很有可能是在明年二到三季度。全年商品期货走势呈前低后高态势。随着更多的机构进入股指期货市场,预计2011年股指期货将震荡上行,成交量将巨量增加,对股市将具有更强的价格引导作用。股指期货的推出,势必会对我国股票市场产生重要深远的影响,具体来说有以下几个方面。

一是可以提升市场价值中枢。股指期货的推出,指数样本股中权重股将成为各类投资者战略性的投资品种,机构投资者将买入并长期持有,进而蓝筹指标股也渐为稀缺并受人追捧,从而提升整个市场的价值中枢。

二是有效规避大幅波动的风险。以往,投资者只能以卖出现货股票的方式来规避风险,但当交易方向趋同时,势必造成个别品种或者整个市场的大幅波动,市场风险也随之放大,对宏观经济带来不利的影响。随着股指期货的推出,相当于市场引入了做空的机制,这样,投资者在规避风险时就不必一定在现货市场大量卖出或者买进,而是可以通过设置现货和期货的套头操作来降低投资风险。

三是增加投机渠道。投机是期货交易的重要功能之一。由于杠杆放大效应,股指期货带来的交易机会很大,这样就会给风险承受能力较强的投资者带来新的投资渠道。而投机交易者也是市场流动性的提供者,为整个市场添加润滑剂。

总的来说,股指期货的推出,对股票市场的影响是深远的。但我们也应看到,由于存在着巨大的杠杆效应,股指期货也蕴含着高级别的投资风险。因此,投资者在进行股指期货交易之前,应当对合约制定、交易规则及操作风险等各个方面认真学习和理解,结合自身风险承受能力的具体情况,来制定切合实际的投资策略。

综合上述分析,我们对中国股市可以得出如下一些结论:

一是中国股市总体来说还不是非常成熟的市场,波动幅度较大,内幕交易、市场操纵行为时有发生,投机之风较盛,且不能很好地体现宏观经济面,且易受政策影响。

二是中国股市虽然还不成熟,但成长性仍然非常好,股神巴菲特、罗杰斯等著名投资专家非常看好中国股市,且监管制度、投资者理念等也在不断完善。因此,中国股市具有很好的投资价值。

三是在“十二五”时期,伴随着中国宏观经济发展模式的转型,一些新兴产业将会面临难得的发展机遇,一些区域的经济也将会加快发展步伐,这为这些行业和区域上市公司构成实质性利好。

因此,对于中国投资者而言,如何把握宏观经济政策和产业政策取向,如何把握宏观经济发展趋势,是至关重要的。投资者在投资股票时,根据自身的特点选择合适的行业和区域,并据此选择合适的上市公司。

# 另一个视角:疲疲沓沓的中国证券市场

周明剑:钟兄,你提到过中国证券市场的三无——无泡沫、无风险、无收益,三者之间有怎样的联系?有问题吗?

钟伟:没有什么问题的,第一无泡沫,什么问题?中国资本市场估值水平比较低,2010年比2007年现在来看指数大概跌了15%,是不是?2010年上半年与2007年上半年经济规模增长了50%~60%。2007年GDP才多少?我们经济规模都增长了,但是指数却下跌了15%。从市盈率和国际横向比,A股市场的估值都是正常的,所以叫做"无泡沫",你如果非要说有没有结构性泡沫,那是有的,创业板有一些结构性泡沫,创业板的问题主要在于上市的时候估值太高,另外创业板现在没有明显的退市机制。在西方国家,创业板如果不行了就缩股,缩股不行就退市。所以出生的时候过于高贵,死不了,这是创业板的问题,无泡沫。

第二无风险,既然没有泡沫就无风险。

第三无收益,中国经济处于转型关键时期,从2008年开始到现在,每年经济增长就9%左右的水平,经济增长转型的过程当中,我们货币供应量在放缓,经济增长值也在放缓,投资者对于超额回报的预期没有做调整,投资者今后很长时间都要做心态的调整,我们必须接受9%经济增长、12%左右的工业增加值的增速,每年上市公司20%左右的利润增长是很好的了。

必须调整对资本市场的参数,我们现在还调整不过来,我们思维停留在2003—2007年波澜壮阔的阶段,还没有意识到现在是增长转型的阶段,对资本市场收益回报要求过高。以2010年为例,给大家提供了15%~20%的回报水平,投资者不满意,我估计2011年提供的回报水平也就是15%~20%。资本市场无整体泡沫,无明显风险,无超额收益。

# 寻找调整中的投资机会

周明剑：根据我们的分析，2011年行情的主要特征是震荡，阶段性机会和结构性机会比较多。也就是说，短线炒作可能比较热，加上股市扩容，预计成交量会有所放大。在调整中，投资者该如何寻找投资机会？

钟伟：在调整中，有一些行业、有一些板块是有机会的。行业的话，以目前的总结：喝酒吃药逛商场，喝酒主要是白酒，茅台、五粮液；吃药就是医药板块，现在估值已经不便宜了，风险比较低，大家高看一眼；逛商场就是内需，就是超市、大卖场。现在总结为喝酒吃药逛商场。2010年是这样。未来，我第一倾向于基础设施的信息化、智能化行业。就是说铁路、公路、供水、供电、燃气，实际上都需要智能化、信息化改造。第二是环保和节能。经济增长转型当中环保和节能需求很大的，所以有机会。第三，随着要素市场的推进，资源类仍然有很大机会。现在争议比较多的是稀土，稀土正处于重新定价过程当中。所以这也是可以考虑的，资源类的肯定是有机会的。第四，着眼于开放经济条件之下的国际竞争力比较强的行业，长期以来被低估了，比如家电、纺织类行业，家电、纺织类行业在节能减排方面做得算是不错的，没有高耗能、高污染，国际竞争能力比较强。家电、纺织、服装，未来还是有空间的。

周明剑：就板块来说的话，是哪些板块？

钟伟：现在板块流动比较快，看不太清楚。

周明剑：大家在讲区域经济这一块。

钟伟：区域经济可能有一些希望，无论新能源也好，区域板块也好，都是炒作概念。

周明剑：整体来说，2004年中部的发展速度超过东部，2008年西部发展速度超过东部，现在中部和西部的发展速度都超过东部。

钟伟：利润并不体现在中西部，仍然体现在东部。

周明剑：有些板块所谓新疆、重庆、海西、海南岛，未来都是有些特点的。因为中国唯一具有热带气候的能够度假的大岛就是海南岛，中国真正意义的中产阶级都有一个梦想，就是在海南岛拥有一套房子。

钟伟：要说区域的话，第一是新疆，喀什可能是未来的深圳。第二是海西，对香港的成功经验用到台湾，海西经济发展水平是不是跟台北、台中、台南相接近，有量化可考察的指标。第三是中部，尤其沿长江往上，重庆没什么特别大的指望。

周明剑：重庆比较过瘾。

钟伟：我觉得重庆未来空间不大，重庆不承接产业转移。没有什么地理上的重任，而且重庆在上游，长江的水道三峡、葛洲坝对重庆并没有可利用的机会，宜宾以下才有利用的机会，主要有利于长江中下游的发展，把1969年建的长江大桥炸掉一部分，通海就通河了，中部产业转移比较明显的就是河南、安徽、江西、湖南、湖北，这是中部崛起比较好的。

安徽主要承接长三角的转移，江西主要是承接珠三角的转移，湖南也是主要承接珠三角的转移，湖北跟河南主要承接环渤海的转移，尤其是河南，河南离环渤海比较近，地理优势比较突出。山西可能很难有机会，中部五省，它们工业基础都比较好，地理位置也都比较好，所以未来这个区域，我觉得承接产业转移可能性比较大，山西主要出的问题不在于山西地理位置，而是山西地方政府治理比较令人担心，山西省政府和地方政府挺令人担心的。

重庆有一些机会，但是产业转移没什么。

周明剑：薄熙来今年动作很大，郭台铭在重庆也办厂了。

钟伟：不能看个人，还是得看制度设计和实际推行。

周明剑：不确定因素太强。区域板块差不多就是这样，其他板块，新能源，你刚才讲？

钟伟：新能源赶巧投机。

周明剑：还有什么板块？

钟伟：差不多就是这些。

# 第六篇

# 持续动荡的金融市场如何化险为夷？

由于金融市场尚未全球化，中国从表面上看受经济危机的影响不大。但是，经过这场危机，有识之士均认为中国金融体系必须完善以应对全球金融市场的各种风险。那么我们应该怎样做？

黄金：

投资机会:☆☆☆☆☆

投资风险:☆☆☆☆☆

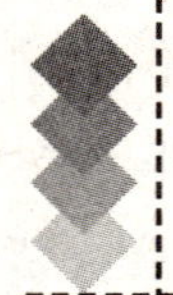

## 中国金融政策和金融业经营模式将发生重大改变

周明剑:有一个结论非常明确,要素价格要增长。金融改革讲得比较多,你愿意谈谈吗?就是汇率改革,金融业的经营方式、经营模式的改革,监管方式的改革,四大块吧:汇率改革、利率市场化、整个金融业的经营模式发生转化,再就是监管模式。

钟伟:首先肯定2003—2010年7年的时间,中国金融体制取得了中国人自己低估了不起的成绩,2000年中国银行业从技术角度上已经破产了,2003年的时候,中国银行业整体上也是破产状态,到了2005年的时候,整个证券公司基本上处于破产状态,当时的口号是什么?金融行业跟到巴格达街头散散步,到喜马拉雅山爬爬山一样,都属于高危行业了。只看2005年之前,中国金融体系目不忍睹,不知道它未来发生什么样的变化。戏剧性的一幕发生了,2003年底,启动了外汇注资,国有银行的改制,2003年中国国有银行还处于很困难的状态,到了2010年中国商业银行体系一跃成为经营状况相对稳定的银行业体系。第二次世界大战以来还没有一个大国金融体系由坏到好发生这么戏剧性的变化,这是了不起的。2005年证券公司也是岌岌可危,2010年证券公司、基金公司、私募股权投资公司都出现了,国有股的非流通股的流通问题也解决了,创业板、股指期货也推了。2003—2010年历史永远不会忘记的,这是中国在金融体系方面发生了脱胎换骨的7年。中国金融体系取得百年以来罕见的成就,比国有企业3年脱困更加困难,更加如履薄冰。当2003年温总理讲国有银行改革叫做背水一战,只许成功不许失败的时候,即便是温总理或者其他党和国家领导人他们会很惊讶发现2010年我们金融体系发展到今天这样一个成就,是不是我们可以说非常地知足?故步自封了呢?也不是。

周明剑:不是可以持续?

钟伟:对,我们金融从业人员要有危机感,之所以要有危机感是多方面的:第一,还是回到先前,我还是坚持认为我们货币化进程应该基本告一段落,信贷增长和广义货币的增长速度不能那么快了,比比中国和美国的广义货币与现行汇率。6.6~6.7人民币折合一美元,广义货币比美联储发出的广义货币还要多,我们人民银行总负债的规模比美联储总负债规模还要大,对中国人民银行而言,广义货币比GDP经济规模达到200%,我们广义货币是68万亿,经济规模33万亿~34万亿,人民银行总负债24万亿,大概占GDP的63%,而美联储只有22%~23%。我还没有看到有其他国家把信贷增速保持在15%以上速度的,所以说我们现在货币发行速度太快了。中国经济规模大概是美国的1/3,但是中国货币总量与美国国内比起来一样多,而且是6.6~6.7的汇率比过去的,这种模式不可持续。

周明剑:是不是也有一些无奈?

钟伟:也有些无奈,金融意识和金融创新不够,另外货币发行量太快、太猛,必定给中国金融体系长期稳定带来很严重的问题。有什么严重问题呢?汇率能稳得住吗?如果人民币对内持续贬值4%~5%,对外每年升4%~3%,资产负债怎么平衡呢?

周明剑:人民币升值预期还是很强烈的。

钟伟:升值预期5年之内很强烈的,做一个大的判断,人民币要短升长贬,短不长于10年。

周明剑:一次性到位是不是比较好打破预期?

钟伟:我们可以说一次性调整或多次调整,不要考虑均衡性水平。6.7不是均衡水平,可以尝试6.0或5.5,可以在反复的试错过程中调整。一步到位的位置在什么地方不知道,多次调整总比温和升值要好。

周明剑:在试错过程中怎么知道它是错的,还是必须有一个均衡水平。

钟伟:如果经济增长转型成功了,人民币保持稳定把握更大,如果经济增长转型不那么成功,人民币汇率出问题可能性更大。

周明剑:怎么调整让市场来解决。

钟伟:交给市场来解决,短升长贬。

周明剑:现在我们说目前这个参照一揽子主要货币有管理的浮动汇率到底是怎么回事?这个制度下汇率到底是市场决定的还是央行控制的?

钟伟:央行买回外汇份额太大。央行是人民币最重要的卖家和外汇最重要的买家。人民银行的态度对外汇市场有非常重大的影响。这就是我们刚才讲的货币当局为什么发钞太快,金融体系长期来讲有问题。银行怎么挣钱呢?第一个原因发钞票发得快,所以原来的问题都被新的发钞掩盖掉了,原来水不太干净,因为源头有源源不断的活水进来,稀释和缓解了。第二是存贷款的利差,现在存贷利差比较大,某种程度来讲,对中国居民开出2%左右的存款利率是非常不尊重国内储蓄者的这样一个政策选择。

周明剑:实际上有剥夺。

钟伟:2%左右的利息,4%左右的通货膨胀,就是对广大储蓄者的财富掠夺。低利率的储蓄才维持了商业银行的高利润,如果放宽存款利率的竞争,商业银行的利率可能会削减非常快,商业银行挣得越多,意味着存款人做出的牺牲越多。银行业之所以好,还有一个原因。因为互联网金融信息技术有了长足的进步,本来总行管分行,分行管分支机构,管不住的,链条很长,现在金融信息技术发展了,管住了。长期的货币超发和长期的过大的存贷利差实际上人为地给中国银行制造了舒适的生存小环境。但这个是不可持续的,我们有没有对银行业的变化做准备?

周明剑:对。

钟伟:商业银行总是要对民营资本、民间资本逐步放开大门的,国有银行必然面对外资和国内民间资本的竞争压力。这样子在这么激烈的竞争环境之下,我们的银行业还能不能维持目前的水准,很难讲。这就是一个有趣的现象,为什么在香港上市的银行股的价格都比在A股上市银行股价格要高,反映出国际投资者对中国银行业更乐观一些,中国国内的投资者对银行业中长期的前景更悲观一些。

周明剑:实际上他们不了解内情。

钟伟:我们不能说外国投资者不了解内情,很有可能是我们看到问题更多,而外国投资者看到成就更多。

周明剑:那么,后危机时期监管部门应该怎样对银行业进行监管呢?

钟伟:监管有很多紧迫的工作要做,第一个紧迫的工作,要把附属资本从商业银行资本扣除一大部分,附属资本中很多是商业银行相互持债,就应该扣掉,否则导致资本的虚夸。第二个应该做的事情,不要天天去谈不良资产率很低,那都是很假的。巴塞尔所要求的拨备余额占风险资产的比率,比如说2.5%、3%。我们回过头打个比方,2007年,我们银行业系统的不良率可能是10%,拨备覆盖率可能是80%,当时2007年商业银行贷款余额可能

27 万亿～28 万亿，假定 28 万亿粗略来算，乘以不良利率，大概 2.8 万亿，当年银行体系不良贷款所提取的拨备大概 2 万多亿；到了 2010 年，我们贷款余额大概有 45 万亿～46 万亿，不良率 1.8%，不良贷款余额加起来不到 1 万亿，就是 45 万亿乘以 1.8%，不良贷款余额才有 1 万亿，拨备覆盖率 180%，说明拨备余额不到 2 万亿，2007 年的时候是 2 万多亿的拨备对应着 20 多万亿的贷款。

周明剑：以历史看拨备余额。

钟伟：现在的情况是不到 2 万亿的拨备对应 40 多万亿的风险资产，其实提取的拨备准备并没有增加，所以这是银监会要做的第二点。第三点要改善压力测试。房价狠跌 30% 对银行体系没有影响？甚至 60% 的房价下跌对银行没有影响？对前者我表示怀疑，对后者我表示高度怀疑。跌 30% 对银行业有没有影响？肯定有影响。如果我们只考虑开发贷款、按揭贷款而不考虑其他，房价跌 30% 对银行业可能影响不大，但加上其他因素，房价跌 30% 对中国经济和银行业将会造成很大的冲击。房价跌 60% 对银行体系没有影响，从第二次世界大战以来在一个经济体发生过这个现象，就是香港。香港 1996—1999 年 4 年时间房价累计跌了 60%，香港银行业没出事。原因第一是跌的时间比较长，一年跌的幅度不太猛；第二香港是离岸中心，总行对香港有支撑；再有一点是香港银行业生存环境很激烈，香港银行业有着在艰难环境下的生存能力。除了中国香港之外，我还没有看到一个大国房价跌 60% 金融体系不崩溃的。

周明剑：你讲的按揭贷款和开发贷款，是比较狭隘的，为什么？

钟伟：第一个因素，开发商自有资金真的是自有的吗？假设我是海尔集团，海尔集团给海尔地产的资本金，你哪儿分得清，你哪能分清海尔集团给海尔地产的资本金是什么。海尔集团资本金来源是多元的，从海尔集团的角度来说，他自己也分不清，我给海尔地产资本金 20 亿是贷款还是什么。尤其是央企的房地产企业，更分不清房地产企业的资本金。

第二个因素是对地方投融资平台 7.4 万亿～7.5 万亿的贷款。市政基础设施，还有一个土地开发产品等。你假定土地开发占到地方投融资平台贷款的 15%，差不多 1 万亿，地方政府从银行借来的钱放到土地的收储、整理的。这个贷款在房价下来的时候一样会受到影响，所以如果只考虑房地产企业的贷款反映不充分。

第三个因素,比如制造业怎么贷款?抵押物,抵押东西主要是工业用地、工业厂房和工业专用设备。如果房地产下去了,工业用地,工业厂房和设备的贬值跌价程度是很猛烈的;如果房地产出问题,会附带着连制造业抵押贷款也出问题。

第四个因素,房价跌30%什么含义我看不懂,一年跌30%还是几年跌30%。如果一年跌30%问题很严重,如果每年跌10%压力小一点。压力测试不披露细节,我们没办法评估它。

# 汇率改革正逢其时，人民币或将走向自由浮动？

周明剑：曙松兄，人民币汇率是目前非常敏感的问题，长期来看，人民币会是什么走势呢？会不会走向自由浮动？目前形势下，是不是人民币汇率实现改革的一个时机呢？

巴曙松：通过选择适当的时机，完善汇率形成机制，拓宽货币政策的操作空间，应当说是平衡外部增长的重要策略；而且总的评估看，当前也应当是适时完善人民币汇率形成机制，稳步扩大人民币汇率浮动区间的一个重要时间窗口。

(1)从世界核心货币锚的波动看，全球复苏格局分化和退出政策差异化将会在后危机时代持续一段较长的时期，因此世界核心货币的动荡趋势短期也难以逆转。在这种情况下，人民币汇率被动波动的不确定加剧，此时过于紧密地联系美元或者欧元都难以达到稳定实际汇率的目标。

(2)开放环境下，逐步释放货币政策的独立性是一种长期目标。开放经济中的“三元悖论”和历史经验表明，像中国这样的发展中大国，不可能通过将本币盯住一个债务累累，并且日益不稳定的信用货币而获得长期的金融市场稳定。因为这不但使本国的货币政策失去应有的独立性，而且也容易招致不平衡的压力。因此，在中国经济开放程度不断提高的今天，汇率作为一个关键的经济变量，应及时走向有管理的浮动汇率制。

(3)从政策工具的选择看，目前汇率变量的操作空间实质上是不小的。不同国家利率退出政策的巨大差异已经明显限制了中国的利率工具的操作空间；理论上讲，抑制通货膨胀预期、房地产泡沫和国际资本流入往往需要利率工具与汇率工具的配合，而在当前利率难以调整的情况下，主动、渐进、可控地进行汇率调整的效果较为显著。

同时，汇率在特定意义上也是内需部门与外需部门的相对价格，主动、渐进、可控的汇率波动,实际上是有利于内需部门从而有利于经济增长动力转换的。

(4)从时机选择上看,在主权债务危机冲击、全球"二次探底"担忧上升的条件下,人民币面对的外部压力一定程度上有所减少,市场甚至预期人民币短期内不会升值,平稳扩大汇率波动趋势的举措受到的市场冲击会更小。

鉴于此,把握全球复苏格局分化为人民币汇率改革提供的契机,选择适当的时机,重新扩大人民币汇率的波动区间,实现危机应对时期汇率政策的逐步正常化将会是必须考虑的政策选择,这个问题的选择应当说与美国部分政治家的无端炒作渲染无关,也与平衡中美贸易无关,而是中国经济进行结构调整的重要举措。

**应更多由市场供求力量决定人民币汇率水平**

近来,人民币汇率问题再度成为国际社会关注焦点,有的观点认为人民币汇率被低估。但我认为当前测算人民币均衡汇率的模型和理论很多,不同的方法测算出来的结果往往相去甚远,但究竟哪一种方法更为准确?目前尚无定论。因此,一味坚持人民币汇率低估的说法不能成立。与其猜测人民币汇率应当升值多少,或者均衡汇率在什么水平,不如把重点放在如何进一步完善人民币汇率形成机制上。合理的人民币汇率形成机制,应当是通过市场的自由交易,由各种供给与需求的力量自动达成一个相对合理的汇率,让汇率的形成机制更为灵活化和市场化。

2009年9月28日,昆明,
云岭经济暨企业领导高峰论坛,
图为巴曙松发言
(图片来源:云南信息报)

自2005年7月人民币汇率改革以来,人民币汇率总体上呈上升趋势。到2010年初,人民币名义有效汇率升值14.6%。其中,2005—2008年底,人民币对美元汇率累计升值20.7%,人民币名义有效汇率和实际有效汇率分别升值22.5%和25%。2008年下半年以来,在国际金融危机冲击最为严重的时期,人民币对美元汇率保持窄幅波动,人民币有效汇率先升后跌,到2009年底分别累计升值3.3%和3.4%。

2008年底以来人民币汇率波动幅度的大幅降低,可以说是应对危机时期的特殊政策。人民币不大幅贬值，可以防止传染效应；不大幅升值，能够避免加重出口困难。应当说，从全球范围看，即使在受国际金融危机冲击最为严重的时期，人民币依然保持了升值的趋势，为维持全球金融市场稳定发挥了重要作用。但是，从1994年人民币汇率改革以来，中国一直坚持有管理的浮动汇率制度，尽管在特定条件下波动幅度可能有所变化，但是从未放弃有管理的浮动汇率制度，并且在不断完善。

### 正视未来人民币汇率形成机制可能面临的挑战

目前全球经济逐渐复苏，中国也不例外，与此同时，中国还有望开启新一轮经济上升周期，而欧洲一些国家的债务危机，加剧了全球金融市场的动荡。

因此，在未来一个时期，人民币汇率形成机制改革可能面临诸多挑战。如果维持现行汇率政策，虽然能稳定出口竞争力，抑制套利资金流入，但会面临诸多不利影响，如影响通货膨胀预期、难以消除人民币升值预期，甚至还有可能刺激美元套利交易。此外，近来美元汇率波动加剧，如果与美元捆绑过紧，导致人民币被动跟随美元大幅波动，也会影响我国出口的价格竞争力，从长远看不利于我国经济结构调整。同时，汇率波动幅度过低，也会制约国内利率工具的运用，不利于抑制投资过快增长和资产泡沫。

在经济持续回升的大环境下，我国二季度的出口预计会持续大幅上升。在此之前，一季度的经济增长数据已十分强劲，物价上升压力加大，经济结构转型任务十分艰巨。因此，“有必要重新启动人民币汇率形成机制改革进程”。

但是，如果短期内人民币汇率过快升值，必然会影响中国的出口竞争力。因此，选择适当的时机，在适当的范围内，重新扩大人民币汇率的波动区间，可能是必须要考虑的政策选择。人民币汇率首先要服务中国自身的经济运行需要，同时，也要消除长期形成的“浮动恐惧”，应该释放明确的信号，防止汇率短期内过度大幅波动，促使整个汇率形成机制改革的平稳推进。

### 人民币或将走向自由浮动

**周明剑：**汇率这个，我们当时讲了一点点，但是没有展开，人民币升值是迫于美国的压力，还是本身自身有这个需求？

钟伟:人民币升值应该跟改善美国经济之间的关系不大,人民币升值也不是我们自身的需求。20 世纪 80 年代末开始讨论人民币升值问题,一直讨论到现在。我不认为我们国内有什么主动的升值需要,没什么需要。从我们外贸部门来讲,主要两块,一块是外资到华来投资,还有就是贸易。外资这块只要中国经济增长态势良好,并且我们走的速度比外国走的速度快,外资就进来,外资不进来除非中国经济表现很糟糕。外资进来到中国来,他有比较好的投资回报,跟人民币汇率有什么关系,我看不出什么关系,我看到的材料和研究显示,20 世纪 80 年代到现在,外商在华投资企业财务亏损率接近 70%,大多数外资企业在大陆都是亏损的。这是真实的状况吗?进来的价格高,出去的价格便宜,给我们一点点加工费,外资利用了中国廉价劳动力和政府税收政策,把中国作为加工制造、成本控制中心。这种情况下升值和贬值对中国有什么关系,升值挡不住的,利润中心不在中国。外贸方面也一样,涉及另一个,现在对外资的优惠应该立刻取消掉。所谓以市场换技术、换管理,现在看是一厢情愿美好的愿望。最后还是要靠我们自主创新,自主创新跟消化吸收引进两条腿并走,才把外商搞定,要不然我们自己没有这个能力。所以对外资来讲,与其人民币升值,还不如取消对外资优惠政策,就是非常有效的措施。

另一点就是外贸,外贸很奇怪,其中跨国公司做到利润转移一大块。中国外贸跟西方国家外贸不一样,我们不拥有技术、品牌、终端销售渠道,所以我们的外贸企业的利润率都非常薄,这是在其他国家没见到过的。另外,我们外贸基本上以外汇计价。贸易大国当中,中国外贸占全球 9%。每个月外贸都有几千亿美金,人民币结算的才有一千亿人民币,占外贸的 1% 都不到。

我国人民币国际化走得不够快,我国外贸主要用外币来计价,外贸企业的利润率极薄。

周明剑:5% 以内。

钟伟:基本被外资瓜分。人民币升值对我国外贸企业有什么好处?人民币升值对外贸产业结构有改善?低附加值,低竞争力的行业就不干了?淘汰了?高附加值的行业就增长了?哪有什么高附加值啊!外贸企业找不到高附加值,如果有高附加值容易挣钱的早就搞高附加值去了。我们在贸易中没有定价权,没有定价权就没有办法获得正常商业利润。

周明剑：规则定不了，人民币没有升值的理由。

钟伟：没有升值的空间，从外贸外资角度来讲有什么升值的空间，外贸就这点利润。

周明剑：有人说人民币升值对内需有帮助，你觉得如何？

钟伟：对内需有什么帮助，对消耗外部商品和服务有帮助。如果人民币升值了，意味着什么呢？从德国进口的原装汽车便宜了，从法国进口的化妆品便宜了，到西方国家留学、探亲、访友便宜了，这有什么好处？人民币升值对中国经济没有特别大的好处。人民币升值对美国也未必有特别的好处，美国的就业岗位跟中国人民币有什么关系？中国产业工人一个月拿一千块钱人民币，美国就业岗位一小时要拿几十美元。中国不做衬衣、不做鞋子，难道由美国工人做衬衣、做鞋子？那美国人穿的鞋子、衬衣将会很贵很贵。中国不做，也肯定是印度尼西亚人做。这种低薪酬的岗位不可能通过人民币升值从中国转移到美国。另外由于中国人民币汇率现在的水平使得美国的消费者享用到价廉物美的商品，比美国所得税补贴更有效。谁在买便宜中国货，谁就获得补贴。中国出口到美国的商品是对美国中低收入家庭最大的补贴。如果人民币升值了，损害最严重的是美国中低收入家庭，这些中低收入家庭失去了就业岗位未必能通过人民币升值在美国本土创造出来。

周明剑：从现实考虑，现实判断人民币是要增值。

钟伟：从现实来判断，人民币升值基于公众广泛的幻觉，还有政治家的图谋。为什么公众的幻觉觉得人民币应该升值呢？在中国国内举个例子，6000 块钱人民币一个月比在发达国家 1000 美元一个月更幸福吗？很难说的，6000 多块钱一个月，不考虑医疗、教育、环境的成本，不考虑图书馆带来的设施，并不见得 1000 美元在美国比在中国 6000 块钱生活得差。我们讲 6000 多元人民币是税后，同时教育、医疗、公共服务都比我们国内要完善得多。人民币一厢情愿地单边就应该升，这的确是非常危险的看法，如果中国转型不太成功，货币供应量过快，人民币能否长期升值还是令人怀疑的。

我再倒回来讲一个例子，去年 10 月份写了一篇文章《一千万养老够不够?》。跟汇率有什么关系？那个基本的逻辑是这样，20 年前一个国有企业的工人可能也就七八十块钱一个月，可能中国石油高一点，但是一年也就一千块。假定他退休活 30 年，而且生活水平跟退休前不降低，可是事过 20 年现在呢？一年消费需要三四万，要活 30 年，一百万才够养老。那么，请问 20

年后多少钱够养老?我当时想法是中国大中城市可能四五百万,甚至一千万够不够?这个问题出现之前,另外一些事情已经发生了。就像刚才讲的结构性问题,不需要你五脏六腑都生病,只要一个器官生了大病,其他都是好的,整体就报废了。一千万很难养老,其中一部分人他会很聪明地认为,我可以1:6、1:5换成美元,就走了。在一部分人试图把一千万人民币兑换成一两百万美元的时候,在此之前肯定有其他事情发生了。什么事情发生?人民币对外汇,尤其对美元、欧元其实在那个时候不再是升值的趋势,可能有很大贬值压力。

周明剑:你这个东西比较怪,这个结论……

钟伟:这个结论以10年为一个周期,看2010年,看2020年。2010年人民币是升值的压力,2020年以后很有可能是贬值压力。如果金融体制在此之前不能完成巨大转型,人民币崩溃、金融体系出大问题都有可能。

周明剑:这种可能的情况下……

钟伟:一千万养老不会发生,一千万养老发生之前汇率早就崩溃了。所以我们还是回到前面那个观点,人民币短升长贬。公众认为人民币会一直升值,这是非经济研究人士的幻觉。短升长贬,中国经济转型成功,短升长贬也是难免的。我们发钞量增长过快,对外升值、对内贬值速度太快。你认为人民币对美元多少是合理的?1:3合不合理,1:3就算一个夸张。对外升2%~3%,对内贬4%~5%,8年左右的时间就实现了。

周明剑:咱们国家的经济能承受的升值极限是多少?

钟伟:大约1990年前后人民币对美元合理空间,我们认为长期的可以持续的水平3.5~4。现在经过10年左右的竞争,我自己倾向认为人民币对美元均衡汇率5~5.5,也就这个水平。

周明剑:汇率变化根据你的预测趋势,对于一般的投资者,一般的机构投资者,他们有什么机会?怎么利用这种趋势?

钟伟:他们的机会是这样,以持有人民币资产为主,持有中国大陆房地产、股票、企业股权。在五六年之内,房价还是涨的,股价也以涨为主,中国股权也在涨,中国仍然有很好的投资机会。五年之后,也可能早一点也可能晚一点,对投资者来讲可能要出售人民币资产,卖房卖股出让股权,兑换成澳元、加元、瑞士、法郎等。

周明剑:这不切实际。

钟伟:现在汇兑渠道还是畅通的,如果国内资产价值量上升,相信中国外汇管制会放松的。

周明剑:我卖掉一栋楼一千万,全换成美金,这个渠道?

钟伟:这个渠道明的暗的都可以完成。

周明剑:均衡汇率在市场上能实现吗?

钟伟:不能实现,均衡汇率跟当初价格闯关影子价格一样,都是我们人为计算出来的价格,综合汇率理论有很大局限性。

周明剑:多次调整试错通过市场发生不了?

钟伟:做一次性调整比做温和缓慢要好,对于企业来讲汇率风险规避更好。如果6.8不知道升到哪儿合适,可以6.8一步升到6.5,每个台阶小一点,但是不停地跳跃。

周明剑:什么时候停止?

钟伟:最好不动,极端的讲法来讲最好不动。只有银行家才喜欢汇率波动,只有研究经济学非常主张无政府的自由市场的人才主张浮动汇率,浮动汇率本身对实体经济没什么好处。

我觉得全球在固定汇率之下,还是有可能的。

几种区域货币,欧洲用欧元,美国用美元,多个国家加强货币合作,不在人民币汇率上兜圈圈,而是推动人民币国际化。美元汇率对美国,我们不能说一点不重要,而是不是特别重要。美国汇率对美国经济冲击是对称的,美国外贸内贸用的都是美元,对外投资和吸收用的都是美元。美国政府、企业、居民不存在在内用美元,在外用其他货币的极大的不对称性。美国汇率波动性对美国外贸有影响,但是影响会很小。如果美元贬值了,美国债权人都担心了,美国作为债务人不担心。到底谁会乐意见到美国坚挺?美国的债权人都很希望美元坚挺。欧元区内统一用欧元,欧元区区域内的贸易投资量比对区域外的贸易投资量要大。欧元汇率问题我自己把它形容为是一个可以善意忽略的问题。只有欧元区和美国在进行竞争的时候才会更多关注欧元汇率。欧元区本身来讲,区域内的投资和贸易用欧元,区域外用欧元但是用的量很少。欧元区开放程度远远不如北美。欧洲国家并不特别担心欧元汇率对欧洲巨大影响。中国不行,中国对内用人民币,对外用外币。如果外贸的顺差收入也是人民币,对外交往使用的也是人民币,我们问题就大大化解了。如果东南亚国家交易、储备使用人民币的话,那么他们更希望人民币汇率稳定而不是贬。

我们其实所谓的转型期不意味着经济增长方式的转型,意味着我们金融体系的转型,意味着我们收入分配的转型。还意味着我们从现在到今后十年人民币确定未来国际货币地位,未来10年是中国崛起的关键10年。

周明剑:有这么一个观点,一种货币的国际化必须具备几个条件:第一,GDP占全球的8%以上;第二,它的跨国公司企业的数量应该达到什么程度;再一点,人均GDP 2000美金等。

钟伟:10年之内我们都能完成,如果没有大的意外,2015年,我们人均GDP就会超过5000美金;2020年的时候,中国人均GDP可能是8000~10000美元,基本上接近发达国家。中国GDP占全球总的规模可能有10%以上,肯定是有的,那个时候中国经济规模与欧元区相当,比美国小一点。

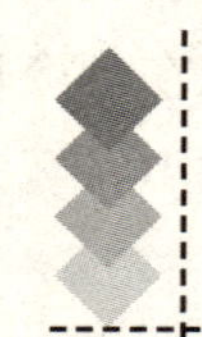

# 克制发钞、稳定币值

周明剑：在过去20年，中国经济取得了年均9.8%的增长，而通货膨胀则年均约为4.8%。这种良好的搭配是不是意味着中国货币政策是可以延续的？

钟伟：通货膨胀在本质上永远是一种货币现象，这反映了一国央行克制发钞冲动的巨大困难。

我们可以比较中国人民银行和美国联邦储备体系。2009年中美GDP分别约为34万亿元人民币和14万亿美元，美国实体经济规模是中国的3倍。但以现行的人民币兑美元6.8∶1折算，中美各口径货币发行量几乎相当。

人民银行的资产负债表清晰明了，而美联储的则日趋复杂，似有简化的必要。目前，人民银行广义货币M2为66万亿元，美联储对应的M2约为10万亿美元，中美M2相当。目前人民银行M0为3.8万亿元，比2010年1月减少了2000亿元，美联储对应的M0约为9000亿美元，但其中可能有20%在美国境外流通。因此中美境内M0仍然相当。人民银行总负债为24万亿元，相当于GDP的33%，美联储的总负债为2.3万亿美元，相当于GDP的16%；美联储拥有的黄金和资本金为8100吨和440亿美元，而人民银行拥有的黄金和资本金分别仅为1050吨和220亿元。因此，美联储在发钞纪律方面，始终比人民银行要谨慎克制得多。

有人可能会提出，人民银行如此庞大的资产负债规模，和外汇储备相关。在人民银行的资产方约有2.5万亿美元的外汇储备，相应也有人民币外汇占款的负债。扣除这一因素，人民银行的资产负债表规模大约是其表面的1/3。但这样的解释仍然充满不确定性。因为随着人民币对外汇的升值，意味着央行以外汇为主的资产方在缩水，以及以人民币为主的负债方在膨胀。结果要么人民币汇率风险在宏观化,越来越由央行直接承受,要么人民币汇率机制需要更深入的市场化改革,否则从信用和财务角度,上述操作都是难以维持的。

也有人可能会提出,在中国存在类似货币流通速度较慢、货币乘数较小等因素,但这无非是在说中国金融体系的效率不足,货币的有用性较差。但反过来也可以说,由于央行货币政策独立性不足,导致了发钞纪律不严,金融创新不足,金融体系处于抑制状态。无论列举何种理由,我们都不难看出中国信贷扩张速度,持续多年超出经济增长和通货膨胀之和,货币政策的姿态始终是过于宽松的。

周明剑:那么,这种姿态是否可以持续呢?

钟伟:不可以。一是过度发钞之所以没有带来严重的通货膨胀,在于中国经历了长久的高储蓄阶段,国民经济总储蓄率接近50%,居民储蓄率则始终稳定在20%,但随着经济转型和人口老龄化,储蓄率趋降是必然。二是目前央行几乎每5~6年广义货币和存贷余额就翻番,即便从现在开始立即调整,使M2、信贷增速剧降至年均12%的增速,到2020年,M2余额可能突破200万亿元,央行总负债可能接近百万亿元。M2/GDP可能超过250%,央行总负债也会超过GDP。央行在国家信用透支和财务上都会陷入困难。

中国面临的难题是,是下决心增强货币政策独立性,增加政府债务总体规模,并忍受调整的持续痛苦,还是继续无度发钞?看来货币政策在未来几十年都必须小心翼翼地修正姿态、温和渐进地克制发钞、稳定币值和汇率。否则,中国宏观金融稳定就始终存在巨大阴影。

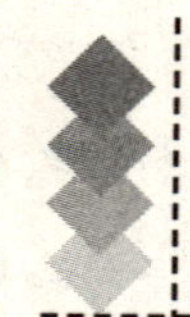

# 站在历史转折点的中国银行业

**周明剑:**曙松兄,次贷危机的阴影在消退中,有越来越多的迹象显示,发达国家正在逐步走出危机的巨大阴影,但是缺乏重大技术创新,沉重的财政赤字负担,以及居高不下的失业率,都使得发达国家的复苏之路漫长曲折。与之形成比照的是,中国经济呈"V"形复苏,这种强劲将延续,几乎不可能发生"二次探底"。但是我们关心中国银行业能否支付反危机措施的金融成本?

**巴曙松:**我对此表示乐观。中国为应对危机推出了四万亿的经济刺激方案和十大产业振兴规划。2009 年全年信贷增量在 10 万亿左右,这种冲击是我国银行业能够承受的。一是估计到 2010 年底,信贷总量 50 万亿左右,即便期间对地方政府融资平台和企业的信贷出现了相对严重的问题,例如 2 万亿~3 万亿的不良资产,那么这也仅能使中国银行业未来 3 年左右不良率反弹到 8% 左右,大致相当于倒退到 2005 年的水平。如果考虑到银监会在次贷危机期间采取了提高资本充足率、拨备覆盖率等反周期的手段,考虑到目前中国银行业每年约有 4000 亿的盈利,因此,中国银行业具有为应对危机买单和持续稳健经营的能力。

就 2010 年的经济增长预测而言,大多数经济指标相当接近于改革开放 30 年的长期趋势线,尽管很难判定中国下一轮经济增长周期何时降临,但从 2010 年开始,中国显然回到了常态的起点,并为迎接新周期做好准备。如果从长周期看待中国经济,那么大约 2015 年中国人均 GDP 超过 5000 美元,约 2020 年超过 1 万美元,2025—2030 年超越美国成为全球最大的经济体。目前的中国非常类似 20 世纪初期的美国或者 20 世纪七八十年代的日本,从短期和中长期视角看,没有对中国悲观的理由。

目前在全球市值前 10 大银行中,中国银行业占有 3 席,证券业、保险业也有了长足发展。次贷危机显示,以美国为代表的经济体可能存在着过度虚拟化的问题。因此,全球银行业应对危机出现了一系列变化,一是金融混业经营可能受到影响,规模庞大的银行被迫进行瘦身甚至分拆;二是对银行的交易账户风险权重的再界定,以加强流动性风险管理;三是对银行业的放松管制到重拾监管,压力测试、薪酬激励等也被包含在监管层的视野之内。而中国经济并未有过度虚拟化的问题,中国银行业在相对严格的分业监管框架下,也并没有太大的流动性风险,没有较大的交易类资产。看起来中国银行业能够为2010年的经济增长提供充沛的流动性,并保持行业利润的平稳,更能在未来20年中国经济的长周期增长中,使国际社会重新认知中国的银行体系,认可其价值和增长。

2008年,巴曙松在民生银行广州分行举办的"非凡财富·中外名家系列讲座"上发言
(图片来源:中国特色总网)

2010年的中国经济回到了"平常心",此后20年左右的中国经济可能居于全球首位,我们会逐步学会习惯全球10大银行的榜单中,中国银行将不断增多。目前的10席有3席,只是历史的转折点。

# 利率市场化必须抓紧推进

周明剑：作为资金的价格，利率对于优化资金配置起着重要作用。利率的变动直接影响着政府、企业、银行、个人等经济主体的筹资成本，进而影响其经济行为，通过引导社会资金流向调节社会资源在经济领域内的分配。而从我国目前的状况来看利率市场化的程度并不高，某种程度上也导致了银行业务的同质化及竞争的加剧，那么利率市场化究竟可不可行，怎么看待其利弊？

巴曙松：这个问题可以从三个方面来看。

**利率市场化的政策脉络**

在2004年以前，我国利率市场化改革的思路通常表述为：先放开货币市场利率和债券市场利率，再逐步推进存、贷款利率的市场化。存、贷款利率市场化按照“先外币、后本币；先贷款、后存款；先长期、大额，后短期、小额”的顺序进行，大体的趋势是不断推动利率的弹性波动空间试探性扩大。

2004年10月，利率改革迈出了最关键的一步，即央行表示不再设定金融机构（不含城乡信用社）人民币贷款利率上限，至此利率管制已经放松到“存款利率只管住上限，贷款利率只管制下限”的阶段。

随着时间的推进，2004年10月份的利率市场化改革措施的政策效应已经逐步显现出来。例如东方通信日前就表示，该公司将自有资金人民币7000万元，委托中国工商银行杭州高新支行贷款给三和置业，年利率为14%，期限为一年。这是目前为止委托贷款披露的相对比较高的一笔。而银行自营贷款中上浮到如此幅度的，目前还不多见。

从目前的政策趋势来看，要在巩固放开贷款利率上限和存款利率下限政策的基础上，适当简化贷款的基准利率期限档次，推进长期大额存款利率市场化。此前也有央行人士表示,除1年期的存款基准利率外,其他期限存款的基准利率可能被取消。另外,央行表示将完善中央银行利率体系,建立适时动态调整再贴现率等中央银行利率形成机制。这意味着央行利率决策的灵活性、自主性将进一步增强,能够更好地通过利率的调整向市场传导政策信号。

## 利率市场化驱动金融机构转型

一直以来,中国金融业的净利差走势制约了银行的风险定价。1996年之前,央行确定的毛利差都十分狭小,1989年和1993年甚至两次出现了毛利差为0的情况。1996年之后,毛利差才有所扩大;1996年之前,银行业基本没有正的净利差,1989年和1995年达到最低点。2000年净利差才首次突破2%;在破产法不健全、信用体系不完善等环境下,中国银行业的净利差目前依然偏低。与中间业务占比很高的发达国家银行相比稍高,但与巴西、印度、俄罗斯等发展中大国及转轨经济国家(即破产法还不健全、资本市场还不发达、会计准则还不完善、诚信体系还没建好的国家)相比明显偏低。

显然,放松利率管制有助于银行定价能力的提高,有利于提高信贷资产的配置效率。随着利率市场化的推进,商业银行之间的竞争从原来的规模竞争转向价格竞争,转向风险定价和金融创新的竞争。哪些商业银行能够更准确地利用利率杠杆,对不同风险状况的客户进行准确定价,哪些银行就能够以合理的价格争取优秀的客户,也能够以合理的利差争取中小企业等风险相对较高的客户。

在这种情况下,各家银行的风险定价能力将越发彰显其作用,从而有利于银行市场的分化。不能准确对风险进行定价的商业银行的净利差会继续降低,即使存贷款规模扩张得再快,盈利能力也并不会相应上升。

另外,银行对于负债的定价能力也同样不容忽视,即如何控制负债的规模,进行主动的定价。当前我国的货币市场利率与银行存款利率出现明显的倒挂现象。近年来商业银行由于资产膨胀速度比较快,年均增长率平均在20%左右,在资本约束下,银行的选择或者是做一些风险权重比较小的资产业务,但利差太小;或者是进行主动负债管理,控制负债规模。这就涉及负债的定价问题,这就会导致可能出现存款利率的下浮,促使银行传统经营理念的转变。

我们在观察上市银行的年报也可以看出，各家银行的利差水平也在逐步拉开差距。例如民生银行和浦发银行，其贷款定价方面的收益要高一些，而招商银行的负债成本就是要低一些，已经开始显示在价格信号中。

**利率市场化驱动金融市场变革**

首先，利率市场化将推动直接融资的发展。一些大型企业具有独立的评级，具备良好的项目和信用，直接融资成本相对较低。在利率市场化以后，大型企业将更多地寻求在直接融资领域满足需求。

大型企业通过金融市场融资"脱媒"之后，银行需要转而开拓中小企业融资市场，这更为考量银行的风险定价能力，同时也推动了中小企业融资困难问题的解决。在中小企业贷款问题上，我们实际上经历了很多曲折。例如我们认为中小企业贷款难，所以在利率上要有优惠，最后"好心办坏事"，使得中小企业贷款的难度更大，它们只能求助于民间金融。

其次，利率市场化将带动金融衍生品市场的发展。利率的市场化在宏观层面带来了一个如何管理利率风险的问题。目前贷款利率上限放开和固定利率贷款并存的情况下，商业银行可能出现大量存贷款利率不匹配的情况，从而加大利差风险。人民币利率互换市场启动后，在宏观上可以提高债券市场流动性，形成高效统一的债券市场，打通债券市场、货币市场、贷款市场和个人消费信贷市场之间的价格联系，提高债券收益率曲线的效率，完善货币政策传导机制，提高中央银行的金融宏观调控能力。同时在微观上，随着我国利率市场化改革的进一步推进，利率互换能为商业银行等金融机构规避资产负债利率错配风险，向客户提供不同利率结构的贷款和理财产品创造了条件。而从下一步来看，恢复国债期货势在必行。

另外，利率和汇率的关系将空前紧密，同时也推动外汇市场和货币市场的互动发展。汇率调整的本质在于汇率形成机制的转变，风险转移到市场主体，对于商业银行而言，在外汇占款和外汇业务不断增长的情况下重点是做好汇率的定价和汇率风险的防范。而汇率的弹性和波动幅度将直接决定利率的走向。如果汇率波动幅度比较小，在大量贸易顺差和外汇储备迅速增长的情况下，央行必然要加以干预，这必将形成基础货币大量投放，也就是所谓"宽货币"的局面，导致货币市场的低收益率水平；如果汇率弹性加大，或者经济结构调整带来贸易顺差减少，由此形成的被动基础货币投放将减少,央行的货币政策独立性会提高。央行可以主动根据国内经济走向,对货币市场利率和整个基准利率进行调整和引导。因此,汇率和利率两者之间的关系比原来更紧密。或者说,外汇市场和货币市场的互动更趋紧密。原来金融机构和投资者容易将两个市场割裂开来,现在必须要整合起来。

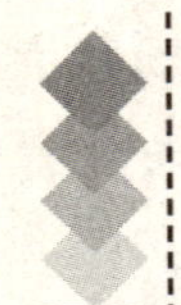

# 国际金融危机会如何改变中国金融业

周明剑：与此前大多数国际金融危机显著不同的是，此次金融危机直接发端于一向被视为是新兴市场经济学习样本的欧美发达国家。这使得无论是在发达国家还是发展中国家，都对于此次金融危机及其影响，出现了差异很大的评价和分歧。特别是对于中国金融业所取得的成绩，以及在此次金融危机中受到冲击相对较小等的评价，存在着十分大的差异。即使是中国银行业的不少高管对于中国银行业在金融危机中的表现，同样也存在明显的两种较为极端的看法，一种是认为中国银行业受到金融危机的冲击相对较小显示，中国金融体制的优势，发达国家长期所宣称的金融业的优势并不存在；另外一种看法则往往看到中国金融业依然存在不少的缺陷，依然存在许多值得改进的空间。那么，国际金融危机可能会在哪些角度改变中国金融业呢？

巴曙松：首先，我们看金融业始终围绕服务于实体经济、同时保持相对稳健的杠杆水平，是中国金融业能够应对金融危机的关键，同时金融业服务实体经济的效率和模式还有待改进。在冷静地反思后，中国的金融业开始深刻意识到，金融业只有始终围绕为实体经济的需求服务，同时整个金融业保持相对稳健的杠杆水平，是中国金融业在此次金融危机中保持较好表现的关键因素。但金融业如何更好地服务于实体经济，其效率如何提高，采用何种运作模式更为合适，则始终是中国银行业值得探讨的一个关键问题。例如，中国银行业在此轮信贷扩张中的表现，揭示出银行同质化竞争、盈利主要依赖信贷收入、缺乏创新能力等问题以及风险管理、激励约束机制等方面存在漏洞，表明金融服务于实体经济的能力有待提升，继续深化金融业改革仍然十分迫切。同时，在中国银行业主导社会资金配置的情况下，货币政策的有效性很大程度上受制于银行的微观行为，因此货币调控也应关注结构优化、资产泡沫和防范系统性风险,确保金融稳定运行。

利率市场化进程加速推动银行业格局变化,如何防止利率市场化进程中可能出现的金融波动成为重要课题。

金融危机使得存贷款等传统业务将更加受到中国银行业的重视,进一步强化了银行业以存贷款业务为核心的经营理念。这一轮信贷狂潮中,银行间的客户争夺大战就生动地演绎了这一理念。尽管过分依赖资产业务不利于银行业的收入多元化和分散经营风险,但在客观上将推动利率市场化进程的加快。本年度信贷投放量高速增长中,利率成为最为直接有效的竞争手段,中国的利率市场化进程有加快的趋势。2008 年底以来银行投向的主要领域为铁路、公路、基础设施以及地方政府的融资平台、大型央企等,这些项目和企业往往具有较强的定价权,直接影响到银行的利差水平。在对客户竞争中,规模大、实力强的大型国企成为各家银行竞相争夺的客户,促使利率水平不断下行。根据人民银行第一季度货币政策执行报告,3 月份非金融性公司及其他部门人民币贷款加权平均利率为 4.76%,比年初下降 0.80 个百分点。

利率市场化进程的加快将对金融市场和金融业产生十分深远的影响。一是银行业内部分化进一步加剧。利率市场化进程提速,同业竞争会进一步加剧,大银行可以通过下调利率挤占市场,将使中小银行和一些过分依赖传统信贷业务的银行受到较大冲击。二是利率市场化带来的利率下降将推动银行加快发展中间业务。随着利率市场化长期趋势的形成,银行业依靠"存贷差"维系的盈利模式将受到冲击,银行利润超常增长的局面难以继续,必须通过大力发展中间业务、关注中小客户等新的商业模式来寻求新的利润增长点。三是必须加快建立与利率市场化相对应的市场退出机制等。在利率市场化迅速推进的过程中,如何避免银行间的恶性竞争、由服务竞争转向单一的价格竞争,进而影响金融体系的稳定性,这对深化金融改革提出了更高要求。

综合经营仍将继续推进,但是综合经营模式是否应当成为主流经营模式存在明显分歧。

金融危机在中国银行业再次引发了关于综合经营与分业经营孰优孰劣的争论。一方面,批判综合经营的声音认为,在"金融自由化"的旗帜下,金融市场和商业银行之间的防火墙被拆除,风险交叉传递,投资银行激进的文化向传统保守的商业银行渗透，加大了金融机构的道德风险。另一方面，在次贷危机中，顶级的投资银行相继陷入倒闭或被商业银行收购的境地，似乎反而是实施综合化经营的一些大型商业银行受到的冲击较小。因此，综合经营与否并不是金融机构深陷危机的主因。从长期来看，实施综合经营有利于发挥协同效应，抵御经济周期波动所造成的风险，中国金融业综合经营的步伐不会受到金融危机的影响。目前，我国金融综合经营正在推进，一些金融机构初步搭建了金融集团的雏形，总体上业务结构和股权关系比较简单，同时银行和资本市场之间有严格限制，两者过度融合而放大系统性风险的可能性较小。在风险可控的前提下，综合经营还有很大的发展空间。

在具体模式的选择上，受金融危机的影响，防范风险成为推进综合经营首要的考量因素。通过金融控股公司开展混业经营可以形成内在防火墙，阻断银行、证券、保险其他金融业务的风险传递，有效控制风险，同时也与当前分业监管的现状相适应。因此，该模式可能更能为各方所接受。

在具体业务方向上，投资银行是商业银行实施综合经营的主要领域。在传统业务利润不断被挤压和资本市场快速发展的双重背景下，投资银行无疑是最佳利润增长点。而一度受到各银行青睐的理财业务，由于在金融危机中出现不同程度的亏损，在未来面临着根据自身优势明确客户定位等战略调整，向更为安全稳健的方向发展。

对于外资金融机构和成熟市场的经验总体上有了更为客观和冷静的认识和把握，同时也为中国金融业在拓展国际和国内市场、与外资金融机构竞争赢得了难得的时间窗口。

金融危机中一些顶级的国际金融机构遭受重创，集中暴露了发达金融市场在金融监管、风险管控等方面存在的问题。这将至少在两个方面产生影响。

一是中外资金融机构的力量对比有所变化。受其境外母机构亏损的影响，外资金融机构的声誉下降，加之部分外资金融机构在中国推出的理财产品较为复杂，在金融危机中导致客户大幅亏损，其声誉风险明显上升。而中资金融机构则较为谨慎，没有出现大的风险，在危机中的客户认同度得到提升。自 2008 年以来就出现了很多私人银行客户从外资银行回流到中国银行业的情况。同时，在 2009 年以来的信贷扩张中，外资银行由于在本土市场的把握能力、资金实力等方面存在劣势，市场份额下降，中外资银行的差剧有所加大。

二是中资金融机构将更为理性地向外资金融机构学习。不可否认与外资金融机构相比,国内金融机构的整体竞争力仍存在较大差距,也不能否认国际大型金融机构有很多值得中国金融业学习的地方。这次危机使得中国金融机构能够更为客观地评价中外资金融机构的优势与劣势,避免过分推崇外资和成熟市场做法的倾向,从中国金融市场的实际出发,寻求适合自身发展的业务模式、风险管理实践和公司治理。

金融创新将更多强调防范风险,同时也有市场主体担心对于危机原因的误读会延缓中国金融业的改革进程。

如果说此次发达国家的金融危机是创新过度导致的,那么当前中国的金融创新则相对滞后。一个直接的例子就是,目前一些真实的融资需求无法得到满足,中小企业、三农融资难问题不能得到有效解决,很大程度上与银行产品创新不到位、风险管理能力不强有关。因此,在风险可控的前提下加快金融创新的步伐仍是中国金融业发展的重要方向。借鉴国外金融创新的经验和教训,产品创新应当把握好如下重点。

一是产品创新要从实体经济发展的需要出发,侧重于满足真实融资需求。在现阶段,可以结合不同区域和行业实际,重点开展与存贷款业务相关的产品创新。

二是树立稳健的创新原则,坚持银行体系和资本市场之间保留必要的防火墙。银行体系和资本市场应适当隔离,对跨业创新产品建立防火墙机制,完善产品创新的风险管理体系,对金融产品从设计、发放、销售、客户管理等整个生命周期进行持续的评估与检查。

三是确立合理的金融工具创新路径和节奏,确保金融机构的风险管理和监控体系的改进能够与金融创新和市场变革相匹配。

同时,也有一些市场主体担心,因为不少分析者认为此次次贷危机是由金融创新推动的,因此对于次贷危机的误读,可能会在事实上延缓中国金融业的改革发展进程,在局部领域的管制可能会加强,例如对于金融衍生产品的管理等。

激励约束机制改革有待进一步深化,不过与发达国家相比面临不同的挑战。在这次危机中,发达国家金融机构短期化的激励机制和制衡机制的失灵遭到了人们的普遍质疑。

2009年7月12日，巴曙松在“天玑财富大讲堂”上发言（图片来源：南方都市报）

G20宣言就将这次危机原因概括为“不健全的风险管理习惯、复杂且不透明的金融产品、过度的杠杆激励，造成了金融体系的脆弱。”目前，我国金融机构对高级管理层的考核和激励机制还处于初级阶段，激励不够科学，约束形式单一，突出地表现为：目前与考核结果挂钩的激励主要是短期激励，没有与金融机构长期、全面的绩效水平挂钩，没有考虑资产期限，没有有效地区分周期性因素和政策因素与管理能力的贡献差异；不同金融机构高管人员薪酬差异大，与业绩相关度较小，往往与其行政级别等级紧密挂钩；以责任落实和责任追究为重点的经营监督机制尚不完善，“约束过度”和“约束不足”并存。因此，未来一段时期，在深化金融机构公司治理机制建设的过程中，薪酬激励约束机制的设计和完善仍是重要的内容之一。一是建立以风险调整的资本收益率为核心的高管绩效考核体系，科学评价高管人员贡献度，合理确定高管人员与员工的薪酬级差；二是建立高管人员薪酬风险金，采取设立风险准备金或延后发放方式，约束高管承担其任职期间造成的风险和损失；三是建立董事会针对风险管理和内部控制的定期评估报告制度，改进薪酬决策机制。

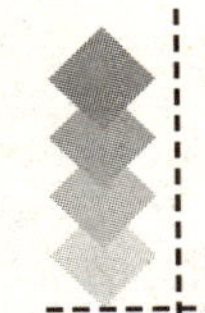

# 转变经济增长方式给金融业经营模式转型带来了良机

周明剑:金融危机给全世界经济带来了极大的影响,中国也无法置身事外,但也有观点认为经济危机促使中国变经济增长方式,同时也给金融业经营模式转型带来了良机,事实是这样吗?

巴曙松:百年一遇的金融危机,正在促使全球金融业进入一个深刻的转型期。伴随着中国经济发展方式的转变,金融业经营模式的转型同样成为一个现实的新课题。

**经济发展方式转变对金融服务提出了新的需求**

尽管金融危机对中国经济的冲击表现为对经济增长速度的冲击,但是实质上是对经济增长方式的冲击,凸显出了我国经济结构转型的压力。

金融业本质上属于服务行业,根植于实体经济、服务于实体经济,必须与实体经济相协调,通过转变金融业发展理念,促进金融业自身快速发展,可以实现加快产业结构调整步伐。

同时,金融既是宏观经济调控手段,又是资源配置、资金融通的工具。加强金融业经营模式转型,优化金融资源配置效率,有利于促进消费、投资和出口均衡增长模式的转变、推进自主创新、加快经济结构调整,这也是我国实现经济发展方式转变的着力点。

同时,金融业的发展离不开其所面临的经济环境和条件。转变经济发展方式实质是一次深刻的经济变革,将对经济环境产生深刻的影响,从而对金融业产生大量新的需求。例如,围绕产业结构优化升级、改善民生、扩大消费、中小企业发展、节能减排和新能源发展、农村经济发展、区域经济协调发展,以及支持国内企业"走出去"等各项政策措施的实施,会产生大量新的金融需求,这对金融业的发展模式和增长方式提出新的要求,将对金融业未来的发展产生深远影响。

金融业只有成为此次经济发展方式转变的推进者、支持者，才能在满足实体经济有效需求过程中实现经济增长方式和结构调整，从而在经济与金融之间形成良性的互动。

**金融业经营模式本身就面临着转型的压力**

（1）直接融资占比降低，银行业在融资结构中的地位过分扩张，增大了金融结构的脆弱性，而银行融资的特性决定了创新性的结构调整和技术进步往往难以得到融资的支持。近年来，中国的直接融资得到了一定程度的发展。但金融危机后，高速信贷投放强化了银行在整个融资结构中的地位，2009 年全年新增人民币贷款 9.59 万亿元，占整个融资市场的 86.9%，其中，2009 年一季度贷款融资占整个融资市场的94.7%，创下了近 15 年来的历史新高。在2009 年信贷投放受到较为严格的窗口指导条件下，2010 年一季度贷款融资的主导地位较上年同期有所下降，但也占到了85.4%。银行贷款这种融资形式，更为强调安全性，对于推动技术进行的创新融资，以及结构调整等活动的融资支持，相对较为谨慎。同时，2009 年大量新开工的基础设施项目，在 2010 年陆续进入建设期之后，对资金的需求更为强烈，可能会导致银行在 2010 年信贷规模较为紧张的状况下，优先保证已经开工的基础设施项目，从而挤压了其他渠道用于结构调整和技术进步等方面的融资需求。从这个意义上说，直接融资的发展对于促进结构转型具有多方面的意义和价值。

（2）银行业高资本消耗业务模式得以延续，凸显了银行经营模式相对粗放，需要进一步增强资本对整个业务模式的约束力度，促进资本节约型经营模式的建立和完善。在利差水平总体较高的背景下，超常规的信贷投放强化了中国银行业高资本消耗业务模式。从 2009 年以来扩张性政策的特征看，信贷投向十分集中于期限较长的大型基础设施等，信贷的迅猛增长不断消耗银行的资本金，使得资本金不足成为银行业必须面对的现实问题。截至 2009 年末，中国工商银行、中国银行、中国建设银行和交通银行的资本充足率分别为 12.4%、11.1%、11.7%和 12.0%，部分银行与监管机构的资本充足率要求仅一步之距。因此，在资本约束不断强化的背景下，以量补价、以外延扩张为主要特征的传统经营模式过度消耗资本占用，因而难以持续，从而倒逼银行调整业务结构和盈利模式，转向资本节约的多元化业务模式，这种转型本身不仅会促进银行资本更有效率地使用，也可以促进金融资源配置效率的提高。

(3)经济结构调整力度加大,资产质量压力和单一的经营模式面临考验。截至2009年6月末,中国境内商业银行继续保持“双降”,不良贷款余额5181.3亿元,比年初减少421.8亿元;不良贷款率1.77%,比年初下降0.65个百分点,但随着中国经济企稳复苏,政策的重点从刺激经济转向结构调整,这包括产能过剩行业的调整,以及对节能减排等特定行业的调整等。从更为宽泛的意义上说,中国经济面临从外需占据主导地位的增长动力模式,转向扩大内需的过程,在这个过程中面临许多产业和资源的重新配置,也考验银行的风险把握能力。

**银行业只有实现业务模式转型,才能更好支持经济发展方式转变**

面对市场发展机遇和资本监管的硬约束,中国金融业要从有效推动我国经济增长方式转变的高度规划未来发展路径,创新发展理念,实现从资金筹集型向资源优化配置型转变、搭建以客户为中心的服务平台,为客户提供综合化的服务和产品,构建主动风险管理模式,强化金融业内部支撑核心,在支持经济发展方式转变的同时,推动自身业务模式的转型。

第一,完善金融市场融资结构,扩大直接融资比率。随着2010年国内外经济环境的变化,金融结构也要进行相应调整。这首先是包括债券市场的发展,如何建立统一互联的债券市场成为一个重要的课题,进一步推动中小企业短期融资券、集合中期票据的发行,满足地方政府、中小企业等不同主体的融资需求,同时,改革债券市场化发行机制,促进发债方式的多样化,推动资产证券化的创新发展;二是要规范和引导民间金融健康发展,鼓励、引导和扩大民间投资,推动民营企业、民间资本更多地流向对传统产业和传统技术的改造,淘汰落后产能与技术,更多地流向新能源、新材料等领域,促进转变经济发展方式;三是要进一步积极规范发展股权投资基金等投融资方式,吸引更多社会资金参与基础设施建设和企业兼并重组,进一步加快金融基础设施建设。

第二,构建以客户为中心的服务模式,通过服务于客户金融需求的变化,来推动自身经营的转型。随着国内需求的启动和产业升级速度加快,居民和企业对差异化的金融服务要求日益强烈,为目标客户群提供差异化和个性化服务,实现从低水平价格竞争向高品质价值创造转变,不仅可以提升机构自身核心竞争力,也相应会提高金融资源的配置效率。

第三，推进信贷结构调整，促进产业结构调整和升级。目前依靠贷款的间接融资占到整个融资方式比重的80%以上，因此，调整信贷结构和方向将对产业结构调整和转变经济增长方式产生尤为重要。在考虑商业可持续性的前提下，综合运用信贷和多种金融服务手段，支持国家鼓励发展的新能源、节能环保、新材料、新医药、生物育种、信息网络、新能源汽车等战略性新兴产业，积极支持节能减排、城市环保工程等低碳经济发展项；同时，努力满足中小企业、贸易融资、个人消费等领域的合理资金需要，开发适合中小企业特点的金融产品，加大对直接消费的信贷支持，促进消费升级，扩大国内需求；最后，加快完善区域信贷政策和行业信贷政策，加强与国家区域发展规划和产业政策的衔接配合。

第四，以服务于企业走出去的需要，稳步推进国际化、综合化经营战略的实施。路透社数据表明，2009年中国企业的海外收购总额同比增加40%，居世界第二位。同时，随着人民币国际地位的提高，必然带来人民币资产的全球性分布，进而产生对人民币资产进行全球配置和管理的需要。此外，产业调整使得中国可能在一些新兴技术领域形成突破，推动中国在全球化分工的产业链位置的提升，从而加深中国经济融入国际化的程度。中国金融业要抓住这一有利条件，以务实的心态推进国际化进程。

金融危机的爆发再次引发了关于综合经营与分业经营孰优孰劣的争论，风靡一时的全能银行、金融超市理念在次贷危机中也受到一定挑战。目前，中国金融的综合经营正在推进，一些金融机构初步搭建了金融集团的雏形，总体上业务结构和股权关系比较简单，在风险可控的前提下，综合经营还有很大的发展空间。

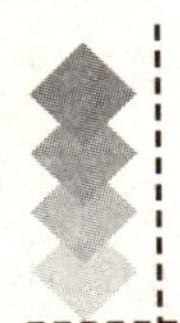

# 金融监管要与时俱进

周明剑:在金融业加速转型的同时,是不是意味着对监管也提出了更高的要求?

巴曙松:与西方发达国家不同,中国金融机构一直受到较为严格的宏观审慎监管,特别是一些具有系统重要性的大银行,更是受到相对严格的监管。因此,从宏观审慎监管的角度看,不仅要关注大型金融机构的风险,同样还需要关注可能影响到宏观审慎的一系列体制性的因素。

首先,中国金融业的同质化经营模式可以说是导致系统性风险的重要原因之一。由于银行的发展强烈地受到统一的政策的影响和制约,同时不同银行从发展战略到客户定位等严重趋同,加剧了金融体系中的顺周期性。鼓励多样化的金融机构的发展,发展多元化、异质化的金融业务模式和业务品种,构建多样化和多层次的金融体系,是改变这一状况的客观要求。

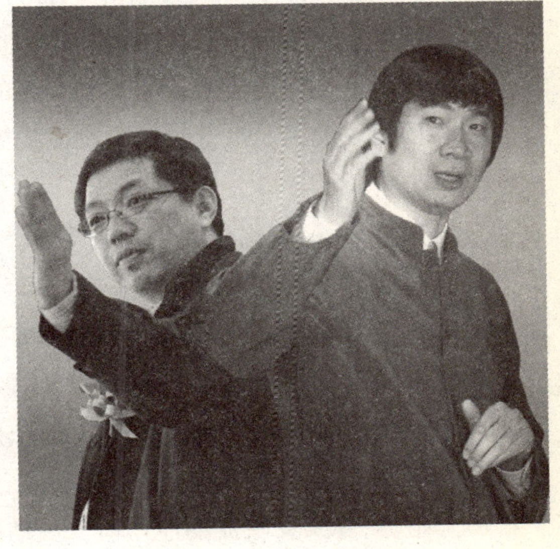

2008年,会聚巴曙松、张平等众多中国经济理论界高端人士的"治方公共政策论坛"在昆明召开

(图片来源:新报)

系统重要性银行仍应是实施宏观审慎监管的重点。国外对大型银行的监管方法未必完全适用于中国已经监管较严格的系统性重要银行,监管部门应更加关注在信贷高速增长之后银行的集中度风险、注重监管政策的逆周期调节功能,关注中国大型银行之间、银行与其他金融机构的相关性。

中国系统性风险的防范重点还应

放在非正规金融、地方金融、房地产市场以及地方投融资平台等从历史看相对监管较为薄弱的环节。次贷危机后对经济复苏起到重要推动作用的地方金融平台积累了一定的潜在风险，特别是已向下层移动的大量区县级融资平台，这些投融资平台有不少纯粹处于融资目的，潜在风险值得关注。同时，随着中国银行业涉及房地产金融的程度不断提升，房地产市场的波动可能对金融体系带来的影响也同样值得关注，其可能产生的影响也可能是系统性的。

周明剑：金融危机也对传统的微观审慎监管提出了一系列的挑战，其中监管指标便是争论的焦点之一。请您结合我国银行业的实际情况，谈谈如何理性对待国际上通用的监管指标，并且将之改进，保证其更好地与中国国情相结合？

巴曙松：对中国的银行业来说，银行监管部门的监管指标在很大程度上直接影响到银行的资产负债组合，进而影响社会的金融资源配置状况。随着金融市场环境的不断变化，当前银行监管的指标体系已经发挥了十分积极的作用，但是同样也还有动态调整的空间。具体来说，表现在以下几个方面。

第一，适应银行业经营模式多样化的探索，鼓励银行差异化经营。随着中国银行体系的发展和完善，银行体系竞争的日趋激烈，不同银行越来越表现出不同的经营发展路径和资产负债结构特点。因此，在监管指标体系的设置上也应适应银行业发展变化的特点，根据银行风险管理或经营业绩的历史表现以及经营模式等特征实施分类监管，具体执行时应具体银行具体分析。

第二，淡化存贷比管理，转向与资产负债全面匹配的资产负债管理。在目前的银行监管指标体系中，存贷比依然占据十分重要的地位。从国际银行业的经营管理和监管实践看，存贷比管理正被逐步淡化。所以，中国也应根据银行业发展的实际，重点监督银行的资金运用和资金来源整体相匹配、到期期限和再定价状况相匹配，从而更好控制流动性风险和再定价风险。

第三，关注现金流状况，根据金融市场发展新趋势合理设置流动性监管指标，真实反映流动性风险。流动性风险是金融危机以来监管部门一直高度关注的风险类别之一。衡量流动性风险，不仅要看资产负债的期限匹配状况，而且更要关注现金流。因此，在日常管理中更应关注不同期限的现金流报表，才可以真实反映银行体系的流动性状况，避免误判而增大银行体系的运行成本。另外,可以考虑将核心负债依存度指标只作为流动性监测的指标,而不作为监管指标。

第四,突出研究金融机构偿债能力,适当控制杠杆比率。在关注银行资产负债结构匹配的同时,还应关注银行的偿债能力,深入分析各种资产负债的实际属性,银行在使用资产过程中,完全可以进行期限管理。同时,应严格控制银行的杠杆比率,从整体上保证银行偿债能力。

周明剑:面对危机后可能展开的一系列宏观审慎和微观审慎的监管改革,我国银行业将受到哪些影响,请您从银行的角度谈谈应如何改变其市场定位和经营模式以应对这些监管改革?

巴曙松:中国金融业经营模式的转型已经不仅是适应监管改革的客观要求,也是在中国经济发展方式转变这一大背景下提供有效金融支持的必要条件。随着市场竞争的日趋激烈,以及资本约束的强化,银行业经营模式本身就面临着转型的压力。

金融危机后的高速信贷投放,在强化了银行在整个融资结构中地位的同时,延续并扩大了中国银行业的高资本消耗业务模式,凸显了银行经营模式依然过于依赖存贷款利差的格局。银行贷款在整个融资市场的占比高于80%,增大了金融结构的脆弱性,而银行融资的特性决定了创新性的结构调整和技术进步往往难以得到融资的支持。在从外需向内需转变的结构调整力度不断加大的环境下,做好在产业和资源重新配置下的风险控制和金融服务,在资本监管日益严格的背景下更为节约地运用资本、促进资本节约型的经营模式是我国银行业面临的一个现实的课题。

2009年的高速信贷投放,实际上促使不同银行必须要及时明确自身的战略定位,因为一些大型的项目已经基本被一些大型的商业银行所占据,这就必然促使中小型银行需要反思自身的市场定位,从原来习惯性的堆大户等经营模式中转移出来,明确自身为中型或者中小型企业服务的定位,或者是消费金融的定位。而资本约束的日趋严格,则促使银行必须建立更为完善的内部的资本约束体系,把资本约束的功能渗透到整个银行的不同产品和业务,成为商业银行经营管理的一个自觉的约束力量。

周明剑:中国银行业实施《巴塞尔新资本协议》的进展情况如何?应该怎么面对新挑战?

巴曙松:在《巴塞尔新资本协议》的框架下,基于中国银监会陆续发布的数十个相关监管指引，中国银行业实施新资本协议的监管框架已经基本成形。新资本协议的实施及同步进行的中国银行业的监管变革，将成为推动银行业风险管理提升的契机，随着这个过程的推进，必然会对中国的银行业乃至整个金融体系产生深远的影响。从目前调研了解的情况看，计划于2010年底实施新资本协议的商业银行主要包括中国工商银行、中国银行、中国建设银行、交通银行和招商银行等，另有一批银行也在积极准备中。

第一批新协议银行在资产规模、业务范围和治理结构等各方面近年来都有明显的提升，同时其风险管理水平也代表了国内银行业的较高水准。从第一支柱的实施情况来看，信用风险方面，各行正在进行评级体系的优化和验证，其中公司风险暴露债务人内部评级体系建设与完善方面进展较大，部分银行可在债项评级方面实现风险的量化计算及其在业务中的应用。零售信用中，多个种类零售业务评分卡的开发，独立第三方验证工作的展开完善了其风险量化体系。市场风险的量化方法和管理技术较为成熟，多数银行的工作更多地体现在对现有系统的验证上。而操作风险管理的基础较为薄弱，目前多数银行在操作风险计量方法选择上基本都以标准法为主。而对第二支柱下覆盖的风险如交易对手信用风险、集中度风险等，从管理经验到技术能力都相对较为欠缺，内部资本充足率评估程序（ICAAP）的工作也启动得相对较晚。第三支柱尚未作为各银行的主要工作内容。

目前这些银行的实施步伐正稳步前进，但是也面临着一些困难和挑战。从资本的角度来看，一些银行的资本规划尚未与风险实现有效的挂钩，而面对不断强化的资本约束和不断增大的盈利压力，过去那种通过规模扩张获取高额收益的盈利模式今后将难以为继；从风险度量的角度来看，如何建立和完善内部评级体系来管理和量化信用风险，从定性和定量两个角度实现操作风险从“标准法”向“高级法”转变都是新资本协议银行亟待解决的难题，而压力测试中情景设计的简单化和模型的同质化等情况都有待改进。同时，如何吸取次贷危机中的教训，有效地开展并表监管、表外业务风险计提和国家风险的减值准备等都是新协议银行乃至整个中国银行业应引起足够重视的。

对于目前尚未列入第一批实施新协议的银行来说，其风险管理体系的建设和完善更多地选择了双轨推进的模式，一方面对新协议的相关准则进行熟悉了解，积极借鉴新协议中先进的监管理念，同时进行相关的数据和模型的准备;另一方面继续运行和完善原有的风险管理体系。从特定意义来说,在实际过程中,实施新资本协议往往变成了银行内部改进风险管理的一个推动力,直接带动了信贷流程的重组、信贷信息化的提高等。

中国的银行业在全球金融危机中经受了考验,与中国银行业监管的专业水准迅速提升直接相关。对中国的银行业来说,银行监管部门的监管指标具有显著的影响力,在很大程度上直接影响到银行的资产负债组合,进而影响社会的金融资源配置状况。

中国的银行监管部门所设置的银行监管指标体系,在总结此前中国银行业监管经验的基础上,吸收了巴塞尔新资本协议的基本框架,涵盖到信用风险、市场风险、流动性风险、操作风险等各方面,以及风险识别、风险计量、风险补偿、风险控制和风险报告等各流程,对于商业银行加强风险管理、健全内部控制、提升经营管理水平起到促进作用。随着金融市场环境的不断变化,当前银行监管的一些指标还有动态调整的空间。具体来说,表现在以下几个方面。

**适应银行业经营模式多样化的探索,鼓励银行差异化经营**

目前,监管部门设定的监管指标体系对于所有银行都是一致的,这对于保持整个的全面落实有其合理性。不过,随着中国银行体系的发展和完善,银行体系的竞争日趋激烈,促使不同银行越来越表现出不同的经营发展路径和资产负债结构特点,有的擅长零售业务、有的擅长批发业务、有的擅长负债业务、有的擅长资产业务、有的擅长表内业务、有的擅长表外业务,这有利于优化中国银行业发展格局、提高金融服务的整体水平,也是金融监管所提倡和鼓励的。因此,在监管指标体系的设置上也应适应银行业发展变化的特点,实施分类监管,而不是对所有银行都用一样的指标比例来要求,尽管监管指标体系和监管标准对所有银行是一致的,但由于各家银行经营特点和资产负债结构不尽相同,具体执行时应具体银行具体分析。

对于擅长零售业务的银行来说,往往资金成本相对低,同时人员和网点布局较为广泛;而擅长批发业务的银行,更为注重资金运用的效率,其资产负债结构必然与零售型的银行有显著的差异。

在信贷投放的节奏上,在当前强调宏观政策正常化的背景下,引导整个银行体系总体的信贷投放保持合理节奏是有现实合理性的,但是,如果对所有的银行都要求一致性的投放节奏,反而可能使得整个银行体系的投放节奏高度趋同而产生共振，未必能够很好地满足实体经济的需要。

**淡化存贷比管理，转向资产负债全面匹配的资产负债管理**

在目前的银行监管指标体系中，存贷比依然占据十分重要的地位。不过，随着金融创新的深化和金融“脱媒”的加快，银行的负债来源、资产运用日趋多元化，存贷款在负债、资产中的占比呈不断下降的趋势，仅靠存贷款难以完整反映银行的负债及资产状况，存贷比例指标也已不能全面反映银行的流动性状况；而且随着负债的多元化，银行的信贷资金来源已不限于传统的存款，其他很多稳定性好、与贷款期限相匹配的负债都可作为信贷资金进行运用，仅仅存贷的匹配越来越失去其原有的意义。从国际银行业的经营管理和监管实践看，存贷比管理被逐步淡化。所以，中国也应根据银行业发展的实际，逐步弱化存贷比的监管要求，转向资产负债全面匹配的流动性管理，重点监督银行的资金运用和资金来源整体相匹配、到期期限和再定价状况相匹配，从而更好控制流动性风险和再定价风险。

**关注现金流状况，根据金融市场发展新趋势合理设置流动性监管指标，真实反映流动性风险**

流动性风险是金融危机以来监管部门一直高度关注的风险类别之一。衡量流动性风险，不仅要看资产负债的期限匹配状况，而且更要关注现金流，有时从指标看流动性缺口较大，但现金流充足，银行偿债能力较强，实际的流动性风险并不大。影响银行现金流有多方面的因素，既包括资产负债各个期限的到期状况，也包括宏观经济形势、国家货币政策、银行自身的金融同业往来能力等，仅仅是资产负债的期限匹配状况并不能完全反映现金流状况。而且，有时资产负债期限表面的状况与实际的状况也不一致。例如，个人按揭贷款按照监管报表要求统计的到期期限大部分为15～25年，而从中国银行业的房贷提前还款的情况看，实际期限远远小于账面上的期限，平均才6～8年，并且每月都有还款形成的现金流。因此在日常管理中更应关注不同期限的现金流报表，才可以真实反映银行体系的流动性状况，避免误判而增大银行体系的运行成本。

从具体的监管指标看，流动性缺口率和核心负债依存度是现有的流动性监管指标中具有重要地位的两个指标。该两项指标在计算负债期限的口径中，对一般性存款中的活期存款部分，做了沉淀分析认定，即把过去一年中活期存款的最小值作为稳定部分,到期期限认定为一年以上,剩余部分在一年以内各期限平均分配。这些根据业务实际情况确定的流动性比率口径较为合理。但是,核心负债依存度指标,核心负债既没有考虑三个月以上定期同业存款,也没有考虑活期同业存款的稳定部分。此外,对通知存款虽认定为定期存款,但由于没有明确到期期限而认定为即期到期的定期存款。从银行经营看,与一般性存款中活期部分的沉淀分析认定相比,这两项认定不够合理。实际上,随着金融市场的日益发展壮大,金融同业的专业发展成为必然趋势,而且随着居民和机构理财意识的提高和资本市场的起伏,居民和机构的资金往往在银行的不同会计科目中交替变化,比如储蓄存款和同业存放,资本市场行情好时,储蓄存款大量转化为证券机构在银行的同业存放,资本市场不景气时而是相反,因此银行一般性存款和同业存放往往是同一来源、相互转化的。银行通过证券资金第三方存管、银银合作平台等吸收了大量的稳定性较好、资金成本较低的同业存款,三个月以上定期同业存款和稳定部分活期同业存款认定为核心负债较为合理。同时,居民和机构为提高收益水平,逐步将暂时不用的活期存款转化为通知存款,通知存款多为活期存款转化而来,稳定性至少较活期存款强,活期存款可以做沉淀分析认定,稳定性更好的通知存款更应该做沉淀分析认定。为此,核心负债依存度中核心负债口径可包括三个月以上定期同业存款和活期同业存款沉淀部分;流动性缺口率应对通知存款按相应的属性和标准做沉淀分析认定,计算合理的沉淀部分,更准确地反映商业银行实际的流动性状况,为商业银行经营管理及银行监管提供更准确的数据支持。

另外,可以考虑将核心负债依存度指标只作为流动性监测的指标,而不作为监管指标。核心负债依存度指标只是从负债角度测度了银行的负债结构,并没有结合商业银行资产结构来衡量流动性风险,若资产负债结构以及期限能较好地匹配,即使该指标较低,流动性依然较好,所以银行建议将核心负债依存度指标只作为流动性监测的指标,而不作为监管指标。

**突出研究金融机构偿债能力,适当控制杠杆比率**

在关注银行资产负债结构匹配的同时,还应关注银行的偿债能力,深入分析各种资产负债的实际属性,虽然有些资产表面上看期限很长,但实际上流动性很好,比如国债期限虽长,但具有很强的流动性,可以作为银行的第二备付；有些负债表面上看即期到期，需要立即偿付，但由于实际上有大量沉淀，比如同业存放，有隔夜存放，也有定期存放，银行在使用过程中，完全可以进行期限管理。同时，由于金融机构业务多元化，以及风险分散方式和金融创新工具的过度应用，造成杠杆比率过高，从此次国际金融危机的教训来看，杠杆比率过高是金融机构出现较大风险的根源之一，因此应严格控制银行的杠杆比率，包括资本充足率、名义杠杆率（即总资产除以净资产）、资产的偿债能力和负债的期限化管理等，使银行杠杆比率保持在合理水平，从整体上保证银行偿债能力。

**客观看待全球银行业监管，强调提升资本充足率的趋势**

在全球银行业经历金融危机冲击之后，全球银行业的监管者，特别是发达国家的监管者，开始强调提升资本充足率的监管要求，对于一些具有系统重要性的大型银行，还会提出更高的资本充足率要求。在经历了2009年中国银行业信贷的高速增长之后，中国银行业监管部门对于中国银行业的资本要求也提出了更为严格的要求，这对于控制整个银行体系的杠杆水平、防止信贷过度扩张具有积极的导向作用。

不过，特别需要注意的是，发达国家强调银行体系的资本充足率与当前中国的银行体系强调资本充足应当具有根本的差异性。首先，从强调资本充足的市场环境看，发达国家面对的是银行体系的资本被大量侵蚀严重不足的严峻状况，而中国的银行体系则是实体经济的强劲增长带动的信贷需求，导致了强劲的银行资本需求，中国银行体系的资本金并没有在金融危机中受到侵蚀；其次，中国的银行体系与发达国家的银行体系所处的发展阶段存在显著差异，发达国家的金融体系经历了利率市场化的激烈竞争，融资多元化使得实体经济的融资渠道对银行体系的依赖程度显著降低，因而发达国家的银行业普遍面临利差显著收窄、实体经济的信贷需求不足的约束，与此形成对照的是，中国的银行业依然以利差为主要收入来源，利差水平依然较高，同时实体经济的信贷需求依然旺盛，这就在客观上决定了中国的银行业在相对长的时期内必然是保持一个资本需求旺盛的发展特征，强化资本配置可以在一定程度上增强资本使用效率，并减缓对资本需求的强度，但是不会改变这个大的趋势。

从这个意义上说，中国的银行业对资本的需求强度大，是由当前特定的经济发展阶段和金融市场结构所决定的，除了促使银行业更加注重资本配置效率之外，不应简单学习发达国家的资本约束要求，而应当更多鼓励和开辟多元化的资本补充渠道，以合规、有效、市场化的方式来满足银行在这个阶段对于资本的旺盛需求，以此促进实体经济的发展，同时也促进银行体系自身的发展。

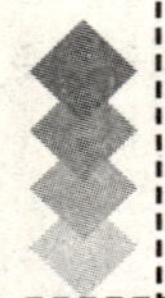

# 地方融资平台风险会是一只即将下山的猛虎？

周明剑：据央行2009年第四季度披露的数据，全国3800多家地方融资机构，管理总资产8万亿元，地方政府的负债已达5万亿元，负债规模急剧扩大，地方融资平台的数量和融资规模在过去1年中暴涨。由于融资途径主要靠银行贷款，在去年全国9.59万亿元的新增贷款中，投向地方融资平台的贷款占比高达40%，总量近3.8万亿元。面对这些数据，该如何来客观看待地方融资平台？

巴曙松：地方政府投融资平台确实是2009年应对危机过程中最为活跃的融资主体。受4万亿投资计划刺激，以及在积极财政政策和适度宽松货币政策的推动下，2009年各地方政府纷纷举债进行大规模基础设施建设，从而导致地方融资平台债务规模的剧增，引起了广泛的关注。相关监管机构已开始着手地方融资平台风险的管理，2009年下半年地方政府投融资平台的新增贷款已呈现冲高回落、增幅放缓的趋势。

2010年1月22日，由和讯网发起、中国证券市场研究设计中心(SEEC)等机构联合主办的财经中国2009年会在北京拉开序幕，图为巴曙松发言

（图片来源：和讯网）

在2010年1月19日召开的国务院第四次全体会议上，温家宝总理曾在讲话中提出，“尽快制定规范地方融资平台的措施，防范潜在财政风险”。在政府及相关监管机构的调控下，预计地方政府融资会有所收缩，各商业银行在新增贷款控制方面，将减缓对地方融资平台的信贷审批，在增量放贷方面对地方融资平台的风险控制将进一步增强。

在中国推进城市化的进程中，地方政府通过地方投融资平台进行融资，有其内在的必然性,不能一概否定。从一般意义看,地方政府之所以通过大量设立融资平台进行融资,主要是由于在中国分税制财税体制下,中央和地方的事权和财权的分配出现了事实上的事权的重心下移而财权的重心上移,从而导致了地方政府事权和财权的不对等,同时,中国转移支付制度尚不完善,因此,在中国城市化加快发展阶段,地方基础设施建设投入较大,从而导致大部分地方政府可支配财力远远无法满足庞大的资金需求,唯有寻求外部融资。

因此,尽管目前政府及相关监管部门的调控能在一定程度上限制信贷资金流入地方融资平台,但在地方政府不允许直接举债以及债券市场发展严重滞后的前提下,银行贷款依然是地方政府筹集资金的主要渠道,这个过程可能会伴随着整个城市化的进程,以及地方政府职能的逐步转变的过程。

周明剑:您看地方融资平台的急剧增长具体将带来哪些风险?我们又该如何来防范呢?

巴曙松:地方融资平台急剧增长的风险大致来说主要体现在两个方面:第一,与地方财政相关的风险;第二,如果地方融资平台破产,将会波及相关金融机构。而在风险防范方面,可以从以下几个方面进行。

第一,应完善中国财税体制,平衡地方政府事权和财权,降低地方政府对外融资的依赖性。并摸清地方政府债务规模,制定合理的债务风险控制标准。在现阶段,急需摸清地方政府现有债务规模,减少金融机构与地方政府之间的信息不对称,防止盲目借贷。同时,还需建立一套既符合地方财政债务状况,又能反映地方财政风险程度及其变化发展趋势的风险控制标准,以监测和预防债务风险发生。在成熟市场,大部分国家对于地方政府债务融资都制定了风险控制标准,以美国为例,对于地方政府债务不仅制定了规模控制标准而且还制定了风险预警系统,通过严格的规定来约束地方政府的融资行为。

第二,在防范风险的同时,也需要对不同地区进行分类对待。虽然地方政府融资风险剧增,但并不是所有地方都存在同等的风险。一些发达地区的经济和财政增长能力很强,其负债水平相对较低,债务风险较小;另外,还有一些地方通过基础设施建设改善了商业环境,带动了项目周边土地增值,增强了地方政府收入。这些评估需要差别化地看待,需要动态地看待。

第三,应当区分不同类型的融资平台,实行分类管理。一方面应区分不同行政级别的融资平台，对于县（市）级、区级等财政实力相对较弱的融资平台，由于2009年已有大量的新增贷款流入，因此，该类融资平台目前风险相对较大。同时，也需要区别不同性质的地方政府投融资平台，运行状况良好的投融资平台可以就直接转向市场化的融资；而一些纯属用于进行融资并没有什么具体业务的平台，应当纳入重点监控风险的行列。

第四，引入市场约束，鼓励地方融资平台通过资本市场进行融资，减少银行系统风险的积聚。在美国，地方政府主要通过发行市政债券进行融资，但由于中国现行预算法尚未修订，地方政府尚且不能直接发行债券，因此采取组建地方融资平台的方式来筹集资金，实质上中国地方融资平台发行的债券与美国市政债券在诸多方面都很相似。现阶段中国大力发展债券市场的政策为地方融资平台发行债券提供了条件。2009年中国共发行了105期城投债，发行规模超过1300亿元，但远远低于银行贷款融资额。因此，未来在基础设施领域鼓励地方政府发行城投债，是改善融资结构的一个重要方向。

周明剑：通过全国信贷登记系统监测，去年末全国各级政府地方融资平台贷款在6万亿元左右，其中有80%是项目贷款。综合监测下来，一些地方性融资平台的负债率达到94%，有的地方甚至高达400%，而国际上平均为80%～120%。从目前来看，我国地方合理债务规模多大比较合理？

巴曙松：近几年随着国民经济持续高速增长，中国地方政府整体财政状况不断趋好，财政承担债务的能力不断提高，地方本级财政收入从2000年的6406亿元增加至2008年的28645亿元，增幅达到347%，2009年1～11月地方本级财政收入达29328亿元，同比增长12.1%。

至于地方政府合理的债务规模，虽然目前中国尚未制定地方政府债务控制标准，但可以借鉴成熟市场对地方政府债务规模的管理经验来进行估算。

成熟市场在对地方政府债务规模需求控制方面，较为常用的指标为债务率和负债率。各国主要是通过对指标设定一个警戒线来控制地方政府债务情况，但由于各国国情不同，对警戒线的设定不一。以债务率为例，债务率是年末地方政府债务余额与当地财政收入的比值，该指标反映地方政府通过动用当期财政收入满足偿债需求的能力，是对地方政府债务总余额的控制，美国规定债务率（州或地方政府债务余额/州或地方政府年度总收入)为90%~120%;新西兰要求地方政府债务率小于150%;巴西规定借款额不得超过资本性预算的规模,州政府债务率(债务余额/州政府净收入)小于200%,市政府债务率(债务余额/市政府净收入)小于120%。

考虑到中国国民经济及地方财政的高速增长,假设债务率不超过200%,在此基础上可计算出中国地方政府本级整体债务余额2009年11月末不应超过58656亿元。当然,这只是静态的、小口径的测算,更为合理的测算应当考虑基础设施完善所带来的地方政府土地收入的提高以及其他收入水平的稳步提高,因此实际的地方政府所可以承担的最大债务规模应当大于前述规模。

周明剑:我们发现各种地方债招股说明书,大多存在的一个特征是地方融资平台主要以政府所拥有的土地作质押进行融资,偿还银行贷款的利息主要靠地方财政补贴等,并非是项目自身收费能力偿还债务。因此,建立在土地及未来增值前提下超越当地财政收入的融资,一旦出现经济回落、地产行业回落,风险将凸显,必然给银行带来呆坏账等问题。而周小川在央行2010年工作会议上也已经明确指出地方融资可能给银行带来的风险,您如何看待?

巴曙松:对于银行新增贷款大量流入地方融资平台这一点,我们应该从多方面来看待。向地方融资平台发放贷款,最初由国开行在发放"两基一支"贷款中被广泛使用,从历史经验来看,这类贷款往往存在金额大、期限长、违约率低等特点;地方政府在基础设施建设方面存在巨大的融资动力。随着国开行业务模式的成功,其他银行亦加大了对地方融资平台发放贷款的力度。由于存在地方政府的隐性担保,这类项目贷款往往成为各商业银行尽力争取的对象,带动了近年中国各类地方融资平台的快速发展,在此轮经济调整中,各大商业银行积极"争抢"4万亿投资计划中率先推出的优质项目,贷款规模猛增。

地方融资平台贷款并不会出现风险集中爆发的现象,如十年期的贷款项目,按照惯例,并非一次性还款,可能从第二年就开始还款,风险被逐年分散。此外,人们对于地方融资平台融资贷款风险的考虑主要源于对政府财政支付能力的担忧,在当前经济保持快速发展的大背景下,各级地方政府的财政实力近年均有大幅提高,政府偿付能力不断增强,贷款风险短期内爆发的可能性不高。同时,基础设施的完善,也会提高土地的收入。

多年来,中国监管机构和商业银行在贷款风险控制方面已积累了较丰富的经验,商业银行风险管理制度不断完善,风险管理水平不断提高。因此,我们认为监管机构和商业银行已经有能力处理经济体系运行过程中出现的风险和问题。对于此轮经济调整过程中发放的天量信贷,随着信贷风险的逐步暴露,将可能导致中国银行业不良资产率有所上升,但并不能因此而得出银行面临巨大风险的结论。商业银行通过加强风险管理,合理平衡信贷结构,可将风险控制在可供承受的范围之内。

周明剑:目前银行也已意识到地方融资平台的风险,有意收紧地方融资平台的信贷投入,但在建项目对资金存在刚性需求,这是否意味着银行信贷政策会存在被"绑架"的可能性?除了信贷投入,您觉得中央或地方政府还有哪些创新方式保证庞大的地方在建项目资金来源?

巴曙松:目前银行已开始意识到地方融资平台的风险,有意收紧地方融资平台的信贷投入,主要是指紧缩对新增项目的信贷投入,对于已纳入本年度放贷计划的项目,已经处于建设阶段的项目,已经签订贷款意向或者已经授信的贷款,银行会继续实施,保证项目按时建成完工。对于新增的项目,央行和银监会将对商业银行给地方融资平台新增贷款进行严格控制,以控制风险,保障对实体经济的信贷投入。

除信贷资金投入外,地方的公益建设项目资金还有其他的来源方式,如资本市场债券融资、信托计划、BOT等。加强债券市场建设,可将现有大量政府融资平台贷款进行证券化,增加债券市场的流动性,由市场发现价格,从而促进债券市场的发展。2008年11月份以来,为抵御金融危机的冲击,防止经济增速过快下滑,中国实施积极的财政政策和适度宽松的货币政策,推出4万亿投资的经济刺激计划。鉴于地方政府基础设施建设投资规模大,存在较大的资金缺口,除财政部代为地方政府发行2000亿地方债券外,全国各地的投融资平台加大了发行城投债的力度,尽管在城投债发行过程中,出现了一些不规范的行为,对城投债的发展形成了一定的滞碍,但城投债的发行对推动经济复苏和支持地方经济建设作出了贡献,未来仍可成为地方政府公益建设中的重要资金来源。城投债作为"准市政债"应该在规范中不断发展,为支持地方建设继续作出贡献。

周明剑:今年监管层提出的信贷增长目标在7.5万亿左右,但有测算认为,中央和地方在建项目的融资需求就将达到3万亿~4万亿,也意味着留给实体经济的信贷支持量或显不足,如何平衡好这种挤出效应?

**巴曙松**:一般而言,政府投资是带动性的,2008 年下半年和 2009 年初财政投资的力度和速度,对阻止经济增长速度下滑和缓解其他经济、社会问题以及后续政策的实施,起到了根本性的作用,对民间投资起到了或者说即将起到巨大的带动作用。政府投资基本上控制在基础性设施、重大民生工程和对其他竞争性领域有带动作用的产业等领域,不能替代或挤占民间投资的空间。目前的经济运行也已经显示出民间投资增速的趋势。去年底的中央经济工作会议也对此做出了基调性和方向性的决定,而且还有了较具体的安排,鼓励民间投资:继续保持较大力度实施积极的财政政策,投资重点向农村基础设施倾斜;在货币政策的实施上明确强调要在金融上支持小企业,为民营企业提供更多的资金支持。

随着政府投资增速的趋缓,未来一段时期内,市场驱动的民间投资增长是经济趋势性复苏的关键。政府投资在建的项目,仍需持续投入,但新增项目的审批应放缓,银行亦有意收紧新增项目的信贷投入,以控制风险,保障对实体经济的投入。政府在建项目投入的资金来源,除银行信贷外,还存在资本市场、信托计划等融资方式,因此,大量在建项目的融资需求与实体经济也并非完全是挤出效应,反而可带动民间投资需求,拉动经济复苏。同时,当前的投资规模大,陆续建成的基础设施也在迅速增多,实际上也为下一步经济的转型发挥了积极的作用,例如公路网络的建设和高速铁路实际上为经济中的消费增长创造了更好的条件。

地方政府投融资平台在 2009 年应对危机是有积极正面效果的,同时也留下一些隐患,突出表现在宏观调控的回旋余地明显减少,如果信贷投放的实际需求强大,但是为了防止通货膨胀过于严格地控制信贷,银行为了防止已经发放的贷款成为不良贷款,自然集中把经过严厉控制之后的贷款投放到 2009 年已经开工的项目,那么,除了 2009 年基础设施项目之外的中小企业,必然再次遭到信贷的打击。

为了防止这种挤出效应,应当鼓励基础设施多通过直接融资来进行,同时在物价压力明显回落之后,货币政策基调要从当前较紧的基调中转为适当放松。表现在信贷的投放上,就是在没有显著物价压力驱动下,适当放松的信贷可以推动资金进入经济复苏所需要的中小企业和服务业等。

第七篇

# 城市化、区域经济、产业调整与融合三大经济热点及相关投资机会：

有人说："市场没有昨天。"因此，在"十二五"的开局之年，我们更应该面向未来，从全局着眼、从细部入手。这样才能经济地投资……

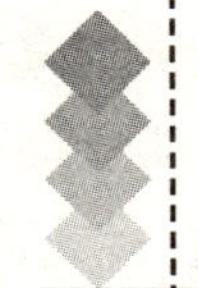

# 城市化是未来中国经济发展最主要的动力之一

## 城市化：现实与前景

周明剑：根据官方统计数据，2007 年中国总人口为 13.21 亿，其中城市人口 5.93 亿，城市化率达到 44.9%。从表面上看，对于人均 GDP 刚超过 2500 美元的人口大国而言，这一成就十分显著。改革开放初期，中国的城市化率尚不足 20%，这意味着在过去 30 年时间里，中国成功创造了 3.8 亿城市居民。据此，许多观察家认为，城市化水平的显著提高是中国经济取得成功的重要标志，甚至进一步认为中国的城市化步伐是世界上史无前例的宏伟现象。然而，从跨国比较的视野看，中国的城市化进程并不是那么耀眼，是不是还有巨大的推进空间？

巴曙松：对，从城市规模来看，在过去 20 多年里，中国的城市化速度似乎有着惊人的表现。目前而言，中国已有 660 多个城市，包括 287 个地级以上城市，平均辖区人口 125 万人，另外还有 374 个县级市，辖区平均人口为 15 万，其中 120 个较大城市所创造的 GDP 总和占全国 GDP 总量的 75%（世界银行，2007）。按照联合国统计署的数据，中国已有 8 个人口超过 500 万的大城市，其中北京和上海人口超过 1000 万，并有 88 个人口介于 100 万～500 万的城市。在当今全球人口最多的 30 多个城市中，中国有 4 个城市名列其中，分别是上海、北京、广州和深圳。

2008 年 10 月 15 日，巴曙松在以转型中的中国经济与投资机会为主题的中国坐标——CBN 城市论坛上发言

（图片来源：和讯网）

然而，我国的城市化率的统计标准是以行政建制为基础的，城市人口即为城镇常住人口，它等于居住在城市及市辖区、县级市市区、县人民政府驻地及县以下小城镇满半年以上的人口总数。按照国际标

准，人口集中度高、市场规模庞大以及拥有高生活品质的现代城市居民概念显然远远超出了中国的低标准，因此，尽管在中国县级市被称为城市，但是那并不是真正意义上的现代化城市。如果扣除县镇人口，那么中国的真实城市人口约为3.8亿。然而，在我们看来，即便是这一数字也是明显高估的，因为其中约有30%左右的“城市”人口实质上是住在郊区的农村人口，但在统计上这些人也属于大城市管辖。如果把这部分人口也除掉，那么中国核心城市居民数量应在2.7亿左右。因此，根据联合国人口发展报告的预测，中国的城市化率在2030年达到60%，那么在未来20年应该被城市化的真实人口数量应约为5亿，保守估计应在3亿~5亿。这说明未来我们将面临规模十分庞大的城市化空间（联合国人口发展报告，2009）。

总体而言，关于中国城市化的现状，我们还可以做如下简单的跨国和跨区域比较。

**中国的城市化水平长期低于东亚平均水平**

与东亚许多国家相比，我国目前45%的城市化水平并没有什么独特之处。事实上，中国的城市化率长期以来一直低于东亚发展中国家的平均水平，更低于本地区经济比较发达的日本和韩国。尽管自20世纪80年代以来，中国的城市化率不断向东亚平均水平靠拢，并且根据联合国人口发展报告的预测2030年中国可实现60%的城市化水平，但是，这一数字与东亚平均值仍有2个百分点的差距，届时，日本和韩国的城市化率更是高达73.7%和86.3%。因此，与东亚近邻做跨国比较，容易发现中国的城市化水平不但历史水平不高，在更远的未来与其他国家相比仍然存在很大差距。

**中国的城市化水平也不显著高于新兴市场经济体**

拿单个新兴市场国家做比较，我们会发现中国的城市化空间同样巨大：在过去的20多年里，东亚新兴市场经济体中城市化步伐推进最快的是印度尼西亚，已经远远超过中国；作为低收入国家的菲律宾，城市化率也很高，它和马来西亚是东亚地区城市化程度最高的两个国家，约是中国的两倍；相比之下，中国的城市化进程只比印度和泰国高一些。

另外，从中国不同区域、不同省份的跨地区比较看，东部城市化水平明显高于中西部，而且不同省市之间差距较大，这说明中国内部的城市化发展是很不平衡的。自1980年起，沿海省份城市的发展速度已远远超过内陆城市，上海和北京更为明显。东部沿海省份的平均城市化为49%，而内陆省份仅为35%。只有1/4的内陆省份达到了全国的平均城市化率。总之，无论怎么做比较，未来中国的城市化前景都存在很大空间。

**未来城市化进程的发展趋势**

1975年，美国地理学家诺瑟姆通过对各个国家城市人口占总人口比重的变化研究发现，城市化进程全过程呈一条S形曲线，具有阶段性规律：第一阶段，当城市化率超过10%以后，进入城市化的初级阶段，城市人口增长缓慢；第二阶段，当城市化率超过30%以后，进入城市化加速阶段，城市化进程逐渐加快，城市人口迅猛增长；第二阶段，当城市化率超过70%以后，进入城市化后期阶段，城市化进程停滞或略有下降趋势。2007年中国城市化率已达到44.9%，根据这个结论以及国际城市化的发展经验，可以大致判断中国城市化已超出初级阶段，正处于加速发展阶段，城市化水平每年还将继续快速提高。据统计，自20世纪90年代以来，中国的城市化率平均以每年3.46%的速度增长，远高于同期世界平均速度。这反映了城市化第二阶段的基本特征。

周明剑：随着城市化进程的不断加快，你看我国人口结构及流动会呈现什么特征呢？

巴曙松：根据这个总体趋势，中国未来的城市化进程将会以以下三个主题不断呈现出来。

(1)2025—2030年，城市人口或将突破10亿，巨型和中型城市增加。2007年底，中国前十大城市的GDP占全国总值的比重为21.4%，人口占全国人口的比重为9%，而同期美国的这两个数字分别是28.3%和32%。相对于美国这样一个人口密度较低的国家，中国未来发展巨型和中型城市的空间还很大。

麦肯锡全球研究院预测，按照目前的这种发展趋势，中国的城市人口将由2007年的5.93亿增加至2025年的9.26亿。这新增的3.3亿多城市居民相当于今天美国的全国人口。到2030年，中国的城市人口有望达到10亿。

过去15年，中国出现了两个人口超过1000万的巨型城市（北京与上海），如果按照当前的速度发展，那么在未来20年里，中国将出现另外六个这样的巨型和中型城市，即广州、深圳、天津、武汉、重庆、成都。届时北京和上海人口将超过2000万。

此外，未来20年，中国将继续产生新的城市，但是规模可能无法与过去

15年相比。据统计,1996—2005年,中国新增195座城市中心,未来新城市的创建速度将显著低于这一水平。麦肯锡的城市计量模型预测,未来20年,可能将有81座新城市出现,累计人口近2700万,占该阶段城市人口增长的7.5%。而1996—2005年,这两个数字分别为5000万、16%。另外,该模型还预测,大多数新建城市将出现在现有城市方圆50千米内,这说明这些未来新城市将围绕在大城市附近。

(2)流动人口将成为未来城市化人口的主要来源。一般而言,城市人口增长的源泉可以包括原有人口的自然增长、新增长城市人口、城市扩张及流动人口。从这几个方面看,过去20年城市人口扩张的原因主要是:一方面大量农村人口流向了城市,另一方面城市扩张通过征用邻近地区的土地,同时也吸纳了当地的人口。

可以预计,未来城市发展的主要新增人口将会是流动人口。随着农村生产力的逐步提高,农村的剩余劳动力将进一步释放出来,这将使未来20年内流动人口增加至2.4亿,这样看来,未来人口的大规模迁移将超过以往。另据估计,到2025年,中国将创造4.5亿~5亿个就业机会,这将吸引富余劳动力流向城市。

(3)人口流动将逐渐以小城市向大城市转移为主。我们预期,未来人口流动的结构和方向也将发生深刻调整。未来人口流动的方向将进入小城市向大中城市转移的阶段,或者是小城市因为人口和产业集中而自动升迁为大城市。这种改变之所以可能出现的一个重要原因就是:小城市难以发挥城市聚集效应,产业无法大规模地调整,高效的服务业也难以形成,从而使得它吸纳劳动力和创造新岗位的能力远不及大规模的城市。

**未来城市化的三大约束:市场、资源与公共服务**

周明剑:农村到城市的劳动力转移行为取决于要素市场的相对工资水平和城市的相对生活成本。从宏观角度讲,城市化则不可避免地涉及一系列宏观经济政策和政府行为:公共产品供给、城市间市场准入和贸易障碍的减少、劳动力的自由流动和商品的自由交换、交通等基础设施的完善等。这两者之间力量的汇集决定了未来中国城市化的进程。更进一步讲,是不是可以说未来中国城市化能否成功推进根本上取决于宏观城市政策能否有效配合微观主体决策,从而促进劳动和商品的跨地区自由流动、提高公共产品供给的效率?

巴曙松：在我们看来，以上决策目标能否实现取决于以下几种约束：市场约束限制了劳动力、土地等资源的自由流动和转让，使这些生产性资源不能顺利转化为货币收入和资产性收入，从而根本上制约了农民向有产市民的完全转换；资源和环境约束使得城市的资源有限性和环境污染成为共同关切，这从整体上增大了城市化的社会成本，并提高了市民的生活成本，降低了生活质量；政府提供公共服务的能力在城市功能完善，提高城市宜居环境，加大健康、教育等支出方面具有重要作用，但事实上，融资模式和融资渠道将会限制政府有效完成公共产品的供给。总体而言，这些约束性因素分别从微观和宏观层次对城市化进程带来重要冲击，因此分析和解决这些问题显得非常重要。

**市场约束：城市化应表现为一种货币化和资本化过程**

现代意义上的城市化进程在根本上应该表现为一种货币化和资本化过程。

（1）户籍制度限制了劳动力这种资产的收入实现功能，是“农民变成市民”的根本性制度障碍。劳动力是农民所拥有的最重要人力资本，是农民获得收入的主要渠道。以往，我们谈农民收入低，或者农民贫穷。在我们看来，农民收入不高的原因不是他们没有资产或财富，而是缺少一种有效的市场交易制度使农民的资产特别是劳动力这种资产变成资本，从而带来稳定的收入流。从这个角度看，我们认为农村家庭联产制度是改革开放第一次从根本上释放了劳动力这种资产转化资本、创造收入的功能。现在，当我们谈论未来中国的城市化问题时，则意味着我们需要进一步提高劳动力获得收入的能力，使之成为真正的、完全的人力资本，而不是受限制、不能完全实现的资产。目前，限制劳动力实现资本化、收入货币化的最根本的障碍是所谓的“户籍制度”。在过去的30年里，户籍制度使农民工无法享受城市工人的基本待遇，使劳动力这种生产要素只能获得工资收入，而其他所有的如健康、医疗、保险等福利性收入几乎为零。换言之，户籍制度使劳动力不能完成实现应有的收入。有些人宣称户籍制度为中国制造业发展提供了大量廉价的农村劳动力，并以此带动了经济的高速发展。然而，这种过程不可能永远持续。

现代意义上真正的城市化进程是“让农民变成市民”，而不是“让农民变成农民工”。正是从这个意义上，户籍制度是中国城市化发展不完全、导致农民无法真正融入城市变成市民的最根本性制度障碍。如果不取消，将会限制中国的城市化进程，并对未来长期经济发展带来不可忽略的负面冲击。

(2)集体所有制的土地制度安排限制了土地资产的资本化和货币化转移能力。土地是一种典型的资产。按照一般的逻辑分析，土地资产资本化和收入化的途径应该有三种方式。第一种方式，农民自己使用土地，从事农业生产，即用土地生产收入，这里的关键是市场交易权利必须完整，这意味着农产品价格不能有任何管制，否则会阻挡收入的正常实现。第二种方式，农民把土地出租，获得租金。出租的含义应该包括多种使用方式的转让，土地出租后，应该可被用于任何带来收入的经济用途，否则，出租收益不可能完全实现。目前而言，农地转让只能限于农业生产，其他收益再高，也无法正常转让。第三种方式，农民以土地为抵押，将它变现成收入。这种功能的实现一方面取决于金融市场的可获得性和便利性，另一方面即使有发达的金融市场，这几乎也是不可实现的，因为农民并不拥有最终的土地所有权。因此，通过金融安排，抵押变现收入的主体只能是集体和地方政府，农民只能获得部分补偿。总体而言，目前一系列的农产品价格和土地制度安排从各个角度限制了土地这种资产的资本化和货币化的实现。最终的结果是农民做不成农民，农民更做不了市民。

据不完全统计，1987—2008 年，全国共有偿出让国有土地 18.2785 万公顷，2003—2007 年收取土地出让金 1.384259 万亿元。仅北京从 2001 年 11 月到 2006 年 11 月，公开出让了 253 宗土地，共收地价款 466 亿元，其中政府纯收益 145 亿元，溢价达到 62 亿元。2008 年土地出让总收入为 493.9 亿元。试想，如果这笔巨大的资产性收入如果在农民手里，那么其收入会迅速提高，城市化进程会自然推进。

(3)金融约束从整体上限制了劳动力和土地等资产的资本化和货币化过程。现代金融的重要功能就是把收入、资本、资产在时空之间进行转移。从金融对城市化的作用方向看，金融的发展为城市化提供资金供给；从城市化对金融的作用方向看，随着城市化的不断推进，资金需求也会不断扩张。总体而言，金融在城市化的作用可被概括为三点：第一，为大规模的生产性活动融资；第二，为不断膨胀的消费需求融资；第三，为政府提供公共服务融资。

**资源和环境约束：资源消费、资源价格及环境污染**

(1)劳动力和资源价格重新调整势在必行。在过去的几十年，人为压低的劳动力和资源价格一直是中国经济获得成功的一个重要因素，但是这种背离市场规律的做法不可能长久持续。未来10～20年中国人口数量和人口结构将发生重要调整，届时随着青壮年劳动力的逐渐减少、非熟练工人工资水平的加速上涨，劳动力投入对经济增长的贡献将出现下降，中国的整个经济增长速度也可能因此而放缓。从历史经验看，20世纪90年代中期的人口老龄化问题是日本经济走向衰退的重要原因之一。因此，为了避免陷入类似日本式的陷阱，中国必须在未来20年内加速推进城市化和工业化的进程。

此外，未来主要生产要素的价格也将面临重新调整。过去由于政府控制着重要的生产要素，为了低成本促进经济增长，这些要素的价格被压低在市场均衡价格之下。也正是因为资源价格较低，许多无效率的使用也不可避免，更不可能实现可持续的能源消费与经济发展。据统计，全世界平均单位能耗（每千美元GDP产出所消耗的能源量）为0.32吨/千美元GDP，而中国的这一数字为1.02，是世界平均水平的3.4倍，约是美国的5倍，是日英德法及中国香港特别行政区的6～10倍，同期单位能源利用效率仅高于俄罗斯。

(2)能源消费对外依存度高的趋势明显且不断加强。由于中国过去的经济增长主要依赖要素和资源投入驱动型的传统模式，在经历了几十年快速发展后，中国已成为世界最主要的能源消耗大国，部分资源品消费量居于世界前列，对外依存度明显增强，世界能源消费品市场上所谓的"中国效应"也日趋明显（中国能源发展报告，2008）。总体而言，在过去的10年，中国在几乎所有的主要能源领域开始了从自给自足到向外部依赖的过渡，首先是石油，接着是矿产品，现在是煤，而不久后则可能是农业（Jonathan Anderson，2008）。根据2009年BP世界能源统计报告，2008年世界石油产量为39.28亿吨，比上年增长0.4%，其中中国石油生产量为1.89亿吨，增长1.40%，占世界份额的4.8%。中国石油消费量为3.75亿吨，增长3.3%，占世界份额的9.6%，列世界第二位，仅次于美国。2008年由于全球金融危机和经济衰退，全球能源供应超过消费增幅，然而即便在这种情况下，中国能源消费的增长仍然达到全球增量的近3/4（BP世界能源统计报告，

2009)。

总体而言,尽管世界原油生产量与增长率均高于消费量与增长率,然而,中国的原油生产量及增长率明显低于消费量及增长率,而且消费增量大、增长率高,对外依存度已经超过50%。所以,未来中国城市化道路必须走资源节约型发展模式,提高能源利用效率,并加大能源消费结构的调整,提高可再生能源与清洁能源的比重,走能源的可持续发展道路。

(3)未来国际能源价格上涨不可避免。从国际能源价格的变化趋势来看,2008年是比较特殊的一年。直到2008年上半年,全球经济仍保持着增长的态势。石油价格在2008年初也稳步上升,7月突破每桶140美元关口,即便扣除通货膨胀因素,这一数字仍是历史之最。之后,金融危机的全面爆发,使石油价格出现跳水式下滑,到2008年底跌幅超过70%。此外,天然气与煤炭等能源的市场价格趋势基本上如出一辙。

然而,如果扣除2008年金融危机这一突发性重大事件,通过观察过去石油价格变化的历史数据,发现在过去的7~8年时间里,其价格连续上涨,这在将近150年的石油业发展历史中也尚属首次。另外,纵观整个危机后的2008年,各类一次能源的平均价格也都明显上涨。国际金融危机一定程度上既标志着一个有记录以来最强劲经济增长时期的终结,同时也是对国际油价的一次“彻底洗牌”,因此,随着经济发展步伐的放缓,国际能源价格也在经历重要调整。因此,危机之后石油价格经过大幅震荡下降后,目前随着全球经济的回暖,价格也在不断回调。因此,我们可以大致推测:未来国际油价可能进一步震荡走高,对于中国城市化的选择而言,目前国际能源价格的较低价格是一种战略机遇,我们应该好好把握。

(4)环境恶化使能源问题雪上加霜。在过去的高速经济增长中,环境恶化日益成为中国面临的一个重大的、难以克服的问题,同时也使以上三个问题变得更加严重。具体而言,一方面,中国的绝大部分电力能源是燃煤发电,然而中国大多数的燃煤发电厂远不如发达国家的发电厂那样清洁;另一方面,中国的环境收费机制远不健全,使得污染这种产生负外部性的产品无法正常定价,并进入产品成本核算,因此无法显著地减少污染。据统计,全球30个污染最严重的城市中,中国有20个城市名列其中(世界银行,2007)。酸雨、水资源不足、沙漠化等问题也是中国目前所面临的迫在眉睫的问题,此外,中国在全球气候变化上的影响也日益扩大,为中国未来的发展带来越来越多的挑战。总体而言，未来为了克服和治理环境问题，中国长期经济增长的速度也不可避免地受到影响，据测算，中国每年治理空气污染的费用占 GDP 的比重为 3% ~7%，这必然会加大城市化的成本，因此未来中国城市化必然走可持续的发展道路。

**公共服务政府融资约束**

城市的迅速扩张也对中央和地方政府的公共服务能力提出了巨大挑战，如何通过公共融资以满足增长的城市人口对城市公共服务的需求将成为未来一段时期政府公共支出的重点。据估计，未来 20 年，中国城市的政府支出规模将增加 5 倍，由目前的每年 2 万亿元支出规模增加到 2025 年的 10 万亿元，这将对政府的融资能力提出挑战。

(1)政府公共支出结构将发生重大改变。一般而言，政府公共支出主要包括行政管理、公共服务、城市建设、社会保障及其他支出。从目前的情况看，行政管理和公共服务是最大的两类支出渠道，分别约占城市政府支出总规模的 50%、30%。然而，随着城市化进程的不断加快，未来政府支出的基本结构也将发生重大调整。可以预料，未来公共服务支出将成为政府支出的主体。这是因为，一方面，随着城市人口的膨胀，公共服务需求覆盖的人口总量会明显增加；另一方面，市民个人财富的增长也会对公共服务提出更高的要求。麦肯锡数据显示，公共服务占总支出的比例将由目前的 30% 左右的水平，提高到 2025 年的 47%。此外，为了提高城市的宜居环境，大量的城市基础设施也将是政府支出的一个重要渠道。例如，在交通运输方面，据估计，2025 年之前，中国将有 170 座城市满足城市大众交通系统的规划要求，这将是欧洲该类城市数量的两倍以上。这会引发大规模的大众交通建设高潮。另外，中国还将建设多达 50 亿平方米的公路和 2.8 万千米的地铁。

(2)城市化和公共服务对政府融资能力提出更高要求。高速的城市化进程意味着必须为更多、更高的公共服务提供资金支持。可以预计，未来的几十年内，中央和地方政府的公共支出将面临巨大压力。特别是考虑到规模庞大的流动人口，如果为这些全国各地的流动人口提供公共服务、医疗保健和教育等福利，那么政府的融资需求将会更大。因此，福利支出再加上基础设施建设，将对整个社会的公共融资系统带来巨大冲击。在我们看来，未来政府城市化所需资金将会来源于以下几个方面。

首先，快速增长的经济将成为政府资金的重要来源。尽管城市化的资金需求巨大，但是考虑到未来中国经济增长的乐观预期，整体而言，城市化公共融资的总体需求增长相对于 GDP 增长的比例将会是小幅增长。当然，也许更重要的是如何在不同的城市和区域合理分配资金。在过去的几十年里，中国的城市化发展是不平衡的，因此未来的资金安排应尽量避免进一步恶化这个问题。

其次，出让土地获得收入。这一部分收入来源在政府资金里一直发挥着重要作用，是地方政府解决资金不足的重要渠道，但是可以预见，这是难以持续的。这里最重要的挑战来自于中央政府严格的征地政策，预计未来依赖征地进行融资将会变得更加困难。

再次，城市全要素生产率的提高将会节约政府支出。这里的一个重要原因就是全要素生产率的提高可以使城市发展集约型地使用资源，从而降低支出。在土地使用方面，高效和集中发展的城市化将会提高城市的使用效率；另外，公共服务供给效率的提高，特别是医疗保健服务效率的提高将会降低政府支出的部分压力。据估计，城市生产力提高将减少政府公共支出约 1 万亿元。

然而，尽管如此，在一些城市仍有可能出现大量的政府赤字，这是因为经济的高速增长无法满足城市预算中公共服务、管理费用及其他支出的更快增长，因此，未来地方政府融资的压力将持续存在，无法回避。

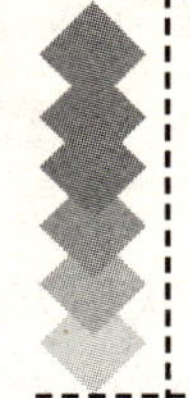

# 国家发展战略转移和各地区经济走向均衡将在区域经济发展上得到重要体现

周明剑：2010年，全球经济进入后危机时代，中国经济在全球经济体中率先复苏，在经济增长速度不再成为最为引人关注的挑战之后，为了保证经济增长的可持续性，结构调整自然被提到一个更高的高度。在结构调整的过程中，不同区域之间的规划开始引起广泛关注，也成为金融市场关注的重要投资线索之一；如果说中国不同区域之间的发展差距在很大程度上表现为城镇化水平差距的话，那么，城镇化的推进与区域发展规划的完善，会共同推动中国区域增长结构以及整个经济结构调整的进程。

值得关注的是，自2009年以来，国家发改委先后推出了长江三角洲、珠江三角洲、宁夏、重庆市、横琴、江苏、辽宁、黄河三角洲、图们江、海南国际旅游岛、广西经济社会发展等11个区域发展规划，获批的区域发展规划数量几乎是过去四年的总和，区域发展战略从沿海到内地、由东向西、从南到北，布局呈现“全面开花”的特点。2009年12月，国家发改委公布了《我国区域协调发展“十二五”思路建议》，明确国家将继续实施区域发展总体战略，建立健全“新”的区域政策体系框架。为何在当前密集出台多项区域发展规划？

巴曙松：具体原因包括如下几点。

(1)我国区域经济发展存在明显的不平衡。

从各省的GDP总量上看，东部省份GDP明显高于其他地区，中部省份其次，东北三省和西部省份GDP总量较低。同时，在西部大开发等一系列政策的支持下，中西部地区近年来经济快速增长。从各地区GDP的加权平均增长率来看，西部地区的增长率最高，达21.2%，中部地区位居次席，达20.4%，东北地区增长率为18.7%，东部地区增长率最低，为18.5%。特别是在2009年应对金融危机的进程中，尽管经济发达的东部地区在经济总量上依然优势明显,但中西部地区却在以更高的增速快速追赶。

(2)我国目前城市化存在区域发展的严重不平衡,呈现“东高西低”的格局。

按照区域经济理论,一国城市化往往在沿海,特别是交通便利、贸易发达、具有资源禀赋的一个或几个城市快速发展,然后再通过内河等联系方式对其他地区起到辐射和带动作用。我国东部沿海地区城市化水平普遍较高,而中西部地区严重滞后。从区域发展角度看,未来城市化的发展将沿着“集聚化”与“扩散化”两条脉络推进,资源将继续向原已形成的几个大型核心城市集聚,大都市圈效应将愈加明显,同时,城市化进程将向中西部等地区扩散,城市化水平不足,但具备一定资源、交通优势的地区城市化速度将加快。

(3)金融危机下,区域经济协调发展紧迫性加强。

早在改革开放之初,我国就采取区域政策促进经济发展的战略,当时将全国分为沿海地区、内陆地区和少数民族地区,“八五”规划又分为沿海地区、内陆地区、少数民族地区和贫困地区,从“九五”规划开始,国家区域政策明确地由侧重沿海转向侧重区域协调发展,并提出了西部大开发和振兴东北等多区域协调发展战略。2005 年,有关政策研究机构提出“四大板块八大经济区”方案,将全国划分为东部、中部、西部、东北四大板块,并将这四大板块划分为八大综合经济区。但区域经济发展仍明显不平衡,东部地区在经历多年高增长之后面临产业转移与升级的抉择,而欠发达地区仍在努力寻求经济发展的方向。在经济结构调整,特别是区域经济结构调整的背景下,国务院去年连续批复了数个国家战略的区域发展规划。

(4)当前区域政策已经成为“调结构”和加快城市化系列政策的重要组成部分。

与之前的区域政策相比,本次政策具有三个特点。一是区域政策向纵深演进。区域政策针对的地域范围更具体,措施更为详细。如在东北振兴的基础上,批准《辽宁沿海经济发展规划》和《图们江合作开发规划》。二是区域政策成为“调结构”系列政策的重要部分。多个区域政策的获批,赋予地方政府更大的积极性和更多的政策空间,对促投资、保增长意义重大;同时,此次金融危机之后,传统的经济模式难以为继,东部向上游和服务业发展，中西部加快城市化进程，给区域结构调整带来难得良机。三是区域政策也是加快城镇化进展的关键。我国广大中西部地区的城市化水平依然较低，大量的基础设施建设仍有较大空间，丰富的资源储备仍可用于承接制造业的梯次转移，通过促进东部地区向先进制造业和现代服务业升级，可以一定程度上保证“保增长”和“调结构”政策的协调推进，同时，加快中西部地区城市化进程。

周明剑：区域发展如何从宏观、中观、微观层面推动中国经济结构转型？

巴曙松：第一，区域发展规划要将国家的全局战略意图与地方的实际需要有机地结合起来。

通过此次区域发展规划，全国将出现七大经济片区，形成以网络布局为特点的生产力分布，将打破过去以行政区划为主要特点的经济格局，搭建“大进大出”经济体系以及“大区域经济”的“立足点”和“增长极”，带动中西部地区实现跨越式发展，提高国家综合国力和国际竞争力的区域，实现了经济从全方位的经济刺激转变为以区域为重点的经济刺激。

第二，区域发展规划将有助于提升地区差异化核心竞争力。

在产业区域调整中，东西部之间加快完成产业转型升级，特别是沿海核心地区——珠三角、长三角、首都圈等通过节能减排，提高自主创新能力，将传统产业不断向周边扩散，转变经济增长方式，形成新的经济增长动力，向产业高端领域转移。周围地区，特别是市场通达性较好的沿海核心地区毗邻区域以及沿长江、沿京广线、沿黄河中游地区，在承接沿海核心地区因产业升级转移出来的产业和人力资源中，加速推进自身产业和人力资源转型升级，西部地区则加大对资源开发与工业基础设施投资。

第三，企业成为区域经济合作的主体。

在市场经济条件下，企业获得最大效益是决定产业区域转移的核心因素。2004 年后中西部地区的资本回报效率已经明显超过了东部地区，固定资产投资增速也持续稳定超过东部地区。比如说像上海、广州这经济增长带有龙头地位的城市经济增长开始比较高，但是投资增长率明显地低于经济增长率，这是产业结构非常的结果，比如说上海 2008 年 GDP 大概增长 13%，投资大概增长 9%。最近几年增长一直比较领先的不是广州、不是上海，而是内蒙古，能动性投资和 GDP 的增长处于全国的前列。东部企业需要产业转移开拓新市场、获取低成本的资源和劳动力。中西部地区企业则转移制造加工中心,在沿海地区做高端增值管理中心,企业成为区域发展及经济合作的主体,不同地区之间形成相对的优势互补。

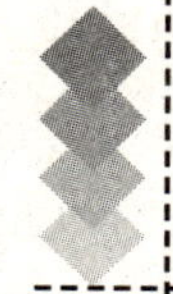

# 区域发展形成城市集群带，推进城镇化建设

周明剑：城镇化与产业区域转移是个互动的过程，城镇化发展带来的产业分工格局与区位比较优势的重构会促进产业区域转移，而产业的区域转移带来的集聚效应和规模经济也将推动城镇化的发展。

从城镇化的具体路径看，政策研究界一直存在两种模式的争论，从大致形成的共识看，以大城市的方式解决城乡二元结构的好处是中国人多地少，大城市更节省资源，经济学上的效率更高，坏处则是生活成本高、道路交通拥堵；而走小城镇道路的好处是各地地方政府有极高积极性推动小城镇建设，尤其是基础设施建设上，不足的是以前中国曾经在苏南实行过小城镇化，但是如果没有产业的支持，没有大城市带动，很难深入。中国应该选择哪种模式推进城市化进程呢？

巴曙松：目前来看，中国特色的城镇化道路日益清晰，即更为强调以大带小基础上的不同城市定位，最有可能的一个路径是“大城市工作、中小城市生活”。这种方式的设定，必然会对中国很多公共设施、交通、治安、网络等的布局，以及很多资产的估值都必然会产生深远的影响。根据有关政策研究机构的预测，在当前城镇化水平相对较低的起点上，中国的城镇化预计还会持续比较长的时间，并且成为中国经济增长的一个中长期的动力，实际上，在2009年底的中央经济会议中提出了“把城镇化作为扩大内需的依托”，在这次研讨班上把城镇化视为“释放中国自身最巨大最富有潜力的需求的空间”的举措。当前中国的城镇化率大约在46%左右，如果2030年达到65%的城市化率，每年提高1%左右，就必然会产生一个巨大的需求空间，同时城市人口是增长潜力比较大的消费人群，也将带动消费市场发展。

区域经济发展推动了城市集群和产业集群的形成。在中国已经形成了以珠江三角洲、长江三角洲、环渤海地区的城市集群带，促成这个城市集群的非常重要的推动力，就是这些相关地区特定的产业具有比较优势，产业上中下游集中度高，极大降低了产业整体发展的成本，使得这些产业在特定地区的发展具有很强的竞争优势，这将有助于城市集群和产业集群的形成，推动城镇化的发展。

城镇化推动区域均衡发展，预计也会进一步成为重要的政策切入点。中国在城镇化整体发展的过程中，地区间的城镇化差距呈现不断扩大趋势，城市化水平也参差不齐。总体来说，东部城市化已经处于较高层次的现代化发展阶段，而中西部地区的城市化仍然处于初级阶段，城市化率低、城市规模普遍较小、层次较低、竞争力不强。通过全球发展的经验总结，主要的发达国家基本上从沿海率先发展，然后通过内河向内陆地区拓展。如果这个趋势得以延续的话，当前很多区域政策需要放在整个国家的大的结构调整背景下来考察，比如，海南旅游岛的建设已经多年，最近得到市场广泛认可，实际上与当前推动结构调整和内需发展，特别是重点发展旅游业等密切相关；而安徽的皖江开发带等则与部分产业从沿海向内地转移直接相关。

# 如何解决区域经济发展过程中的融资难题

周明剑：在推进城市化及区域经济发展的过程中，一个很现实的问题，就是如何解决所需要的巨大资金缺口？

巴曙松：政府融资平台和市政债券仍将是区域经济发展的主要融资渠道。在中国区域经济发展和城市化加速阶段，地方基础设施建设投入大，需要庞大的资金支持。从中长期看，大规模的基础设施建设可以助推工业化和城市化，从短期来看，扩大基础设施投入可以通过投资的拉动迅速提振GDP的增长。受4万亿投资计划刺激，以及在积极财政政策和适度宽松货币政策的推动下，2009年各地方政府纷纷举债进行大规模基础设施建设。但在中国分税制财税体制下，中央和地方的事权和财权的分配出现了事实上的事权重心下移而财权重心上移，导致地方政府事权和财权的不对等，同时，中国转移支付制度尚不完善，大部分地方政府可支配财力远远无法满足庞大的资金需求，唯有寻求外部融资，从而导致地方融资平台债务规模的剧增。据央行2009年第四季度披露的数据，全国3800多家地方融资机构，管理总资产8万亿元，地方政府的负债已达5万亿元。由于融资途径主要靠银行贷款，在去年全国9.59万亿元的新增贷款中，投向地方融资平台的贷款占比高达40%，总量近3.8万亿元。

与此同时，现阶段中国大力发展债券市场的政策为地方融资平台发行债券提供了条件，2009年中国共发行了105期城投债，发行规模超过1300亿元，财政部代为地方政府发行2000亿地方债券，成为地方经济通过直接渠道获取资金的主要来源。除信贷资金和发行债券外，地方的公益建设项目资金还有其他的来源方式，如资本市场债券融资、信托计划、BOT等。在本轮区域经济发展中，作为金融资本中最活跃的PE和社会资本已经盯上了其带来的巨大机会，虽然沿海地区吸引了较高比例的投资，我们也看到私募股权基金正在大量流向内陆省份，一项调研显示42%的私募股权基金被用于总部位于内陆省份的公司。

周明剑：怎么控制地方融资平台的风险呢？

巴曙松：首先，通过规范发展化解地方投融资平台的潜在风险。尽管目前政府及相关监管部门的调控能在一定程度上限制信贷资金流入地方融资平台，但在地方政府不允许直接举债以及债券市场发展严重滞后的前提下，银行贷款依然是地方政府筹集资金的主要渠道，这个过程可能会伴随着整个城市化的进程，以及地方政府职能的逐步转变的过程。在2010年1月19日召开的国务院第四次全体会议上，温家宝总理曾在讲话中提出，“尽快制定规范地方融资平台的措施，防范潜在财政风险”。在政府及相关监管机构的调控下，预计地方政府融资会有所收缩，各商业银行在新增贷款控制方面，将减缓对地方融资平台的信贷审批，在增量放贷方面对地方融资平台的风险控制将进一步增强。

地方融资平台急剧增长的风险大致来说主要体现在两个方面，一是与地方财政相关的风险，二是地方融资平台破产将会波及相关金融机构。

在风险防范方面，可以从以下几个方面进行。一是完善中国财税体制，平衡地方政府事权和财权，降低地方政府对外融资的依赖性，并摸清地方政府债务规模，制定合理的债务风险控制标准。在成熟市场，大部分国家对于地方政府债务融资都制定了风险控制标准，以美国为例，对于地方政府债务不仅制定了规模控制标准而且还制定了风险预警系统，通过严格的规定来约束地方政府的融资行为。二是在防范风险的同时，也需要对不同地区进行分类对待。虽然地方政府融资风险剧增，但并不是所有地方都存在同等的风险。一些发达地区的经济和财政增长能力很强，其负债水平相对较低，债务风险较小；另外，还有一些地方通过基础设施建设改善了商业环境，带动了项目周边土地增值，增强了地方政府收入。这些评估需要差别化地看待，需要动态地看待。三是区分不同类型的融资平台，实行分类管理。一方面应区分不同行政级别的融资平台，对于县（市）级、区级等财政实力相对较弱的融资平台，由于2009年已有大量的新增贷款流入，因此，该类融资平台目前风险相对较大。同时，也需要区别不同性质的地方政府投融资平台，运行状况良好的投融资平台就可以直接转向市场化的融资；而一些纯属用于进行融资并没有什么具体业务的平台，应当纳入重点监控风险的行列。

四是引入市场约束，鼓励地方融资平台通过资本市场进行融资，减少银行系统风险的积聚。在美国，地方政府主要通过发行市政债券进行融资，但由于中国现行预算法尚未修订，地方政府尚且不能直接发行债券，因此采取组建地方融资平台的方式来筹集资金，实质上中国地方融资平台发行的债券与美国市政债券在诸多方面都很相似。因此，未来在基础设施领域鼓励地方政府发行城投债，是改善融资结构的一个重要方向。

其次，加强信息披露促进市政债券发展。目前我国城投债发行按照一般企业的要求进行信息披露，《关于进一步改进和加强企业债券管理工作的通知》《公司债券上市规则》对公司债（包括企业债）的相关信息披露做出了规定。同时，城投债也需评级机构出具信用评级报告。然而，由于我国地方政府融资平台——城投公司财务规范性有待改善，透明度较低，信息披露意愿不强，这在一定程度上影响了信息披露的质量和及时性，对投资者投资城投债产生一定的负面影响。

美国市政债券发行有着严格的信息披露制度，证券发行人要求必须及时、定期公布和更新披露信息。1989 年，美国证券交易委员会（SEC）为了提高市政债券信息披露的质量和及时性，修订了《1933 年证券法》的 15c2－12 规则，要求所有债券发行额在 100 万美元以上的承销商都必须获得债券发行人的官方陈述，并及时传递给投资者。同时，为了预防市政债券市场的舞弊行为，SEC 分别于 1990 年和 1995 年采用了新的市场交易披露原则，要求发行人及时、定期地更新信息。市政债券上市前后要经有资格的审计机构对发行人的财务状况、债务负担、偿债能力等出具意见。且在发债前，需经认可的信用评级机构对其债务偿还能力及付息意愿程度进行审核，并出具信用评级报告。所有公开发行的市政债券都要聘请一名国家认可的“债券律师”或“独立律师”，由其对发行的合法性、免税待遇等出具法律意见，以保证市政债券有关合同的可执行性。美国监管机构规定，发行债券必须拥有信用评级，且需在两个评级机构进行信用评级。个人投资者也会根据他们获得的信息，慎重选择政府发行的市政债券，这在客观上起到了对地方政府的监督核查作用。

监管部门要进一步完善企业债券信息披露制度，例如制定明确的惩罚机制，也可效仿深圳证券交易所对上市公司信息披露的做法，建立发行人诚信档案，以此来提高地方融资平台信息披露的积极性，提高信息披露的质量和及时性。从而对城投债的信息披露进行明确规定,若地方融资平台违反规则,监管部门完全有权对其进行警告、通报批评,严重者甚至可以限制其未来债券发行。

第八篇

# 低碳经济：全球性非经济博弈

“低碳”是欧美发达国家掠夺世界财富的新手段。“他们”给世界留下了十年准备，在这转瞬即逝的时间里，我们要做些什么？也许，知道“要什么”比知道“要做什么”更加重要……

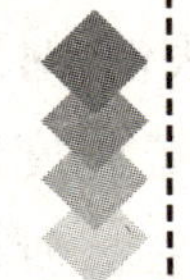

# 钟伟：低碳是西方用来阻碍中国经济发展的借口

周明剑：低碳已经成了这两年的流行语了，到底什么是低碳经济，中国在这场低碳经济热潮中扮演什么角色？

钟伟：关于低碳，我在一篇文章里发表了我对低碳的看法，第一，低碳的概念实际上令人非常困惑。文明人的生活一定不低碳，高收入的生活肯定比低收入的生活不低碳。最低碳的生活是原始人的生活，盖房子肯定不如不盖房子低碳，点蜡烛肯定不如不点蜡烛低碳。就中国经济整个情况来看，城市人口6亿多，农村人口7亿左右，中国广大国民的生活还是很低碳的，中国农民的生活基本低碳，长江以南冬季都不用取暖的也是低碳的，从历史来看中国生活一直比较低碳。发达国家生活不低碳，对大气、臭氧层的破坏主要是工业革命以来导致的结果，从过去到现在中国一直是低碳，目前仍然相对低碳，尽管排放比以前多多了，但是我们人均GDP 4000多美元，人均排放量才有发达国家1/10左右，要承担低碳责任更多的是发达国家。

第二，低碳的概念能不能成立，非常令人困惑，我不太清楚低碳有没有数据支撑？地球是一个星球，在人类广泛活动之前，地球有几千年持续变冷，也有几百年持续变热，变冷形成冰川，变热发生大洪水，那个时候人类没有广泛活动，我们不能把地球气候变化，尤其持续的气候变化归结为人类活动，即便把气候变化归结为人类活动，数据支撑也是不够的。第一次工业革命到现在250年，可以测量0.1℃左右精确的真空式的水银温度计不到200年，全世

钟伟教授做客人民网

（图片来源：人民网）

界使用的时间更短一些。关于联合国气候变化公约这一块，主要数据支撑是四组数据，覆盖长度都在一百年左右，一百年左右的数据都是发生过工业革命城市热岛效应的城市温度。是否有代表性很难说，即便有代表性，时间覆盖长度太短，相对于几十亿年寿命的地球来说，百年来的数据可靠程度比较差。四组数据中有两组数据找不到原始数据了，只有两组还存在。所谓的气候变暖基本的数据支撑，以我的理解相当于用一天的 K 线图来形容中国十几年的 A 股市场。不能说一天的 K 线图不对，但是你能从一滴水看到一个海洋是需要很大想象力的。低碳概念，首先我不认为地球气候变化跟人类活动有特别大的关系，其次不认为现在的低碳理论支撑是足够可靠的。

第三，承认了气候变化由于人类活动引起的，大气中排放的二氧化碳的总量主要是发达国家排的，不是由我们中国排的。打一个比方来说，我们地球人同舟共济在一条船上，第一次工业革命以来，欧洲和北美发达国家，已经在这艘船上凿了 90 个洞，中国凿了三四个洞，发达国家警告中国说你必须低碳，否则的话船就要沉了。前面 90 个洞没问题，我们多打一个洞就沉了。我刚刚才打了四个洞，我占地球 20% 的人口，所以我至少要打 20 个洞。你们都打了 90 个洞了。我们要求要么发达国家把 90 多个洞补上去，因为发达国家向大气排放的二氧化碳收不回去了；要么发达国家尽责任和义务，保证中国经济增长的同时给中国资金资助、技术援助，使中国在低碳方面做得更好一些。发达国家对中国低碳技术支持、资金支持毫无兴趣，只能说明低碳是发达国家用来阻碍中国经济继续成长的一个借口和幌子。

第四，低碳经济由西方学者和政客提出来，明明大气污染、气候变暖的问题是由他们导致的，反而是刽子手站在道德制高点来批判受害者。大气变暖问题主要是由西方国家导致的，西方国家没有考虑过为发展中国家提出支持，他们现在提出来我们要过好日子，不削减我们的状态，你们就这样过下去吧，你们中国增长到 4000 美金就别增长了。西方应该照照镜子看一看到底是谁导致气候变暖，西方没有资格批评发展中国家。

第五，中国在低碳方面有没有义务，有，但是不能超过国情国力的水平。按照中国不到 2400 元的贫困线，中国还有 1.5 亿的贫困人口，人均 GDP 才 4000 美元，人均耗电量、能耗水耗都非常好，这种情况下要求中国承担非常大的减排、低碳任务不切合实际，跟中国承受能力也不一致。反过来像欧洲、北美有没有必要消耗这么多资源，是我们中国生活水平不要改变了，还是你们美国生活水平往后退一点，来得更快？我认为西方发达国家削减一半，比中国经济增长一倍贡献更多，他们站在山顶上不愿意弯下腰走两步，却告诉在半山腰的人不要往上走，超出中国国力的许可承诺更多减排任务，相当于给中国经济发展路径选择自己戴上镣铐，而且是不光彩的，带上镣铐之后不会为中国喝彩，还会指责，不如不戴。

第六，除了低碳，最重要的还有环境保护要做。国内土地资源要保护，水资源、森林资源要保护，否则都直接危害和污染本国国民的健康。地表水、土地要治理，环境要保护，低碳废气的排放必定污染大气层，事情有急有缓，对中国来讲更重要的是环保，而不是低碳。对中国来讲实现低碳最有效的做法是提高资源价格，大力推行节能，环保节能是正道，第一要追求环保，把环境成本加到产品当中去；第二追求节能，使得单位能耗降低，如何使中国经济更低碳？对生产环境要提高，另外要素价格要继续上升。之所以国内耗水耗电高、污染大，关键是污染的成本——电力的价格、能源的价格还不够高。

这就是低碳的本质。

周明剑：也就是说，低碳阻碍中国的经济发展。

钟伟：站在道德制高点上。

周明剑：对于制约因素我们国家有什么办法去破解？

钟伟：拉着大国一起来。中国现在当然是排放比较大的一个国家，但是像美国、俄罗斯这些国家排放并不少，如果要达成减排，全球共同努力。不是中国一家往大气层在排，既要控制总量，同时考虑增量。控制总量比控制增量更重要，不能说已经污染排了这么多总量，总量问题可以忽略不计。看到中国增量问题比较多，就拼命抓住增量，我自己觉得控制总量更重要。美国排放总量很大的，如果不控制它的总量怎么行。拉着发达国家同时控制总量，同时放缓增量，要发达国家合作，向包括巴西、中国的发展中国家发展低碳经济提供技术和资金上的支持。有些发达国家在节能减排方面有很好的技术，但是搞技术壁垒，不把技术转让给中国。中国整个能耗结构当中，煤炭最多。对于煤的清洁利用技术，发达国家是有的，日本、欧洲都有对于煤产品煤制品的深度开发利用的技术，但是根本不转让给你，这就是很大的问题。还要进行资金补贴，发达国家曾经承诺拿出 GDP 的 0.7% ~1% 资助发展中国家，到现在为止发达国家拿出来的总额只到 GDP 的 0.3%。发达国家越来越富裕了，越来越为富不仁了。非洲最吃亏，因为他对地球排放没有大的影响，却没有得到任何的资助，未来发展权被剥夺了。发达国家有很大义务，但是发达国家只字不提他的历史责任和现代任务，只提限制发展中国家往前走，这太过分了。

周明剑：现在欧美国家开始在低碳经济，特别是在相关规则、制度上的设置壁垒，对中国产品在低碳方面设置过高标准，限制我们的出口。

钟伟：反映出西方搞低碳的实质，以低碳经济为借口，设置绿色壁垒的实质。其实它本身搞贸易和投资保护主义，又不好意思公开说我要搞贸易投资保护主义，就以低碳为借口搞吧，美国的做法更加流氓一些，欧洲的做法更加伪君子一些。

周明剑：在这种人家设置壁垒、设置这些规则的情况下，作为投资者有什么机会，在这一轮低碳经济热潮中能够抓住？

钟伟：低碳经济给我们带来的机会是非常多的。第一个节能公司，合同节能这块安排很重要。美国节能公司很发达，打个比方，我们现在在这个宾馆，宾馆有照明、空调、电梯都要耗电，可能这个宾馆运营的电费 5000 万。有一个节能公司出现了，他跟宾馆签署了一个协议，要求我的照明时间多长，照明亮度多高，要求我的电梯每小时载客量多少，要求在室内保持恒温、恒湿的温度和湿度多少，耗能量化要求指标写下来，节能公司说可以，我们签 5～10 年协议，协议长一点会好一点，我承包你宾馆所有的用电，你每年给我支付 4200 万，你现在 5000 万，我替你一年节约 800 万。至于维持宾馆能耗的真实开支是多少，不管你的事，替你锁定财务风险。我可能用一些节能技术，电梯本来是大电梯两部，我改成四部小电梯，高低区域分开，低区域有低区域的电梯，高区域有高区域的电梯；采取更节能的灯源；本来有空调系统，我可能改变建筑本身保温性能，建筑惰性，使得空调更节约了；空调除了中央空调大系统之外还有辅助空调系统，引入地缘热泵等。通过一系列的节能安排，我的独立电力公司为宾馆做了能源优化使用技术，到最后也达到了同样温度、湿度，电梯、照明也都提供了，实际能源开支只有 3500 万。通过这个项目我自己挣了利润，为客户节约了 800 万。合同能源公司，合同节能公司的发展，未来在中国肯定是一个方向，是现有技术的一揽子优化解决方案，关键政府对这种节能公司有没有税收上的优惠，这是挺关键的。

我们现在如果要考虑低碳的话，重点要考虑产业的竞争能力。现在有经济效益，但是却没有社会效益的东西，可能就要回避了。未来我们产业集中在什么地方呢？比如说基础设施这一块，我们打个比方，我一直认为低碳带来肯定是基础设施信息化，高速公路的路网管理是由信息系统管理的，供水供电供燃气，实际上是由智能系统管的，所谓智能电网、水网等。智能化之后，一个是采取差别价格，在一定的耗水耗电燃气之内，三口之家这个使用价格是比较低的，用得越高越多，我征收越高，而且用的智能抄表。基础设施信息化和智能化也能够给企业和个人带来非常大节能方面的好处，低碳方面的好处，同时给新的行业，对基础设施进行大量智能化信息化的改造，也有很大的机会。想象一下把水表、电表智能化，能够有梯级计价方式会更好一些，电表全国有 5 亿块左右，这是低碳给我们带来的巨大产业机会。

周明剑：能源这个行业国家已经可以放开，民资可以进入，民资在能源这块有什么机会没有？

钟伟：传统能源还是很有前景的，包括石油、煤炭、天然气都非常有机会。煤炭和石油、天然气矿物质的价格还远远没有到非常高的水平。原油 80 美元一桶还是比较低的，这个价格其实并不高，最高的时候接近 200 美元。国内产油比进口油可能更便宜一些，但国内的资源是相对有限的，所以从国家来算账，不仅仅算经济账，还要算经济长远发展保障的账。这几年西方国家对原油需求量的增长是有限的，这正是中国增加原油进口的好机会，趁着这几年把国际原油需求的份额打乱一下，增加我们原油进口份额。我们经济好，他们经济不好，这个时候我们增加原油进口占比不会引起发达国家的反对，这就能改变原油未来供应格局。建立能源的保障体系，不仅仅考虑用得起的问题，还要考虑买得到、用得起、运得回。用得起是最初步的，买得到是最好解决阶段，随着经济转型会用得起，现在运得回是最脆弱的。

周明剑：机会在国外。

钟伟：我们称为反向海外投资。当初老外到我们这儿投资，我们现在到海外投资，到海外投资寻找资源、技术、渠道、品牌。因为以前我们只是一生产国，我们不覆盖生产链全过程，不覆盖生产到销售。从最初的供货商到最终消费者我们整个链条不控制，以后我们要控制，供货商在哪里，包括原料的供货商在哪里，最终消费者在哪里，我们要寻找能源、技术、渠道，我们有这个能力，也有这个机会，这是对能源的一些思考。

对新能源我有点担心。新能源不是新能源,是和传统矿物质能源相比,缺乏经济竞争力的传统能源。核能不是新能源,20 世纪 60 年代就有了。风能不是新能源。还有太阳能,太阳能更不是新能源。所有的我们现在所说的新能源都算不上新能源。能源提供形态原来就有,只是和矿物燃料相比经济效益比较差。如果说新能源有出路,前景就是石油煤炭大涨价。如果石油煤炭不大涨价,新能源没有出路。第二次世界大战以来只有一种新能源的价格上升,就是天然气。有了液化技术以后可以管道运输,包括运输船出现了。如果没有技术进步,天然气也不是很好用的能源。我们再回过头来看,矿物能源不涨价,新能源没前途,至少新能源进步的曲线不太厉害。如果传统能源大涨价,新能源有机会。那么为什么现在不在传统能源上加强话语权?以后它涨价了,新能源才有技术,如果它以后涨价了,我更应该控制传统能源。

再看新能源的过程,新能源使用是可以的,但是生产不占便宜。打个比方,太阳能,生产太阳能多晶硅是高污染、高耗能的行业,需要 10 ~ 15 年才能把做块板的能耗补回来。如果我们做太阳能,我们不做板,我们进口,如果我们做板子就不低碳,就吃亏,如果各个国家都不做板子,太阳能怎么好。

周明剑:我们作为一个投资者来说,新能源行业还有没有投资价值?

钟伟:这些只有投机价值,没有投资价值。太阳能主要用的独立电源,比如卫星,很难有导线过去成为电网一部分,是不能纳入电网的。比如卫星、海上灯塔、航标灯这些用的都是太阳能。核能从它的核燃料的开发到废弃物的处理,污染最严重,触目惊心,除非我进口核燃料,除非把核废弃物扔在深海里头,否则核能不是好的能源。我们现在不知道一个核电站到了实际寿命之后怎么才能完成比较好的善后措施,核能的污染更严重。核能并网发电以后还是比较稳定的。最糟糕的能源方式就是风能,风能对环境的破坏非常严重,高噪声,高污染,因为风能要发起电来发电机组一个一个独立机组在发电,噪声是很大的,所以只有像甘肃酒泉的戈壁上建机组。单个发电机组发电量有限,地挖了沟,对地表破坏非常严重。最致命的缺陷是,有风就有电,没风就没电。如果发电多对电网的平衡带来影响,电网不能依赖风力突然有突然没有,风能发电我们称为垃圾电。

周明剑:新疆大片都停了,说是并不了网。

钟伟:风力发电适合做小规模的联网,我们镇正好处在风口上,镇有几百户人家搞一个小电站,用用电可以。

周明剑:新能源这块短期的投机机会有没有呢?

钟伟:从现在角度来说,脱离政府的财政支持、税收支持,现在来看生命力不足。新能源是一个热炒,套取国家税收优惠的投机性行业。未来有没有前途,我们不能下定论,但是现在是没有前途的。

周明剑:现在我们中国石油天然气集团公司成立了天津碳排放交易所,中国石油化工集团公司搞了北京交易所,但是最近这两天国家发改委副主任不知道谁说的,在中国搞这些东西还不成熟,什么时候比较成熟,如果我们不搞,国外搞起来能不能来得及。

钟伟:碳交易市场是比较复杂的市场结构。第一,这个市场是碳许可证的交易,碳许可证交易在我们国内还是具备条件的。如果中国决定排放总量就应该在碳交易市场卖许可证,企业买了许可证才能排,所以实际上碳排放许可证制度和许可证交易制度在我们国内我不认为它是过分的,现在有条件做,如果现在不做以后就晚了。第二,碳综合技术,排了多少要采取综合措施,这还有困难。在碳综合市场上,中国是最大的卖方,中国在卖综合指标,西方在买综合指标。碳排放指标的交易许可。中国是市场当中最大的碳综合卖家,现在发展起来还不成熟。第三,围绕低碳的金融工具。现在可能还比较困难,这些多层次的市场依托于第一个市场——许可证交易。如果没有碳许可证交易,碳的市场价值体现不出来。污染也罢,排放也罢,在我们国内污染权、排放权都应该作为许可证来卖,这样子是市场基础性建设工作,挺重要,不是说我们不具备条件就不搞,搞了就有条件,用王进喜的话说就是创造条件也要上,没条件也要上。

# 高辉清：低碳经济——全球经济突围的秘道？

周明剑：“祸兮福所倚，福兮祸所伏”。这句话似乎是经济繁荣与衰退周期性交替变更的最好注释。今天的世界进入了一次世纪经济大危机中，记忆中能够与之比肩的只有20世纪30年代的经济大萧条。然而，历史上任何一次经济繁荣的种子都是孕育于萧条之中。如果我们能够在积极应对当前经济危机的同时，提前预判未来经济繁荣的种子所在，迅速调整发展方向，则不仅能够尽快实现由“危”向“机”的转换，而且还能够在未来新的国际竞争格局中占据有利位势。您认为这次的经济危机给世界的经济格局带来什么样的深远影响呢？

高辉清：我认为，经济繁荣的种子本身就孕育于旧的经济格局之中，就如同自然界的四季变化一样，只要春天一到，光秃秃的枝头自然就会发出新芽。在这种情况下，寻找经济繁荣的种子并不是很重要。但是，今天我们所面临的危机并不一样，虽然名义上为“美国的次贷危机”，实际上是一场“百年一遇”的国际货币体系和世界经济格局大变局。其深远影响至少包括以下几个方面。

首先，自由资本主义模式已然崩溃。在全球范围内推行经济和金融自由化曾经是美国实现金融霸权的最重要的外在条件，因此美国过去不遗余力地在这方面进行努力。新兴市场国家20世纪80年代以来因为投机资本的过度流动而发生危机，这些国际组织居然以进一步实行金融自由化改革作为经济援助的前提条件。与此同时，在同其他国家加入世界贸易组织的谈判中，美国几无例外地要求对方开放金融市场。实践表明，自由资本主义给世界带来的只是越来越频繁爆发的金融危机和经济危机，以及给美国利用经济手段干预他国经济，甚至掠夺他国资源提供了更冠冕堂皇的借口。但是，今天自由资本主义的危害终于降临到美国自己头上，美元的问题不再只是世界的问题、而且也成了美国人自己的问题，美国开始异乎寻常地大规模实施带有资本主义特色的“社会主义改革”——把大量问题机构进行国有化改革，这实际上标志着美国自由资本主义的大门在徐徐关闭。

其次，国际货币体系中美元的国际霸主地位不可避免地进入逐步衰落轨道。过去，美国是全球先进生产力的代表、西方自由民主价值观的代表和全球最强军事力量的代表，这“三个代表”为美元的国际货币霸主地位奠定了最坚实的基础。但是，今天除了军事实力依然无人可比之外，其他两个代表已经消失了。近几年来，美国在全球推广其西方自由民主价值观的努力四处受挫，从关塔那摩和阿布格里卜的监狱，到美国与巴基斯坦和沙特王室的关系，人们发现，美国自身的行为并不符合其倡导的精神。而自由资本主义模式的崩溃则更是美国自由民主价值观在经济领域失败的标志。另外，百年一遇的金融危机、令人恐怖的资产负债表、竭尽全力却毫不见效的救市政策和经济持续的衰退，这一切都使得美国失去了“全球先进生产力”代表的资格。

最后，当前世界经济“中心—外围”格局逐步趋于崩溃。20 世纪 80 年代以后，发达国家的制造业大量地被转移到了新兴国家，“大的工业中心”；另一个部分则是“为大的工业中心生产粮食和原材料”的“外围”。美国进口和其他新兴国家出口共同构成的“中心—外围”模式。在这一转变过程中，新的不平等又开始形成，主要体现在美元的国际霸主地位为美国经济的货币扩张、国际收支平衡、信用支撑提供了无法替代的优势效应，导致了美国经济“从纸到纸”的增长效应：美联储发行纸币以支付巨额贸易逆差，美元大量流出境外。然后，各顺差国再以得到的美元购买美国发行的其他类型的“纸片”——国债或企业证券，美元又回流进入美国境内，为美国国内经济发展和对外投资提供了资金。这种“从纸到纸”的循环支撑了美国的经济持续繁荣。未来随着美元国际地位的下降，美元的公信力将不断下降，美国这种“从纸到纸”的循环就将逐渐停滞，现有的世界经济“中心—外围”就将随之崩溃。

由此可知，这次的经济危机已经不能用经济的周期性波动来解释了。这是一次世界经济和金融体系大调整的危机，走出困境的根本途径不是市场出清，而是生产力的跨越式发展。

周明剑：那么，依您看，未来世界，摆脱经济危机和实现跨越式发展的路径在哪里呢?

高辉清:从多方迹象来看,在西方国家的主导之下,发展低碳经济,似乎将是世界经济实现跨越式发展的唯一方向。这种选择并非偶然,有着深刻的经济与政治背景。

从经济上看,西方国家近20年主要致力于发展以信息服务业和现代金融产业为代表的虚拟经济,而将以制造业为核心的实体经济纷纷转移给发展中国家,但是次贷危机的爆发显示,脱离了实体经济支撑的虚拟经济最终只是一个美丽的泡沫。泡沫幻灭以后,未来相当长的时期内虚拟经济都将难以再现昔日的繁荣。但是,西方国家在实体经济中的传统优势在制造业长期外迁过程中已经在逐步消失,在这样的一种情况下如何振兴其经济的国际竞争力呢?很显然,通过将高碳经济模式转换到低碳经济模式中,在新的平台上和新的游戏规则下利用其低碳技术方面的领先地位重新拉大实体经济的竞争优势,就成为西方国家的一个巧妙战略。

从政治上看,在次贷危机爆发之前,新兴国家经济的高速发展,以美国为首的西方国家经济发展相对缓慢。后者对国际社会的掌控能力明显削弱,新兴国家甚至出现了一股“去美国化”思潮。如何让新兴国家重新俯首,成为美欧国家的一块心病。经过多年的冥思苦想,他们终于发现发展低碳经济是一个强化其对国际社会掌控能力的秘密武器。首先,发展低碳经济需要控制碳排放,必然对以制造业为主的新兴国家的经济发展带来极大制约,在极大程度上减缓追赶发达国家的速度。其次,由于排放量直接对应的就是经济发展权,而碳排放量如何控制、分配和交易等,这些规则的制定权目前几乎都掌握在欧美手中,发展中国家如果接受了这些规则(从目前发展趋势看这是迟早的事情),实际上在很大程度上将自己的经济命运交到了发达国家手中。

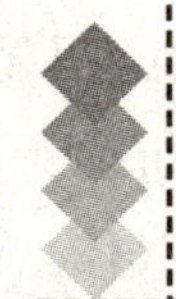

# 防止地球气温变暖：低碳经济的旗号

周明剑：很显然，从促进经济复苏的角度看，发展低碳经济对西方国家具有巨大意义，对发展中国家却是有利有弊，但弊远大于利。所以，发达国家要如何忽悠其他国家进入低碳经济这个“局”呢？

高辉清：呵呵，确定这个“局”成了西方国家最头痛的事情。经过西方尤其是欧洲的一些精英的冥思苦想，终于想出了一个天才般的妙想。这一妙想是一个三段论：一是地球正在变暖，地球如果持续变暖下去，全人类就要遭殃；二是二氧化碳就是导致气候变暖的罪魁祸首；三是要防止地球气候变暖，保护这个全人类的共同家园，就必须发展低碳经济。

如此高明的观点一出台，立刻就引起了全世界轰动，一时间让许多“有识之士”深感折服，以至于都自觉地扮演着“控制气温变暖”的义务宣传员。可惜时间稍长，人们就发现其中明显有诈：首先，现在地球到底是在变暖，还是在变冷，是一个还没弄清楚的问题。自从为联合政府气候变化专门委员会提供基础研究服务的英国东吉利气候研究中心为了得出“全球气候正在变暖”的结论而不惜数据作假的丑闻被曝光之后，气候变暖的结论就再也没有多少说服力了。相反，从长周期看，近几千年来地球气温在不断下降的事实倒是不容置疑。其次，二氧化碳真的就是地球气候变暖的罪魁祸首？这一论断同样经不起推敲。作为太阳系的一个组成部分，地球上的热量全部都来自于太阳，其温度毫无疑问受太阳的影响最

2008年，高辉清参加“陆家嘴论坛”

（图片来源：和讯网）

大,然而每年地球表面接收太阳对外辐射的能源只占了太阳全部辐射能源的22万亿分之一。地球相对太阳的运行轨道(往大了说,还有相对银河系中心的运行轨道)稍微有点变化,则足以使得这22万亿分之一产生“明显”的变化。人类产生温室气体又就如何能够与宇宙间的天体变化相抗衡?最后,在对流层95%的温室效应来自于水蒸气,只有5%来自于温室气体。而在温室气体中二氧化碳的作用不足3/4,人类排放的二氧化碳在地球产生的二氧化碳总量中又只占不到3%。如此推算下来,发展低碳经济又能对气温控制产生什么影响?

善良的人们总是不愿听到“阴谋”两字,甚至对于谈论“阴谋论”的人有时心生厌恶,潜意识中认为“不是是非人,不谈是非事”。然而,事实毕竟不是愿望。你感觉不到地球在运动,并不意味着地球就真是静止的。今天,国际经贸格局正在发生异乎寻常的变化,而维护和巩固世界霸权,永远是以美国为首的西方国家的最高行为准则。如果没有警惕阴谋的目光,依然抱着西方经典经济学的条条框框不放,可能真的会“被人卖了,还帮人数钱”!

周明剑:西方一些经济学家称经济学为社会科学的“皇后”,而政治学和法学等只不过是经济学的“侍女”,实在是感觉太好了。我们看到的情况往往正相反。今天的经济现象之所以难以用经济学理论来解释,就是因为经济学家回归了其“侍女”地位,政治家们为了其国家利益在操刀经济运行的格局。

高辉清:也许回顾历史,可以得到一些启发。早在19世纪末英国就制定了一个“权力平衡”外交原则:欧洲大陆任何一个经济出现快速持续增长、总体实力有望突飞猛进的国家毫无疑问都成为英国的打击对象,为此甚至不惜发动世界大战。第二次世界大战之后,美国不仅承接了英国的世界霸主地位,同样把“权力平衡”外交政策照单全收了。稍有不同的是,美国更多通过经济危机而不是战争来达到目的。所以我们发现,第二次世界大战以后频繁爆发的金融危机,总是偏爱那些当时经济发展势头最好的地区和国家。不管其位置是近还是远,是社会主义国家,还是资本主义国家。

从历史经验中还可以发现一个规律:每当美英自身陷入困境甚至危机时,总要利用其在国际上的优势位势给竞争对手制造更大危机,将自身危机转嫁出去,并化危机为机遇,重新获得和巩固霸主地位。美国在国际政治与经济事务中四处受挫,国内经济实力因为军事负担过重、科技红利减弱而逐步减弱，去年以来更因为次贷危机的爆发而陷入困境。与此同时，中国、印度和俄罗斯等新兴经济体已经成为世界经济增长的发动机，所有新兴经济体和发展中国家的经济增量占全球经济增量的2/3（按购买力平价汇率计算）。随着美国地位的下降和新兴经济体地位的上升，国际社会开始出现"去美国化"的苗头。重振世界霸主雄风，有效打击新兴经济体的经济增长势头，此时便成为西方国家精英层心头一个"不便公开的秘密"。

周明剑：在这场声势浩大的低碳经济的运动中，欧美主要国家是怎么布局，如何巧妙地打出这张牌的呢？

高辉清：早在21世纪初，欧盟就开始打着防止地球气温变暖的旗号，大力推进气候变化问题的解决进程，作为其扩大在国际事务中主导地位的博弈手段。在经济领域，他们则提出了低碳经济作为配套。英国在2003年的《我们未来的能源——创建低碳经济》的能源白皮书中提出，所谓的"低碳经济"指通过更少的自然资源消耗和更少的环境污染，获得更多的经济产出。低碳经济从表面看是为了减少温室气体排放，但实质是能源消费方式、经济发展方式和人类生活方式的一次全新变革，是从化石燃料为特征的工业文明转向生态经济文明的一次大跨越。为此，欧盟各国在新能源开发与利用领域进行了大量的投入，其相关产业化技术已经位居世界前列。欧盟利用其在新能源领域的相对优势，大力推进全球二氧化碳排放控制进程。减排框架一旦形成，必将对全球的二氧化碳排放总量实行严格的数量限制，这种总量限制必将左右全球经济的总规模。二氧化碳排放权就会作为经济的发展权而可能变成一种国际通行的货币单位，在国际货币体系中扮演重要角度。而目前，唯一的国际二氧化碳排放权交易市场就是设立在欧洲，使其在这方面具有明显的先发优势。

在美国，前几年受集团利益的制约，布什政府在全球气候控制和发展低碳经济方面一直持消极态度，美国成为唯一一个没有签订《京都议定书》的发达国家。美国因此饱受国际社会的指责，而欧盟则获得了越来越明显的国际话语权。但是，美国新一届政府的态度出现了180度的大转弯，其能源新政清楚地表明，"奥巴马与布什在气候政策上不仅仅是有所不同，而是完全相反"！奥巴马的能源新政强调发展新能源、减少温室气体的责任和减少对海外石油的依赖。作为世界头号大国，美国的环境政策随着一届政府的更替就发生了如此戏剧性的转变。这其中固然与奥巴马个人认识与理念有关,更主要的是迎合了应对来自欧盟在低碳经济领域咄咄逼人挑战的需要。“国家利益是判断国家行为体唯一永恒的标准”。在节能减排的背后实际上是巨大的经济得失和国际地位的更迭,而这些才是驱动大国在低碳经济进行博弈的动力。另外,美国的能源新政还有一个“不便公开的秘密”,即抑制传统能源价格上涨,直接打击委内瑞拉、俄罗斯和伊朗等国家利益。前几年石油的上涨为伊朗、委内瑞拉、俄罗斯等这些美国非友好国家积累的大量财富,并成为他们在诸多领域挑战美国的资本。为此,奥巴马在就职演说中指出,“我们利用能源的方式助长了我们的敌对势力,同时也威胁着我们的星球”。

当然,除了作为国际争霸的手段之外,发展以新能源为代表的低碳经济确实还能成为西方国家摆脱经济困境的重要途径。美国总统奥巴马自参选之日起明确了新能源作为振兴经济的着力点。借助能源新政的指引,美国政府希望极大地促进美国经济转型,实现从消费社会向生产社会的转变,每年能有上万亿美元的资源产品和消费品的进口需求能够为内需替代所解决。这不仅会创造一个全新的能源产业,而且将增加500万就业岗位,扭转美国经济危机的窘迫局面。如果说IT产业昨天曾经将美国送达全球力量的顶峰,那么未来可以将美国送达到世界经济制高点的产业可能就是新能源产业。而欧盟,作为一个成熟和超稳定的经济体,人口稳中有降,基础设施业已完善,经济外延扩张的物理空间十分有限,所以21世纪初就将新能源产业发展选定为拉动经济增长的新动力。

正因为如此,为了将全世界都绑定在“低碳经济”战车上,西方国家不惜扯下长期以来虚伪的面具,赤裸裸采取各种煽动威逼手段,以使各国就范。甚至在英国东吉利气候研究中心作假丑闻曝光之后,美英组织科学家去验证相关真相的时候还人为设置了一个前提,即必须在“认可气候变暖”前提下进行一些技术上的勘误。

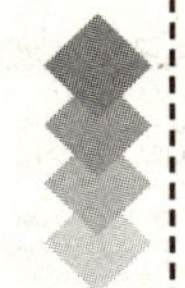

# 循环经济：提升低碳经济时代我国经济竞争力的核武器

周明剑：在西方国家主导下，低碳经济的世界大潮将无法避免，中国同样无法置身度外。目前，中国是世界第一煤炭消费国，$SO_2$ 排放国和 $CO_2$ 排放国，并将很快替代美国成为世界第一的能源消费国。在全球关注环境，以环境谋求政治、经济利益的背景下，我们正面临着越来越大的国际政治压力，我们应该怎么做呢？

高辉清：根据目前情况，也许不用多长时间，中国将有可能被纳入减排国家的范围，承担减排义务。同时，中国可持续发展战略也对低碳经济的发展提出了要求，客观上我们自身也有发展低碳经济的内在动力。

但是，从对经济增长的影响看，发展低碳经济与其他政策在取向上有所抵触。首先，发展低碳经济必然降低我国潜在经济增长率。潜在经济增长率是指一国（或地区）经济所生产的最大产品和劳务总量的增长率，或者说一国（或地区）在各种资源得到最优和充分配置条件下，所能达到的最大经济增长率。这里讲的资源包括人力资源、自然资源、资本资源和生态资源。为了实现经济的转型，自然资源和生态资源配置的门槛被提高，可以利用来促进经济增长的要素质量更高，数量则会减少，潜在经济增长率随之降低。其次，低碳经济工作的推进需要资源要素价格的向上调整相配合，而要素价格的逐步改革和对环境保护的强化管理，必然增加企业经营成本，降低利润率，减弱投资积极性。为了部分对冲上升的成本，企业往往提高产品售价，从而会降低国际市场竞争力，减少产品

2005年8月15日，“新视角搜狐经济学人月度论坛”上高辉清发言

（图片来源：搜狐网）

出口。在消费领域,当前我国的两个热点恰巧又是两个高能耗的行业——汽车与房地产。汽车是高能耗产品,自然是不言而喻。至于房地产也是高能耗的领域,却并不是每个人都很清楚。实际上,我国城市住房的能耗占全国总能耗的比重高达37%。而且和发达国家相比,我国城市住宅的能耗平均高出3.5倍。在这种情况下,提高能源价格对汽车和房地产的消费必然带来一定的不利影响。

由此观之,低碳经济不仅是对潜在经济增长,还是对现实经济增长,都会构成一定影响。最近,国外一项研究表明,中国要在2050年之前削减50%的温室气体排放量,年均经济增长率可能下降2~3个百分点。因而,一些学者建议低碳经济应当缓行,以免明年的宏观调控事倍功半。

这一现象值得高度关注。对于低碳经济的意义我们不能仅仅局限于对近期经济增长的影响,更需要多方面去考虑。目前我国经济是双疾缠身,不仅存在经济增长快速下滑的风险,同时还存在着严重的经济结构失衡问题。前者是外伤,后者是内伤。为此,我们必须中西结合,内外兼治,不仅要保增长,同时也要调结构。目前我国经济结构调整主要体现在三个方面:一是投资和消费结构调整,二是内需与外需结构调整,三是经济发展由粗放型向节约型的模式调整。在这三大结构调整中,除了投资和消费结构调整与低碳经济关联不密切之外,其他二大结构调整都与低碳经济密切相关:首先,经济发展模式转型本身就是以低碳经济为抓手,离开了低碳经济,前者就无从谈起。其次,受美国经济进入长期低迷期的拖累,调整内外需求严重的结构失衡必将成为未来数年之内我们必须下大力气解决的一个问题。推进低碳经济的一个主要手段就是调整资源要素价格,其带来的一个必然结果就是对滥用廉价能源资源生产外贸产品的行为产生抑制作用,让更多资源转向内需生产部门,从而逐步扭转我国经济过度依赖外需的增长格局。正因为如此,经济增长可以缓,发展低碳经济也不能缓!

周明剑:除了促进经济结构调整之外,低碳经济还有更深层次意义吗?

高辉清:一是有利于保障国家经济安全。没有任何国家能够在能源供应不足的情况下维持经济的稳定上升,而从目前中国的发展趋势看,不管以什么方法测算,未来20年内石油供应一半以上都将来自国际市场。这意味着,和平年代由于中国的需求将拉动国际油价的上涨从而对国内经济增长产生抑制,国际冲突时期则可能意味着国内生产所需要的大部分石油供应将没有保障。因而低碳经济与开发可再生能源都被视为增强国家能源经济安全的重要手段。二是有利于提高我国的国际地位。目前由次贷风暴所引发美元的金融海啸已经把世界经济和金融都带入危机的泥潭，自20世纪70年代初布雷顿森林体系崩溃以来持续了三十多年的以美元为中心的国际货币体系已经陷入了“墙倒众人推”的困境。围绕这国际货币霸权的争夺，全球气候控制已经成为一个争夺国际话语权的最重要议题。毫无疑问，我们现在很难预料，未来国际社会能够就全球气候控制达成什么样的协议。但是可以肯定的是，谁能够在低碳经济方面做得更好，谁就能在这场国际大博弈中更为主动，在未来的国际竞争新格局中占据更有利的地位。很显然，低碳经济事关重大，在此领域工作成效的好坏，直接决定了10年后我国的经济实力与20年后我国的国际地位。

在发展低碳经济方面，西方国家是先行者，我国是一个后发国家，因而极有可能遭遇“后发劣势”。“后发劣势”的概念由杨小凯最早引进到国内，但却是一位名叫沃森的经济学家所提出，原文是“Curse To The Late Comer”，直译就是“对后来者的诅咒”。按照杨小凯和沃森的解释，“后发劣势”就是后发国家由于受各种因素的束缚，往往热衷于模仿发达国家技术和管理模式，但对相应制度改革却不热心，而生产力发展到一定程度之后，滞后的社会制度将带来负面影响。经济发展越快，经济失衡现象就可能越严重，给可持续发展带来的隐患就越多和越大，最后使经济失去增长能力，甚至走向崩溃。有关数据表明，“亚洲四小龙”之后，再没有一个经济体由发展中经济体转变成了发达经济体。其中最重要的原因就在于，后发国家在享受后发优势好处的同时，也在遭受“后发劣势”的诅咒。

“后发劣势”对后发国家来说通常难以摆脱。这可以从制度经济学角度给予简单分析：第一，生产技术总是在特定制度环境中发挥作用，一定的技术优势需要特定的制度支持才能最大限度地发挥应有的作用。反过来，特定的制度安排又决定着技术的供给和技术作用的发挥。在均衡中，技术与制度、制度的各个部分是相互依赖、相互决定着的。因而，鼓励技术引进与消化和鼓励技术创新所需要的最优制度完全不同。第二，在技术主要依靠引进的情况下，先行国家走过的道路是清楚的，后进国家的政府拥有相对充分的信息，政府介入经济，成功的把握比较大。此时，一个“强的政府”就是好的制度安排，因为它能够最大程度动员资源并投向指定方向，实现经济赶超。第三,当后发国家发展到一定程度之后,提高技术就必须转向以开发为主。然而,此时所需要的制度安排就完全不一样。一个"强的政府"此时将变成社会创新的最大障碍。但是,制度变迁具有路径依赖性,制度安排彻底变迁,是一件万分困难的事。

从国际成功的案例看,破解"诅咒"的方式只有创新。为了摆脱在资源占用方面的后发劣势,过去日本靠的是发展节约型经济,未来中国则要靠循环经济。循环经济具有低投入、低消耗、高产出的特征,在带来全新的环境效益的同时,也能产生良好的经济效益。以再制造业为例,它是修复和改造废旧产品的一系列技术措施或工程活动的总称,具有节能、节材、环保、优质等多种特质。与传统制造业相比,制造同类产品,再制造业通常只消耗不到1/10的能源、不到1/5的材料和只产生不到1/4的污染,从而将极大地缓减传统经济模式下的资源压力,而节省资源实际上也就是节省能源。发展循环经济对提升未来我国低碳经济的竞争力具有重要意义。一是我国是世界制造业中心,发展以制造业为中心的循环经济,可以达到极大程度的节能减排;二是西方国家早已完成工业化,发展以制造业为中心的循环经济不会与之产生正面冲突;三是发展以制造业为中心的循环经济,实际上将为能源环境约束下完成工业化闯出一条新的发展道路,将为其他发展中国家树立一个典范。

正因为具有以上诸多优势,中国以重点发展循环经济的方法介入全球低碳经济的竞争中必然将受到各界的认同,并在新的世界经济体系中获得独特的不可替代的地位。

附录

# 金融名词　术语解释

### 2007—2010 年环球金融危机

又称世界金融危机、次贷危机、信用危机，更于 2008 年起名为金融海啸及华尔街海啸等，英国称其为 Credit crunch，是一场在 2007 年 8 月 9 日开始浮现的金融危机。自次级房屋信贷危机爆发后，投资者开始对按揭证券的价值失去信心，引发流动性危机。即使多国中央银行多次向金融市场注入巨额资金，也无法阻止这场金融危机的爆发。直到 2008 年 9 月，这场金融危机开始失控，并导致多间相当大型的金融机构倒闭或被政府接管。

最初的流动性危机可以在事后被看做是由于早期次级房屋信贷危机所引发的。北岩银行是首批遭遇冲击的对象之一，它是英国的主流银行。该行已借不到额外资金来偿还 2007 年 9 月中旬产生的到期债务。由于没有持续现金注入，其所经营的高杠杆性质的业务无法支撑，最终导致其被接管，并形成了很快降临到其他银行和金融机构的灾难的早期迹象。

在松弛的签名承受标准下的过度借贷为美国房贷泡沫的特征之一。信用泛滥并导致大量的次级按揭（次级贷款），投资者认为这些高风险的贷款会被资产证券化而缓和。从 1989 年以来，美国发行 MBS 的主要机构 Fannie Mae（房利美）、Freddie Mac（房地美）、Ginnie Mae（吉利美）所发行的 MBS 值利率平均高于美国十年期公债值利率 137 个基本点，吸引许多法人投资。雷曼兄弟 MBS 指数显示无论利率升降，自 1996 年以来该指数连续 10 年都是正报酬，最差的 1999 年也有 2.1% 的报酬率，同时期 MSCI 全球债券指数在 1999 年、2001 年、2005 年却是负报酬率。这个策略似乎以骨牌效应扩展和散布。

由失败的资产证券化计划[西方媒体有些人归咎于华人统计学家李祥林所发明的金融数学公式，然而依照 2006 年 3 月《华尔街日报》的报道，对伦敦和华尔街金融工程衍生性金融商品设计和评价影响最大的学者是巴黎第六大学数学教授妮可 · 厄尔 · 卡露伊（Nicole El karoui），她是全球最早研究衍生性商品交易的学者，许多伦敦和华尔街投资银行的金融工程师和专家都出自 Nicole El karoui 教授门下，Nicole El karoui 教授也是黑天鹅效应作者 Nassim Taleb 博士的博士论文口试教授]导致的损害横扫了房屋市场及其企业，继而引发了次级房屋信贷危机。这危机令更大量的银主盘被银行在市场上抛售。这些过量的房屋供应使得周边的住屋价格都大为下跌，造成它们容易遭法院收回拍卖或被放弃。这个结果替往后的金融危机埋下了伏笔。

最初，受影响的公司只限于那些直接涉足建屋及次级贷款业务的公司如北岩银行及美国国家金融服务公司。后来一些从事按揭证券化的金融机构，例如贝尔斯登，受到波及就成为牺牲品。2008年7月11日，全美最大的受押公司瓦解。印地麦克银行的资产在它们被紧缩信贷下的压力压垮后被联邦人员查封，由于房屋价格的不断下滑以及房屋回赎权丧失率的上升。当天，金融市场急剧下跌。投资者想知道政府是否将试图救助按揭放贷者房利美和房地美。2008年9月7日，联邦政府接管了房利美和房地美，但危机仍然继续加剧。

更为严重者，危机开始影响到那些与房地产无关的普通信贷，而且进而影响到那些与按揭贷款没有直接关系的大型金融机构。在这些机构拥有的资产里，大多都是从那些与房屋按揭关联的收益所取得的。对于这些以信用贷款为主要标的的证券，或称信用衍生性商品，原本是用来确保这些金融机构免于倒闭的风险。然而由于次级房屋信贷危机的发生，使得受到这些信用衍生性商品冲击的成员增加了，包括雷曼兄弟、美国国际集团、美林证券和HBOS。而其他的公司开始面临压力，包括美国最大的存款及借贷公司华盛顿互惠银行，并影响到大型投资银行摩根斯丹利和高盛证券。

**GDP/GNP**

国民收入（National Income，或称国民所得）是反映整体经济活动的重要指标，因此常被使用于宏观经济学的研究中，亦是国际投资者非常注视的国际统计项目。

反映国民收入的两个主要统计数字是本地生产总值（即国内生产总值）及本地居民生产总值（即国民生产总值），前者计算一段特定时期本地进行的生产，而后者则计算本地居民的总体收入。

国民生产总值（Gross National Product，GNP），亦称国民生产毛额或本地居民生产总值，即一国的国民一年内所生产的最终产品（包括劳务）的市场价值的总和，是国民收入核算中最重要的组成部分。

国内生产总值（Gross Domestic Product，GDP）是指在一定时期内（一个季度或一年），一个国家或地区的经济中所生产出的全部最终产品和劳务的价值，常被公认为衡量国家经济状况的最佳指标。它不但可反映一个国家的经济表现，更可以反映一国的国力与财富。一般来说，国内生产总值共有四个不同的组成部分，其中包括消费、私人投资、政府支出和净出口额。用公式表示为：GDP = CA + I + CB + X。式中：CA 为消费；I 为私人投资；CB 为政府支出；X 为净出口额。

**国内生产总值重要意义**

（1）国内生产总值是 SNA 核算体系中一个重要的综合性指标，也是我国新国民经济核算体系中的核。

（2）国内生产总值是反映常驻单位生产活动成果的指标。常驻单位是指在一国经济领土内具有经济利益中心的经济单位。经济领土是指由一国政府控制或拥有的地理领土，也就是在本国的地理范围基础上，还应包括该国驻外使领馆、科研站和援助机构等，并相应的扣除外国驻本国的上述机构（国际机构不属于任何国家的常驻单位，但其雇员则属于所在国家的常住居民）。经济利益中心是指某一单位或个人在一国经济领土内拥有一定活动场所，从事一定的生产和消费活动，并持续经营或居住一年以上的单位或个人，一个机构或个人只能有一个经济利益中心。一般就机构（单位）而言，不论其资产和管理归属哪个国家控制，只要符合上述标准，该机构在所在国就具有经济利益中心。就个人而言，不论其国籍属于哪个国家，只要符合上述标准，该居民在所在国就具有经济利益中心。因为常驻单位的概念严格地规定了一个国家的经济主体范围，所以其对于确定国内生产总值的计算口径，明确国内与国外的核算界限以及各种交易量的范围都具有重要意义。

一个国家或地区的经济究竟处于增长抑或衰退阶段，从这个数字的变化便可以观察到。一般而言，GDP 公布的形式不外乎两种，以总额和百分比率为计算单位。当 GDP 的增长数字处于正数时，即显示该地区经济处于扩张阶段；反之，如果处于负数，即表示该地区的经济进入衰退时期了。国内生产总值是指一定时间内所生产的商品与劳务的总量乘以“货币价格”或“市价”而得到的数字，即名义国内生产总值，而名义国内生产总值增长率等于实际国内生产总值增长率与通货膨胀率之和。因此，即使总产量没有增加，仅价格水平上升，名义国内生产总值仍然是会上升的。在价格上涨的情况下，国内生产总值的上升只是一种假象，有实质性影响的还是实际国内生产总值变化率，所以使用国内生产总值这个指标时，还必须通过 GDP 缩减指数，对名义国内生产总值做出调整，从而精确地反映产出的实际变动。因此,一个季度GDP缩减指数的增加,便足以表明当季的通货膨胀状况。如果GDP缩减指数大幅度地增加,便会对经济产生负面影响,同时也是货币供给紧缩、利率上升、进而外汇汇率上升的先兆。

**CPI**

消费者物价指数(Consumer Price Index,CPI)是世界各国普遍编制的一种指数,它可以用于分析市场价格的基本动态,是政府制定物价政策和工资政策的重要依据。

消费者物价指数是反映与居民生活有关的产品及劳务价格统计出来的物价变动指标,通常作为观察通货膨胀水平的重要指标。我国称为居民消费价格指数。居民消费价格指数可按城乡分别编制城市居民消费价格指数和农村居民消费价格指数,也可按全社会编制全国居民消费价格总指数。消费者物价指数追踪一定时期的生活成本以计算通货膨胀。如果消费者物价指数升幅过大,表明通货膨胀已经成为经济不稳定因素,央行会有紧缩货币政策和财政政策的风险,从而造成经济前景不明朗。因此,该指数过高的升幅往往不被市场欢迎。

例如在过去12个月,消费者物价指数上升2.3%,那表示,生活成本比12个月前平均上升2.3%。当生活成本提高,你的金钱价值便随之下降。那么,一年前收到的一张100美元纸币,今日只可以买到价值[100/(1+2.3%)]美元的货品及服务。

消费者物价指数涵盖生活必需品如食物、新旧汽车、汽油、房屋、大学学费、公用设备、衣服以及医疗的价格。此外,消费者物价指数亦混合一些生活享受的成本,例如体育活动的门票以及高级餐厅的晚餐。

通货膨胀的严重程度是用通货膨胀率来反映的,它说明了一定时期内商品价格持续上升的幅度。通货膨胀率一般以消费者物价指数来表示。

**PPI**

生产者物价指数(Producer Price Index,PPI)主要的目的在于衡量各种商品在不同的生产阶段的价格变化情形。与CPI的物价津贴、赢利、与税负上有所不同,导致生产者的所得与消费者的付出产生差距。PPI反应于CPI升高而上升,具有典型的延迟。虽说其具多样化的组合,一般相信这种延迟的特性使得根据今日的PPI通货膨胀来粗估(rough - and - ready)明日的

CPI通货膨胀成为可能。

生产者物价指数是用来衡量生产者在生产过程中,所需采购品的物价状况;因而这项指数包括了原料、半成品和最终产品等(美国约采用3000种东西)三个生产阶段的物价资讯[过去衡量大宗物资批发价格状况的称为批发物价指数或趸售物价指数(Whole sale Price Index,WPI)]。它是消费者物价指数(CPI,以消费者的立场衡量财货及劳务的价格)的先声。

将食物及能源去除后的,称为“核心PPI”(Core PPI)指数,以正确判断物价的真正走势——这是由于食物及能源价格一向受到季节及供需的影响,波动剧烈。

理论上来说,生产过程中所面临的物价波动将反映至最终产品的价格上,因此观察PPI的变动情形将有助于预测未来物价的变化状况,因此这项指标受到市场重视。

中国企业的利润率已经稳定在了上升之后的水平上,而生产价格指数(PPI)增速高于消费价格指数(CPI)增速的局面并没有导致利润收缩。如果我们以净利润总额对销售额的比率来表示中国企业的平均利润率,那么可以看到,2003年以来中国企业的利润率开始上升。而近年来虽然原材料成本大增,但利润率仍处于周期高位。从经验性研究来看,企业利润率和PPI-CPI增速差额之间存在明显的正相关关系,这与许多人认为的情况恰恰相反,而且下游产业同样存在这种正相关关系。如果说企业利润率和PPI-CPI增速差额之间确实存在着经验性因果关系,那么从数据来看,事实是PPI增速的加快往往意味着利润增速的上升。

## 三元悖论

三元悖论(The Impossible Trinity),也称三难选择,它是由美国经济学家保罗·克鲁格曼就开放经济下的政策选择问题所提出的,其含义是:本国货币政策的独立性、汇率的稳定性、资本的完全流动性不能同时实现,最多只能同时满足两个目标,而放弃另外一个目标。根据蒙代尔的三元悖论,一国的经济目标有三种:(1)各国货币政策的独立性;(2)汇率的稳定性;(3)资本的完全流动性。这三者,一国只能三选其二,而不可能三者兼得。例如,在1944—1973年的布雷顿森林体系中,各国“货币政策的独立性”和“汇率的稳定性”得到实现,但“资本流动”受到严格限制。而1973年以后,“货币政策独立性”和“资本自由流动”得以实现,但“汇率稳定”不复存在。“永恒的三角形”的妙处，在于它提供了一个一目了然地划分国际经济体系各形态的方法。

根据三元悖论，在资本流动、货币政策的有效性和汇率制度三者之间只能进行以下三种选择。

（1）保持本国货币政策的独立性和资本的完全流动性，必须牺牲汇率的稳定性，实行浮动汇率制。这是由于在资本完全流动条件下，频繁出入的国内外资金带来了国际收支状况的不稳定，如果本国的货币当局不进行干预，亦即保持货币政策的独立性，那么本币汇率必然会随着资金供求的变化而频繁地波动。利用汇率调节将汇率调整到真实反映经济现实的水平，可以改善进出口收支，影响国际资本流动。虽然汇率调节本身具有缺陷，但实行汇率浮动确实较好地解决了“三难选择”。但对于发生金融危机的国家来说，特别是发展中国家，信心危机的存在会大大削弱汇率调节的作用，甚至起到恶化危机的作用。当汇率调节不能奏效时，为了稳定局势，政府的最后选择是实行资本管制。

（2）保持本国货币政策的独立性和汇率稳定，必须牺牲资本的完全流动性，实行资本管制。在金融危机的严重冲击下，在汇率贬值无效的情况下，唯一的选择是实行资本管制，实际上是政府以牺牲资本的完全流动性来维护汇率的稳定性和货币政策的独立性。大多数经济不发达的国家，比如中国，就是实行的这种政策组合。这一方面是由于这些国家需要相对稳定的汇率制度来维护对外经济的稳定，另一方面是由于他们的监管能力较弱，无法对自由流动的资本进行有效的管理。

（3）维持资本的完全流动性和汇率的稳定性，必须放弃本国货币政策的独立性。根据蒙代尔－弗莱明模型，资本完全流动时，在固定汇率制度下，本国货币政策的任何变动都将被所引致的资本流动的变化而抵消其效果，本国货币丧失自主性。在这种情况下，本国或者参加货币联盟，或者更为严格地实行货币局制度，基本上很难根据本国经济情况来实施独立的货币政策对经济进行调整，最多是在发生投机冲击时，短期内被动地调整本国利率以维护固定汇率。可见，为实现资本的完全流动与汇率的稳定，本国经济将会付出放弃货币政策的巨大代价。

**金融衍生产品**

金融衍生产品（Derivative），也称金融衍生工具、金融衍生产物。

金融衍生产品是指其价值依赖于标的资产(Underlying Asset)价值变动的合约。这种合约可以是标准化的,也可以是非标准化的。标准化合约是指其标的资产(基础资产)的交易价格、交易时间、资产特征、交易方式等都是事先标准化的,因此次类合约大多在交易所上市交易,如期货。非标准化合约是指以上各项由交易的双方自行约定,因此具有很强的灵活性,比如远期合约。

金融衍生产品的共同特征是保证金交易,即只要支付一定比例的保证金就可进行全额交易,不需实际上的本金转移,合约的了结一般也采用现金差价结算的方式进行,只有在满期日以实物交割方式履约的合约才需要买方交足贷款。因此,金融衍生产品交易具有杠杆效应。保证金越低,杠杆效应越大,风险也就越大。金融衍生产品具有以下几个特点。

(1)零和博弈:即合约交易的双方(在标准化合约中由于可以交易是不确定的)盈亏完全负相关,并且净损益为零,因此称"零和"。

(2)高杠杆性:衍生产品的交易采用保证金制度(margin),即交易所需的最低资金只需满足基础资产价值的某个百分比。保证金可以分为初始保证金(initial margin),维持保证金(maintains margin),并且在交易所交易时采取盯市制度(marking to market),如果交易过程中的保证金比例低于维持保证金比例,那么将收到追加保证金通知(margin call),如果投资者没有及时追加保证金,其将被强行平仓。可见,衍生品交易具有高风险高收益的特点。

金融衍生产品的作用有规避风险,价格发现,它是对冲资产风险的好方法。但是,任何事情既有好的一面也有坏的一面,风险规避了一定是有人去承担了,衍生产品的高杠杆性就是将巨大的风险转移给了愿意承担的人手中,这类交易者称为投机者(speculator),而规避风险的一方称为套期保值者(hedger),另外一类交易者被称为套利者(arbitrager),这三类交易者共同维护了金融衍生产品市场上述功能的发挥。

**信用违约互换**

信用违约互换(credit default swap,CDS),也称信用违约掉期、信贷违约掉期。

信用违约互换是国外债券市场中最常见的信用衍生产品。在信用违约互换交易中,违约互换购买者将定期向违约互换出售者支付一定费用(称为信用违约互换点差)，而一旦出现信用类事件(主要指债券主体无法偿付)，违约互换购买者将有权利将债券以面值递送给违约互换出售者，从而有效规避信用风险。由于信用违约互换产品定义简单、容易实现标准化，交易简洁，自20世纪90年代以来，该金融产品在国外发达金融市场得到了迅速发展。

对于投资者，规避信用风险的方法一种是根据信用评级直接要求信用利差，另一种就是购买诸如信用违约互换等信用衍生品。如果投资组合中企业债券发债体较多、行业分布集中度低，则直接要求每只债券一定信用利差即可有效降低组合整体信用风险损失；但如果组合中企业债券数目不多、行业集中度高，不能有效分散信用风险，购买信用违约互换即成为更现实的做法，产生与通过分散资产来降低组合风险的同等作用。

由于在购买信用违约互换后，投资者持有企业债券的信用风险理论上降低为零，我们可以因此认为企业债券收益($y$)、信用违约互换点差($s$)和无风险利率($r$)存在等式关系 $s = y - r$。在具体交易中，国债收益率以及利率互换(swaprate)收益率都可用做无风险利率，而交易商对具体企业债券市场报价则简单表述为在同期限无风险利率基础上加上信用违约互换点差水平。

**资产证券化**

资产证券化(Asset Securitization)是指将缺乏流动性的资产，转换为在金融市场上可以自由买卖的证券的行为，使其具有流动性，是通过在资本市场和货币市场发行证券筹资的一种直接融资方式。广义的资产证券化是指某一资产或资产组合采取证券资产这一价值形态的资产运营方式，它包括以下四类。

(1)实体资产证券化：即实体资产向证券资产的转换，是以实物资产和无形资产为基础发行证券并上市的过程。

(2)信贷资产证券化：把欠流动性但有未来现金流的信贷资产(如银行的贷款、企业的应收账款等)经过重组形成资产池，并以此为基础发行证券。

(3)证券资产证券化：即证券资产的再证券化过程，就是将证券或证券组合作为基础资产，再以其产生的现金流或与现金流相关的变量为基础发行证券。

(4)现金资产证券化：现金的持有者通过投资将现金转化成证券的

过程。

狭义的资产证券化是指信贷资产证券化。

具体而言，它是指将缺乏流动性但能够产生可预见的稳定现金流的资产，通过一定的结构安排，对资产中风险与收益要素进行分离与重组，进而转换成为在金融市场上可以出售的流通的证券的过程。简而言之，就是将能够产生稳定现金流的资产出售给一个独立的专门从事资产证券化业务的特殊目的公司(special purpose vehicle，SPV)，SPV以资产为支撑发行证券，并用发行证券所募集的资金来支付购买资产的价格。其中，最先持有并转让资产的一方，为需要融资的机构，整个资产证券化的过程都是由其发起的，称为“发起人”(originator)。购买资产支撑证券的人“投资者”。在资产证券化的过程中，为减少融资成本，在很多情形下，发起人往往聘请信用评级机构(rating agency)对证券信用进行评级。同时，为加强所发行证券的信用等级，会采取一些信用加强的手段，提供信用加强手段的人被称为“信用加强者”(credit enhancement)。在证券发行完毕之后，往往还需要一专门的服务机构负责收取资产的收益，并将资产收益按照有关契约的约定支付给投资者，这类机构称为“服务者”(servicer)。

**资产证券化的好处**

(1)对商业银行的好处。

① 资产证券化为原始权益人提供了一种高档次的新型融资工具。

② 原始权益人能够保持和增强自身的借款能力。

③ 原始权益人能够提高自身的资本充足率。

④ 原始权益人能够降低融资成本。

⑤ 原始权益人不会失去对本企业的经营决策权。

⑥ 原始权益人能够得到较高收益。

(2)对投资者的好处。

① 投资者可以获得较高的投资回报。

② 获得较大的流动性。

③ 能够降低投资风险。

④ 能够提高自身的资产质量。

⑤ 能够突破投资限制。

资产证券化提高了资本市场的运作效率。

## 地方政府投融资平台

所谓地方政府投融资平台，是指各级地方政府成立的以融资为主要经营目的的公司，包括不同类型的城市建设投资、城建开发、城建资产公司。他是政府给予划拨土地、股权、归费等资产，包装出一个从资产和现金流上可以达到融资标准的公司，以实现融资目的，把资金运用于市政建设、公共事业等项目。

地方融资平台的来源除了银行贷款外，另外还有一些银行的理财产品。这些理财产品销售出去以后的钱也是投到了地方政府投资项目中去了。

地方政府组建投融资平台进行基础设施和城市建设方面的融资由来已久，但是投融资平台发挥主导作用则是2008年来在应对金融危机时期的事情。2009年初中国人民银行与中国银行业监督管理委员会联合发布《关于进一步加强信贷结构调整促进国民经济平稳较快发展的指导意见》，提出"支持有条件的地方政府组建投融资平台，发行企业债、中期票据等融资工具，拓宽中央政府投资项目的配套资金融资渠道"，这被地方政府视为对地方政府投融资平台的肯定和鼓励。

自2008年底以来，地方政府投融资平台的数量和融资规模呈现飞速发展的趋势，据初步统计，截至2009年8月，全国共有3000家以上的各级政府投融资平台，其中70%以上为县区级平台公司。2008年初，全国各级地方政府的投融资平台的负债总计1万多亿元，到2009年5月末，总资产近9万亿元，负债已上升至5.26万亿元（绝大部分为银行贷款），平均资产负债率约60%，平均资产利润率不到1.3%，特别是县级平台几乎没有盈利。

随着地方政府投融资平台的数量和融资规模呈现飞速发展的趋势，越来越多的专家质疑，由于地方政府投融资平台法人治理结构不完善、责任主体不清晰、操作程序不规范，同时，地方政府往往通过多个融资平台公司从多家银行获得信贷资金，形成多头举债，而银行对地方政府的总体负债和担保承诺情况根本不清楚，甚至地方政府对自己的融资平台的负债情况都不清楚，一旦投融资平台的项目投资收益不能覆盖成本，这些"隐性债务"就必然显性化，给地方政府的财政造成巨大压力，甚至最后不得不由中央财政和商业银行买单。

## 市盈率

市盈率（Price to Earnings ratio，P/E ratio），也称"股价收益比率"或"市

价盈利比率(简称市盈率)”。

市盈率是最常用来评估股价水平是否合理的指标之一,由股价除以年度每股盈余(EPS)得出(以公司市值除以年度股东应占溢利亦可得出相同结果)。计算时,股价通常取最新收盘价,而EPS方面,若按已公布的上年度EPS计算,称为历史市盈率(Historical P/E),若是按市场对今年及明年EPS的预估值计算,则称为未来市盈率或预估市盈率(prospective/forward/forecast P/E)。计算预估市盈率所用的EPS预估值,一般采用市场平均预估(consensus estimates),即追踪公司业绩的机构收集多位分析师的预测所得到的预估平均值或中值。

市盈率对个股、类股及大盘都是很重要的参考指标。任何股票若市盈率大大超出同类股票或是大盘,都需要有充分的理由支持,而这往往离不开该公司未来盈利率将快速增长这一重点。一家公司享有非常高的市盈率,说明投资人普遍相信该公司未来每股盈余将快速成长,以致数年后市盈率可降至合理水平。一旦盈利增长不如理想,支撑高市盈率的力量无以为继,股价往往会大幅回落。

何谓合理的市盈率没有一定的准则,但以个股来说,同业的市盈率有参考比照的价值;以类股或大盘来说,历史平均市盈率有参照的价值。

市盈率是很具参考价值的股市指标,容易理解且数据容易获得,但也有不少缺点。比如,作为分母的每股盈余,是按当下通行的会计准则算出,但公司往往可视乎需要斟酌调整,因此理论上两家现金流量一样的公司,所公布的每股盈余可能有显著差异。另外,投资者亦往往不认为严格按照会计准则计算得出的盈利数字忠实反映公司在持续经营基础上的获利能力。因此,分析师往往自行对公司正式公式的净利加以调整,比如以未计利息、税项、折旧及摊销的利润(EBITDA)取代净利来计算每股盈余。

另外,作为市盈率的分子,公司的市值亦无法反映公司的负债(杠杆)程度。比如两家市值同为10亿美元、净利同为1亿美元的公司,市盈率均为10。但如果A公司有10亿美元的债务,而B公司没有债务,那么,市盈率就不能反映此一差异。因此,有分析师以“企业价值(EV)”——市值加上债务减去现金——取代市值来计算市盈率。理论上,企业价值/EBITDA比率可免除纯粹市盈率的一些缺点。

## 市净率

市净率(Price to book ratio, P/B)指的是每股股价与每股净资产的比率。

市净率可用于投资分析。每股净资产是股票的账面价值,它是用成本计量的,而每股市价是这些资产的现在价值,它是证券市场上交易的结果。

净资产的多少是由股份公司经营状况决定的,股份公司的经营业绩越好,其资产增值越快,股票净值就越高,因此股东所拥有的权益也越多。

一般来说市净率较低的股票,投资价值较高,相反,则投资价值较低。但在判断投资价值时还要考虑当时的市场环境以及公司经营情况、盈利能力等因素。

通过市净率定价法估计股票发行价格时,首先应根据审核后的净资产计算出发行人的每股净资产;然后,根据二级市场的平均市净率、发行人的行业情况、发行人的经营状况及其净资产收益率等拟定发行市净率;最后,依据发行市净率与每股净资产的乘积决定发行价。

## 中小企业板块

中小板块也就是中小企业板块,是相对于主板市场而言的,有些企业的条件达不到主板市场的要求,所以只能在中小板市场上市。

中小板块是深圳证券交易所为了鼓励自主创新,而专门设置的中小型公司聚集板块。板块内公司普遍具有收入增长快、盈利能力强、科技含量高的特点,而且股票流动性好,交易活跃,被视为中国未来的“纳斯达克”。

在中国的中小板块的市场代码是002开头的。

根据2004年5月17日发布的《深圳证券交易所设立中小企业板块实施方案》,中“两个不变”和“四个独立”。“两个不变”,即中小企业板块运行所遵循的法律、法规和部门规章,与主板市场相同;中小企业板块的上市公司符合主板市场的发行上市条件和信息披露要求。“四个独立”,即中小企业板块是主板市场的组成部分,同时实行运行独立、监察独立、代码独立、指数独立。

## 创业板市场

创业板市场(Growth Enterprise Market, GEM),是指专门协助高成长的新兴创新公司特别是高科技公司筹资并进行资本运作的市场,有的也称为二板市场、另类股票市场、增长型股票市场等。它与大型成熟上市公司的主板市场不同，是一个前瞻性市场，注重于公司的发展前景与增长潜力。其上市标准要低于成熟的主板市场。创业板市场是一个高风险的市场，因此更加注重公司的信息披露。

创业板市场的特点：(1)以增长型公司为目的，上市条件较主板市场宽松，(2)买者自负的原则，创业板需要投资者对上市公司营业能力自行判断，坚持买者自负原则；(3)保荐人制度，对保荐人的专业资格和相关工作经验提出更高要求；(4)以“披露为本”作为监管方式，它对信息披露提出全面、及时、准确的严格要求。

设置创业板的目的：为创新型和高成长型中小企业提供融资平台，助其发展和拓展业务。在创业板市场上市的公司大多从事高科技业务，具有较高的成长性，但往往成立时间较短，规模较小，业绩也不够突出，无法在主板或中小企业板上市。一般来说，创业板的上市标准相对于主板市场而言比较低。

创业板市场是主板市场以外的市场，现阶段其主要目的是为高科技领域中运作良好、成长性强的新兴中小公司提供融资场所。考虑到新兴公司业务前景的不确定性，上市条件就应低于主板市场。但创业板市场的设计，还应考虑具体国情，要争取在“质”上有所突破，使创业板成为真正的“投资板块”，并在以下几个方面与主板市场有明显区别。

(1)经营年限相对较短，可不设最低盈利要求。随着市场的发展，投资者的日益成熟，市场运作（特别是主板市场运作）逐步规范，监管水平不断提高，创业板市场的上市条件可逐步放松，如申请人成立时间可短于三年。成立在三年以上的，提供最近三个完整财政年度的年报。存续期限短于三年的，提供其实际完成财政年度的年报。对于研究与开发前景高的企业，不设最低盈利要求等。

(2)股本规模相对较小。一般要求总股本两千万即可。

(3)主营业务单一。要求创业板企业只能经营一种主营业务。

(4)必须是全流通市场。虽然创业板市场不专为风险投资退出而设立，但它是风险投资机构投资从原有公司退出以便进入新一轮高科技项目投资的重要保障。考虑到风险资本通过股权转让一次变现的特殊运动规律，风险投资机构投资企业所形成的股权应视作公众股，相应的创业板市场中不再有公众股、国家股和法人股的划分，是一个全流通市场。

（5）主要股东最低持股量及出售股份有限制。高科技企业在创业板上市，目的是解决企业本身的资本扩张和风险投资的退出问题。不仅仅是为满足这类企业的创业股东和管理层股东的变现需要。因此，为保持公司成长的连续性，将创业股东和管理层股东的利益与公司发展联系在一起，这些股东在公司上市时所持有的股本至少占已发行股本的35%，公司上市后，这些主要股东必须接受让出若干股份的制度。管理层在公司上市后的两年内不得出售名下股份；两年限期届满后，亦不得在连续六个月之内出售名下股份超过25%。创业股东方面，有关限制期为一年，待公司上市满一年后即可随时出售名下股份，并且出售时要公告。

（6）在某些国家的资本市场中，高新技术企业在创业板市场满两年后可申请转主板上市。

## 中小企业板块与创业板的区别与联系

### 中小企业板块与创业板的区别

所谓创业板（Second Board），是与主板（Main Board）相对应的概念，是指在主板之外为中小型高成长企业、高科技企业和新兴公司的发展提供便利的融资途径，并为风险资本提供有效的退出渠道的一个新市场。许多创业板又被称为小型资本市场或新兴公司市场。比较中小企业板块和创业板的定义，可以看出两者的上市对象和功能基本相同。虽然如此，但是它们之间还是有区别的，主要表现在如下几方面。

（1）中小企业板块的进入门槛较高，上市条件较为严格，接近于现有主板市场。而创业板的进入门槛较低，上市条件较为宽松。

（2）中小企业板块的运作采取非独立的附属市场模式，也称一所两板平行制，即中小企业板块附属于深交所。中小企业板块作为深交所的补充，与深交所组合在一起共同运作，拥有共同的组织管理系统和交易系统，甚至采用相同的监管标准，所不同的主要是上市标准的差别。例如，新加坡证券交易所的创业板、吉隆坡和泰国证券交易所的二板市场与中国香港创业板等都是这样。而我国今后设立的创业板，其运作将采取独立模式，即创业板与主板市场——上交所分别独立运作，拥有独立的组织管理系统和交易系统，采用不同的上市标准和监管标准。例如，美国的 Nasdaq、日本的 OTC Exchange、我国台湾的 ROSE 和法国的“新市场”等，即是如此。

(3)从设立的时间顺序来看,中小企业板块要先于创业板。或者说,中小企业板块是未来创业板的雏形。

**中小企业板块与创业板的联系**

创业板市场目前已成为建设多层次资本市场体系的关键。我国创业板市场的建设应当采取循序渐进的原则,分阶段、分步骤地加以实施。中小企业板块可以先行推出,它是建立创业板市场的第一步。如果把中小企业板块看做创业板市场的低级形态和初期模式,那么创业板就是创业板市场的高级形态和目标模式。同时,从建立中小企业板块入手,稳步推进创业板市场建设的发展思路已渐次清晰。以建立中小企业板块为切入点和突破口,可以为推进创业板市场的建设积累有益的经验,探索出一条成功的发展道路,并尽量减少创业板的设立可能对主板市场带来的消极影响,进而构建多层次的资本市场体系。

我国创业板市场的称谓经历了从高新技术板、到第二交易系统、二板市场、再到创业板这样一个演变过程,意味着原先的上市对象应重新进行合理的定位。如果说从"高新技术板"的提法改为"二板市场"和"创业板",是为了减少网络高科技股泡沫破灭所造成的负面影响,那么从"二板市场""创业板"的提法改为"中小企业板块",则更多考虑到现行法律制度的限制和市场环境的压力。在有关制度层面无法跟进,且中小企业的融资需求又日益增加的形势下,为了避免因设立创业板造成的过大风险而带来的阻力,对上市条件进行小幅调整、设立中小企业板块便成为更为现实的一种解决途径。与其说这是一种"退而求其次"的折中选择,不如说是一种顺势而为的曲线救国方案。从这个意义上来讲,中小企业板块的推出正是建设多层次资本市场体系过程中应运而生的一块"探路石"。

**商品期货**

商品期货(commodity future)是标的物为实物商品的一种期货合约,是关于买卖双方在未来某个约定的日期以签约时约定的价格买卖某一数量的实物商品的标准化协议。商品期货交易,是在期货交易所内买卖特定商品的标准化合同的交易方式。

商品期货投资的特点:

(1)以小搏大。投资商品期货只需要交纳5%～20%的履约保证金,就可控制100%的虚拟资金。

(2)交易便利。由于期货合约中主要因素如商品质量、交货地点等都已标准化,合约的互换性和流通性较高。

(3)信息公开,交易效率高。期货交易通过公开竞价的方式使交易者在平等的条件下公平竞争。同时,期货交易有固定的场所、程序和规则,运作高效。

(4)期货交易可以双向操作,简便、灵活。交纳保证金后即可买进或卖出期货合约,且只需用少数几个指令在数秒或数分钟内即可达成交易。

商品期货是期货交易的起源品种。商品期货交易的品种随着交易发展而不断增加。从传统的谷物、畜产品等农产品期货,发展到各种有色金属、贵金属和能源等大宗初级产品的期货交易。

**股票指数期货**

股票指数期货(Stock Index Futures),简称股指期货或指数期货。股票指数期货是指以股票价格指数作为标的物的金融期货合约。在具体交易时,股票指数期货合约的价值是用指数的点数乘以事先规定的单位金额来加以计算的,如标准·普尔指数规定每点代表500美元,香港恒生指数每点为50港元等。股票指数合约交易一般以3月、6月、9月、12月为循环月份,也有全年各月都进行交易的,通常以最后交易日的收盘指数为准进行结算。

股票指数期货交易的实质是投资者将其对整个股票市场价格指数的预期风险转移至期货市场的过程,其风险是通过对股市走势持不同判断的投资者的买卖操作来相互抵消的。它与股票期货交易一样都属于期货交易,只是股票指数期货交易的对象是股票指数,是以股票指数的变动为标准,以现金结算,交易双方都没有现实的股票,买卖的只是股票指数期货合约,而且在任何时候都可以买进卖出。

股指期货至少具有下列特点。

(1)跨期性。股指期货是交易双方通过对股票指数变动趋势的预测,约定在未来某一时间按照一定条件进行交易的合约。因此,股指期货的交易是建立在对未来预期的基础上,预期的准确与否直接决定了投资者的盈亏。

(2)杠杆性。股指期货交易不需要全额支付合约价值的资金,只需要支付一定比例的保证金就可以签订较大价值的合约。例如,假设股指期货交易的保证金为10%,投资者只需支付合约价值10%的资金就可以进行交易。这样,投资者就可以控制10倍于所投资金额的合约资产。当然,在收益可能成倍放大的同时,投资者可能承担的损失也是成倍放大的。

(3)联动性。股指期货的价格与其标的资产——股票指数的变动联系极为紧密。股票指数是股指期货的基础资产,对股指期货价格的变动具有很大影响。与此同时,股指期货是对未来价格的预期,因而对股票指数也有一定的引导作用。

(4)高风险性和风险的多样性。股指期货的杠杆性决定了它具有比股票市场更高的风险性。此外,股指期货还存在着特定的市场风险、操作风险、现金流风险等。

**产业集群**

1990年迈克·波特在《国家竞争优势》一书首先提出用产业集群(Industrial Cluster)一词对集群现象的分析。区域的竞争力对企业的竞争力有很大的影响,波特通过对10个工业化国家的考察发现,产业集群是工业化过程中的普遍现象,在所有发达的经济体中,都可以明显看到各种产业集群。

产业集群是指在特定区域中,具有竞争与合作关系,且在地理上集中,有交互关联性的企业、专业化供应商、服务供应商、金融机构、相关产业的厂商及其他相关机构等组成的群体。不同产业集群的纵深程度和复杂性相异。代表着介于市场和等级制之间的一种新的空间经济组织形式。

许多产业集群还包括由于延伸而涉及的销售渠道、顾客、辅助产品制造商、专业化基础设施供应商等,政府及其他提供专业化培训、信息、研究开发、标准制定等的机构,以及同业公会和其他相关的民间团体。

因此,产业集群超越了一般产业范围,形成特定地理范围内多个产业相互融合、众多类型机构相互联结的共生体,构成这一区域特色的竞争优势。产业集群发展状况已经成为考察一个经济体,或其中某个区域和地区发展水平的重要指标。

从产业结构和产品结构的角度看,产业集群实际上是某种产品的加工深度和产业链的延伸,从一定意义上讲,是产业结构的调整和优化升级。

从产业组织的角度看,产业群实际上是在一定区域内某个企业或大公司、大企业集团的纵向一体化的发展。

如果将产业结构和产业组织二者结合起来看,产业集群实际上是指产业成群、围成一圈集聚发展的意思。也就是说在一定的地区内或地区间形成的某种产业链或某些产业链。

产业集群的核心是在一定空间范围内产业的高集中度，这有利于降低企业的制度成本（包括生产成本、交换成本），提高规模经济效益和范围经济效益，提高产业和企业的市场竞争力。

从产业集群的微观层次分析，即从单个企业或产业组织的角度分析，企业通过纵向一体化，可以用费用较低的企业内交易替代费用较高的市场交易，达到降低交易成本的目的：通过纵向一体化，可以增强企业生产和销售的稳定性；通过纵向一体化行为，可以在生产成本、原材料供应、产品销售渠道和价格等方面形成一定的竞争优势，提高企业进入壁垒；通过纵向一体化，可以提高企业对市场信息的灵敏度；通过纵向一体化，可以使企业进入高新技术产业和高利润产业等。

产业集群可以从不同角度进行分类，如按形成机制可分类为市场主导型产业集群和政府主导型产业集群；按要素配置可分类为劳动密集型产业集群、资源密集型产业集群、技术密集型产业集群；按产业类型可分类为传统产业集群和高新技术产业集群；按资金来源可分类为外资主导型产业集群和内资主导型产业集群；按企业类型可分类为几个大企业主导型产业集群、中小企业主导型产业集群和单个龙头企业带动型产业集群；按创新程度高低可分为模仿型产业集群和创新型产业集群。

**微笑曲线理论**

重要科技业者宏碁集团创办人施振荣先生，在1992年为再造宏碁提出了有名的“微笑曲线”（Smiling Curve）理论，以作为宏碁的策略方向。经历了十年多以迄今日，施振荣先生将“微笑曲线”加以修正，推出了所谓施氏“产业微笑曲线”，以作为台湾各种产业的中长期发展策略方向。

微笑曲线理论虽然简单，却很务实地指出台湾产业未来努力的策略方向。在附加价值的观念指导下，企业体只有不断往附加价值高的区块移动与定位，才能持续发展与永续经营。营建业虽是火车头产业之一，但在产业成熟化、市场饱和，及传统只重视工程施工制造的低附加价值领域里，已经历了十多年的景气低迷。微笑曲线的理论提供一个了新的思考方向。

微笑嘴型的一条曲线，两端朝上，在产业链中，附加值更多体现在两端，设计和销售，处于中间环节的制造附加值最低。

微笑曲线中间是制造;左边是研发,属于全球性的竞争;右边是营销,主要是当地性的竞争。当前制造产生的利润低,全球制造也已供过于求,但是研发与营销的附加价值高,因此产业未来应朝微笑曲线的两端发展,也就是在左边加强研展创造智慧财产权,在右边加强客户导向的营销与服务。

## 全要素生产率

全要素生产率(Total Factor Productivity)是指“生产活动在一定时间内的效率”,是衡量单位总投入的总产量的生产率指标,即总产量与全部要素投入量之比。全要素生产率的增长率常常被视为科技进步的指标。全要素生产率的来源包括技术进步、组织创新、专业化和生产创新等。产出增长率超出要素投入增长率的部分为全要素生产率(TFP,也称总和要素生产率)增长率。

全要素生产率一般的含义为资源(包括人力、物力、财力)开发利用的效率。从经济增长的角度来说,生产率与资本、劳动等要素投入都贡献于经济的增长。从效率角度考察,生产率等同于一定时间内国民经济中产出与各种资源要素总投入的比值。从本质上讲,它反映的则是各国家(地区)为了摆脱贫困、落后和发展经济在一定时期里表现出来的能力和努力程度,是技术进步对经济发展作用的综合反映。

全要素生产率是用来衡量生产效率的指标,它有三个来源:一是效率的改善;二是技术进步;三是规模效应。在计算上它是除去劳动、资本、土地等要素投入之后的“余值”,由于“余值”还包括没有识别带来增长的因素和概念上的差异以及度量上的误差,它只能相对衡量效益改善技术进步的程度。

20 世纪 50 年代,诺贝尔经济学奖获得者罗伯特 · M · 索洛(Robert Merton Solow)提出了具有规模报酬不变特性的总量生产函数和增长方程,形成了现在通常所说的生产率(全要素生产率)含义,并把它归结为是由技术进步而产生的。

全要素生产率是宏观经济学的重要概念,也是分析经济增长源泉的重要工具,尤其是政府制定长期可持续增长政策的重要依据。首先,估算全要素生产率有助于进行经济增长源泉分析,即分析各种因素(投入要素增长、技术进步和能力实现等)对经济增长的贡献,识别经济是投入型增长还是效率型增长,确定经济增长的可持续性。其次,估算全要素生产率是制定和评价长期可持续增长政策的基础。具体来说,通过全要素生产率增长对经济增长贡献与要素投入贡献的比较，就可以确定经济政策是应以增加总需求为主还是应以调整经济结构、促进技术进步为主。

## 菲利浦斯曲线

菲利浦斯曲线(Phillips Curve)是用来表示失业与通货膨胀之间替代取舍关系的曲线，由新西兰统计学家威廉·菲利普斯(A. W. Phillips)于1958年在《1861—1957年英国失业和货币工资变动率之间的关系》一文中最先提出。此后，经济学家对此进行了大量的理论解释，尤其是萨缪尔森和索洛将原来表示失业率与货币工资率之间交替关系的菲利浦斯曲线发展成为用来表示失业率与通货膨胀率之间交替关系的曲线。

1958年，菲利浦斯根据英国1867—1957年失业率和货币工资变动率的经验统计资料，提出了一条用以表示失业率和货币工资变动率之间交替关系的曲线。这条曲线表明：当失业率较低时，货币工资增长率较高；反之，当失业率较高时，货币工资增长率较低，甚至是负数。根据成本推动的通货膨胀理论，货币工资可以表示通货膨胀率。因此，这条曲线就可以表示失业率与通货膨胀率之间的交替关系。即失业率高表明经济处于萧条阶段，这时工资与物价水都较低，从而通货膨胀率也就低；反之失业率低，表明经济处于繁荣阶段，这时工资与物价水平都较高，从而通货膨胀率也就高。失业率和通货膨胀率之间存在着反方向变动的关系。

菲利浦斯曲线提出了如下几个重要的观点。

第一，通货膨胀是由工资成本推动所引起的，这就是成本推动通货膨胀理论。正是根据这一理论，把货币工资增长率同通货膨胀率联系了起来。

第二，失业率和通货膨胀存在着替代取舍的关系，它们是可能并存的，这是对凯恩斯观点的否定。

第三，当失业率为自然失业率(u)时通货膨胀率为0。因此可以把自然失业率定义为通货膨胀为0时的失业率。

第四，由于失业率和通货膨胀率之间存在着替代取舍关系，因此可以运用扩张性的宏观经济政策，用较高的通货膨胀率来换取较低的失业率，也可以运用紧缩性的宏观经济政策，以较高的失业率来换取较低的通货膨胀率。这就为宏观经济政策的选择提供了理论依据。

## 人口红利

所谓“人口红利”(Demographic dividend)指的是在一个时期内生育率

迅速下降，少儿与老年抚养负担均相对较轻，总人口中劳动适龄人口比重上升，从而在老年人口比例达到较高水平之前，形成一个劳动力资源相对比较丰富，对经济发展十分有利的黄金时期。

为了便于分析，人们使用总抚养比小于50%（14岁及以下少儿人口与65岁及以上老年人口之和除以15~64岁劳动年龄人口）为人口红利时期，进入人口红利时期为人口机会窗口打开，退出人口红利时期为人口机会窗口关闭。而人口总抚养比超过60%时为“人口负债”时期。

# 延伸阅读

# 中国金融运行出现的新变化

巴曙松

（根据录音整理）

（2011 年 2 月 23 日）

在金融危机冲击下，中国以及全球经济出现了不少新的变化，其中有的是周期性的波动，有的则可能是结构性的变化，需要充分关注，并针对性地采取应对措施。

**危机后经济周期波动呈现短期化倾向**

经历这次危机之后，特别是从 2010 年的情况看，一个很显著的变化就是经济周期波动短期化。这不仅仅是中国出现的一个经济波动特点，从美国等发达经济体的波动看，似乎也呈现出类似的特征。

危机之前，此前一个完整的经济周期可能需要三、四年的时间，但是，回顾 2010 年四个季度，可以说基本上经历了经济周期的四个阶段：一季度 11.9% 的增速明显过热，二季度跟一季度相比，下滑幅度非常快，是偏冷的。我记得 6 月份经济增长数字出来的时候，我们参加座谈会，当时讨论的是要不要进行“二次刺激”，后来虽然没有提出实施，但从具体的政策操作看，实际上是进行了一个隐性的“二次刺激”，即把 4 万亿剩余的项目在 7 月份加快进行了审批。到了三季度主要经济指标站稳，四季度经济增长意外走强，特别是出口。我们看到，随着经济的波动，宏观政策和资本市场在四个季度中也出现了很大的短期化波动。

从目前情况看，这一特点很可能在 2011 年还会继续保持。站在 2011 年的年初，我们客观评估，大家对 2011 年的四个季度宏观经济的走势也未必有很清晰的把握。以中央经济工作会议确定的精神为例，这个重要的会议确定的 2011 年的经济工作的八字方针是“积极稳健、审慎灵活”，如果仅仅从字面看其中似乎存在一定的矛盾：要强调灵活可能就不适合选择审慎，要积极就可能难以稳健。所以，上半年与下半年之间，或者不同的季度之间，政策就很可能会根据具体经济周期的波动情况，出现高频化的、短期化的调整。在此次金融危机之后，货币政策决策短期化，宏观经济决策短期化，资本市场的波动也趋向短期化。目前这个特点已经比较明显。2010 年 11 月份到 2011 年 1—2 月份的时候，市场都十分担心通货膨胀，但是，预计到二季度和下半年通货膨胀下来，市场可能就会转而担心经济增长，在经济波动短期化的特征驱动下，宏观政策可能就需要走一步看一步。如果 5—6 月份物价再度攀升，宏观政策可能又会有一个大的加压。所以 2011 年可能四个季度的变动估计也还会类似 2010 年，变化会比较大，从而是的宏观政策的短期基调的变化也会很大。

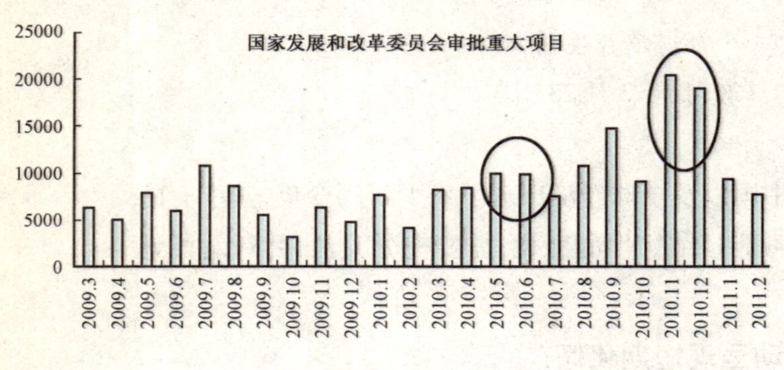


国家发展和改革委员会委项目审批进度

### 融资的多元化趋势下需要考察社会融资总量指标

为了适应社会融资多样化的现实趋势，央行开始探讨更多运用社会融资总量指标，引起了各方的广泛关注，包括社会融资总量的监测计量、社会融资总量与物价等调控目标的关系、社会融资总量与信贷和各种直接融资工具的关系协调等等。应当注意的是，社会融资总量指标应当主要还是一个监测指标，从其内在特性看，并不适合成为一个硬约束性质的调控指标。从政策工具的组合运用看，随着融资渠道的多元化，如果更多关注社会融资总量，则在央行的政策工具选择中，就应当逐步更多转向一些利率等价格工具，因为对于信贷之外的多种直接融资渠道来说，价格工具调控引导的效果更为明显。可以看到这一次的货币政策调控，在引导利率上升方面较之 2007 年的宏观调控时更为快捷，未来随着直接融资规模的扩大，更多运用价格工具应当逐步成为一个趋势。

从主要指标看，2010 年中国广义货币供应量（M2）大约为 72 万亿元，而美国大约为 9 万亿美元，这意味着我们的货币存量超过了美国，GDP 仅是美国的 1/3。这当然有金融结构不同、金融市场发展程度差异等原因，不能简单归结为中国的货币过量超发。从另外一个角度比较，美国金融体系的总资产大概是我国的7倍。在金融资产结构上来看，我国商业银行大概占了85%，证券、基金、保险、养老金、年金等机构大约占了15%。而2010年底美国商业银行在资产结构中占比大约为27%，证券为24%，基金为10%，保险为16%，养老金为23%。所以中国M2/GDP比值较高，一个很重要的原因就是和我们的金融结构有关系，即现行过分依赖银行的融资结构以及过于单一的社会融资渠道和狭窄的投资渠道，在很大程度上推动了M2的高速发行。

下一步发展的趋势，就是要将银行存款转换成各种形式的金融资产，这是一个金融资产形成的过程。这一过程必然表现为融资的多样化。值得讨论的问题是，不能以货币政策的短期目标去硬性约束居民资产的多样化和金融资产的形成，而是应该适应这种多样化的趋势。当前中国经济面临的很多经济挑战，特别是经济转型，如果没有金融结构的转型配合，很难取得大的进展。例如，中国人口结构正在出现迅速的变化，特别是人口的老龄化，会带来新的理财需求。人口进入老龄化阶段之后，对保险业和资本市场的需求大大增加。如果说过去资本市场发展主要是为企业进行融资的话，未来10年、20年，资本市场发展更多的要考虑为居民提供财富管理的手段，为未来的养老和社会保障做出相应的调整。另外，产业调整和升级也必须要求银行之外金融机构的发展。银行贷款则天然要求企业有正的现金流、有抵押担保以尽可能降低风险，技术进步和产业升级是随机的，不确定性也是很大的，其风险必须主要由银行之外的金融机构来承担。观察社会融资总额的变化，货币政策未来应该逐步适应这个现实。

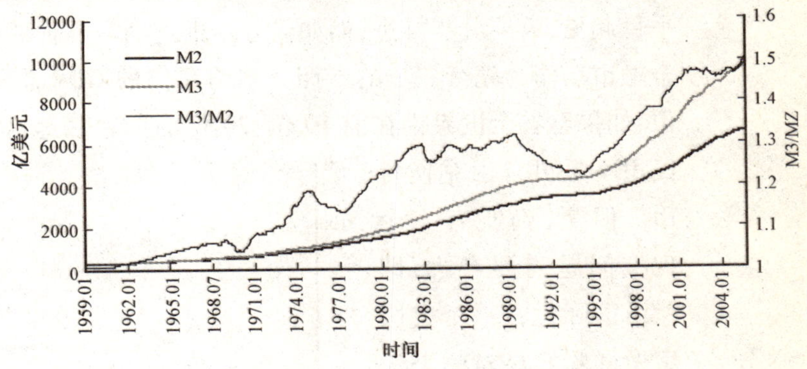

美国金融领域的变革在货币供给上的体现：M1/M2层次货币向M3转变

## 人民币国际化和香港人民币离岸市场发展需要系统的顶层制度设计

人民币国际化和香港离岸人民币市场，目前有很多讨论，但从目前的分析看，总体看起来有一点见招拆招的感觉，当前人民币的国际化和香港人民

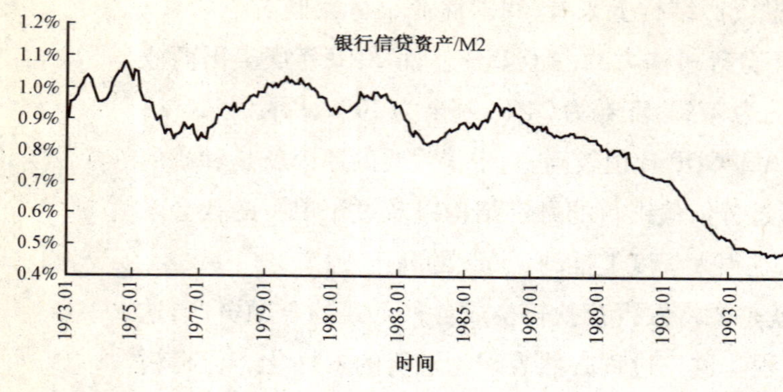


美国银行信贷与 M2 比值持续下行——多层次金融市场的作用

币离岸业务发展正处于即将加速的起步阶段,目前特别需要的要有一个大的框架和阶段性的把握,需要系统的顶层制度设计。

具体从香港离岸人民币市场发展看,首先是我们为什么需要这个市场?一个大的背景就是人民币国际化肯定是大趋势,但是对于中国这样的大国来说,出于平稳起见,需要分步推进,而如何分步推进则需要香港这样的充分国际化的金融市场作为先行一步的参照。当前我们的 GDP 总量已经排在全球第二位,如果看看全世界排在前 10 位、20 位的国家和地区的货币,大概只有人民币不是可自由兑换货币。但是,确实有一个现实问题需要考虑,即货币国际化在一个大国里做试验容易对整个经济体的稳定性形成大的冲击,存在较多不确定性。所以,现在的一个大战略就是支持在香港有一个离岸的人民币市场,让香港的离岸人民币市场在人民币没有完全国际化、资本项目没有完全放开之前充分试验,由于人民币到了香港就是完全可兑换的货币,这样我们就可以看到人民币在可兑换过程中所碰到的各种问题,然后再相应推进国内的货币国际化。其实,香港离岸人民币市场起到一个先行一步的标尺作用,而且有一个优点,香港市场是在中华人民共和国境内,却是海外市场、充分国际化的市场。

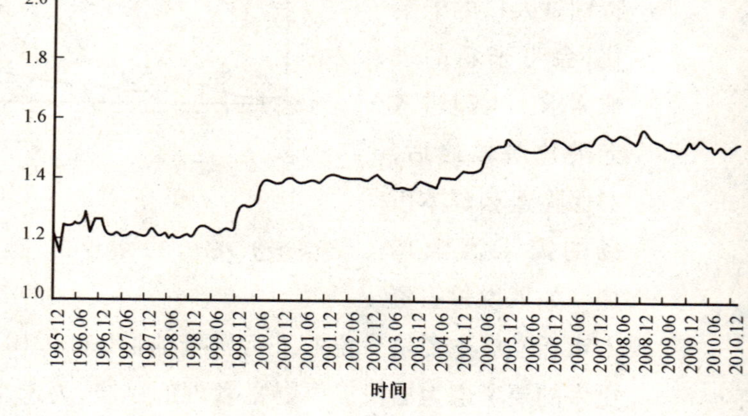


中国银行信贷与 M2 比值维持高位——多层次金融市场有待加强

其次是如何在香港建设一个有效的离岸市场?从国际经验来看,应该分为三个阶段:第一阶段资金流出并建立适当的回流渠道,例如在结算环节逐步流出,在海外进行部分兑换;第二阶段是在香港建立一个自我循环的、不依托母国市场的离岸市场;第三阶段则是发挥凝聚作用,将一些在俄罗斯或非洲等地区的人民币汇集在香港,成为一个真正的人民币离岸中心。

目前看,在香港离岸市场发展的起步阶段面临很大的挑战。目前似乎形成一个格局就是,往往是在香港市场一线需求的呼吁下,申请一步就放一步,更多考虑的是不要干扰到在岸市场。但是,从各国的经验来看,离岸市场在起步阶段如果没有在岸市场的支持是很难发展起来的。即使到今天,伦敦的美元离岸市场虽然已经非常发达,其中大部分发债筹资人依然是美国企业,当然这其中也自然涉及本土金融市场发展的配合。所以,在离岸市场发展的初级阶段,一定要有比较通畅的回流渠道,才可能使得有人在香港做贸易结算的时候才愿意使用人民币,否则拿人民币在香港只能做存款,买很有限的金融债。规模大了之后才可能去进行大的人民币 IPO。前段时间我也在香港调研过几个金融机构,他们表示,如果没有一定存量规模,很多以人民币计价的 IPO 很难做,即使发行也不能有很好的价格发现,流动性不一定很好。现在香港的人民币存款规模是 3180 亿元,几个大企业就承担不了。所以,第一阶段一定是整个国家要有一个大的战略,包括如何看待香港的人民币业务、如何做好与在岸市场的互动,包括小 QFII 等。正因为有多种渠道回流,大家才愿意拿人民币,人民币市场才会不断积累。什么叫自我循环?在香港市场上,美元在香港的存款基础中占比大概是 25% 左右,照此比例估算下来,大约是大约两万亿的人民币。可以预见,五年之后中国在岸市场的 M2 可能达到 100 万亿了,香港如果达到 2 万亿的影响十分有限,但是却可以发挥对人民币国际化的一个重要的参照作用。而达到 2 万亿元的规模之后,

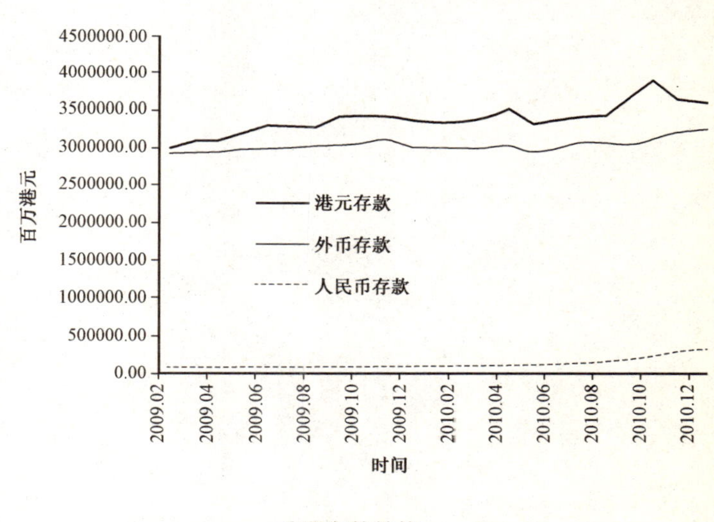

香港存款结构

在香港的人民币基本可以实现自我循环，对母国市场的依赖就相对小，然后才是真正的离岸金融中心。现在市场更多讨论一些细节问题的时候，可能更多需要多分析分析愿景，需要有一个阶段的框架和战略，才能够清晰地把握碰到的阶段性的微观问题。

# 信仰的求索

策划/特邀著名经济学家　赵晓

本刊记者　王缨

## 灵魂的游荡

我们所追求的仍然是用“科技”来达到“富强”的目的。

我们到现在为止还没有真正认识到“为真理而真理”的精神。

如果我们的灵魂飘忽而没有居所、莽撞而毫无顾忌，文明的未来就会命途多舛……

## 文明未来的命运

人类，是有“精神意识”的“社会性”物种，她总是希望生命的历程更加灿烂。

但这取决于她对两个基本问题的思考：如何走进我们生存的环境？如何依存我们所处的群体？前者是人与自然的关系，后者是人与社会的关系。人类就是在对这两种关系的不断修整中走过来的，并将自身进化的脚印收藏为一部文明史。

文明，意味着什么呢？

西格蒙德·弗洛伊德在《论文明》一书中的解释极为简洁。他说文明向我们展示了两个方面：一方面，是为了控制自然力量并攫取其财富以满足人类需要而获得的全部知识和能力；另一方面，是调节人与人之间的关系，尤其是调节可用财富的分配所必需的规范与制度。

显然，我们创造了文明，它的任务就是保护我们免遭危害。同时，为了保卫文明，个人又必须接受限制。弗洛伊德的结论是：尽管文明被认为是利于人类普遍利益的目标，但每个个体实质上都是文明的敌人。文明所期望人们付出的牺牲往往就是一种沉重的负担。

于是，每当人类回望文明进程的时候，总是禁不住要朝另一个方向瞥上一眼，询问：文明未来的命运还会经历怎样的变迁？

这是在向谁询问？在向我们的灵魂询问！

如果我们的灵魂飘忽而没有居所、莽撞而毫无顾忌，文明的未来就会命途多舛。

## 星空下的行走

可至今，我们找到了“灵魂的居所”吗？

要与灵魂对话，本文破例一次，就从敞开自我的缺陷来切入。

十三四年前，作者在南方一座美丽的旅游城市中的一所大学历史系任教。那时到处都在搞创收，系里也拿出一半的办公楼和部分收藏的历史文物，经层层审批后开办了一个可供游览参观的“王府博物馆”。因为这所大学校址本身就是国内唯一留存下来的明代藩王府。而实际最初的启动资金是由我和社会上的朋友、朋友的朋友集资而来，目的也不隐讳，希望为系里、朋友、包括自己，都能带来收益，也给这座城市古老的人文景观增添亮点。

这是一件好事吗？但是一进入这个行业，我们便不得不向潜规则看齐，以擅自提高门票价格满足导游的利益而招来生意，结果，被同行告发。一日，片区工商所两个干部开着摩托车闯到博物馆，突然袭击，宣布我们必须立刻停业，并从财务手里收缴了账本。那股衙吏的蛮横劲儿让人吃惊：“地痞”！很快我们又见到了市物价局副局长，被她冠冕堂皇地指责了一番。终了我们认罚，门票价格也回落到物价局最初的定价。自然，来景点的旅游团队也就寥寥无几了。问题是，告发我们的竞争对手竟然照样违规营业，还常常以我们的招牌混揽游客，工商、物价却视若无睹。再后来，竞争者直接给我打电话，让我把博物馆出价卖给他，这真让人哭笑不得！不久，我撤资离开。人生中这段偶然的经历，让我看到了这座城市当时的旅游市场极其混乱，同业相残只怕不整死你，而政府吏员完全没有公务原则，形象让人厌恶。

这在千千万万的经营者看来是个多么小的浪花！不过，香港华燊燃气公司董事长沈家燊先生，就确实遭遇了一场大“尴尬”。

初识沈先生是在2000年华燊燃气香港上市后的一次会议上。他洪钟般声音带出的一串话语让人印象深刻：“我从一个家族企业到香港上市公司,整个审查把我底儿掉,7大本账目啊,那是脱胎换骨的改变!”可2004年后突然听说沈家燊逃逸,公司被香港证监会勒令停牌。再五年后,2009年5月12日,公司与国有企业天津泰达完成重组,重新复牌,更名“滨海投资”。泰达已成为公司控股股东,沈家燊为第二大股东,他原来近40%的股份降为14.43%。香港高院处以他6年不能做任何上市公司董事。

如此大幅涨落的“K线图”应当怎么解读?全掰明白似乎很麻烦,但依“人性的逻辑”循迹,则极为简单。

华燊燃气成立于二十世纪九十年代中期。因沈家燊的侄儿沈毅在天津燃气公司工作,当时在香港有了一定积累的沈家燊便决定以私人资本杀进国内公用事业这块公权市场。这得有多么非凡的冒险精神!公司境外注册,业务则主要做国内中小城市燃气管道生意。上市前后不几年,企业就与50多个城市签下了50年的管道铺设和燃气供应合作合同,华燊成为了行业内第一个将国际资本与国内燃气公用事业对接的企业。沈家燊相信这一定是件好事,自己也是个会挣钱的人。上市也的确助他两次登上《福布斯》富豪榜,个人身价冲出了10亿元。

可这是一个怎样的市场啊?!地方政府有着巨大的融资冲动。中国市政公用事业特许经营专家徐宗威说:只要能圈来钱,只要短期内企业能圈来钱,只要这个企业给的钱比其他企业高,一些地方政府就会给企业发包特许经营权。

因此,进来的企业只需要一个东西:钱!只需要一种本事,打赢“竞争巷战”!然而,尽管在资本市场上不断增发配股,国内为抢占地盘的“圈地运动”还是使得华燊在很多城市的开工到位资金只能达到国家基本标准,即注册金的15%。这样,工程进度和质量的保障就难免与用户和地方政府发生矛盾,地方政府也可以用高税收和动不动罚款相要挟,有的下属燃气站就得靠各种腐败关系来化解。另一个问题是,管道接驳后的预期用户收入还不能与实际销售管道燃气的营业收入画等号,这就意味着真正的回报周期比较长,华燊得没完没了地扩张,不断以拥有城市数十万管道接驳用户的数字去告诉资本市场它的高增长。

当华燊为尽快完成天津保税区验资而使用了企业寻常的一招:计提利润;当账户上的资金开始从山东挪借和进行一出一进的外汇兑换备案时,不意被国家外汇管理局逮个正着,疑其“洗钱”套汇。结果一笔巨款罚单电传香港联交所，公司旋即被停牌，资金链戛然断裂，很多工程被迫停工或解约，企业发生了上7个亿的债务，下属燃气站更有把管道拆了拿去卖钱。

沈家燊傻眼了，气愤了，暴跳了，然后又沉默了，扛起了。

他是一个能低头的人。他说自己只被看押了一天，就一下明白了：你是富豪又怎么样！他也是一个不低头的人。没有逃逸，也不想让事情变得更糟。一个月后沈家燊从天津回到香港，随即着手与天津市政府、国有企业天津泰达公司寻求合作，最终集资8个多亿完成重组债务、推进工程重新启动；另一方面则配合监管机构一笔笔账目进行审查，足足查了他五个年头。我们再见面时，一开场他就坦言：公司遭遇了外汇违规和国内业务严重管理不善的问题。"这个责任我承担！"言谈中这位"落难富豪"愿意把五年来的反思跟《中外管理》一吐为快。他说："原来就是财富的观点、暴富的思想。""巴菲特提出价值投资，我觉得，企业家和企业的正确价值观更为重要！""逆境是进步之宝，是洗礼之水。巴尔扎克这句话我很喜欢。"

两个案例都说明一个重要问题：人们不知道怎么做对，怎么做错，每个灵魂在星空下行走而找不到居所。

## 寻找灵魂的居所

如果从改革开放初期一直数落到今天，多少英雄沉草野，壮气落落，却留得心中一片孤寂。人们总是难以理解有钱人为什么还不开心、不幸福，因为，他们的"灵与肉"总在煎熬中感悟社会、感悟人生。

《大败局》作者吴晓波说他一直在寻找中国企业失败的基因。他总结"中国式失败"有三大特点：政商博弈的败局、创业"原罪"的困扰、职业精神的缺失。可到了2008年三聚氰胺事件的爆发，已经是一个行业、是与这个行业纠结在一起形形色色的组织和群体由来已久地挑衅人道了！市场竞争的种种诱惑将"以经济建设为中心"严重异化，企业家价值取向的"精神分裂"让他们无所适从。

这是最好的时代，这是最糟糕的时代……怎么形容这个时代其实并不重要，狄更斯是在暗示当时的西方文明已经陷入危机。唯有去思考这个时代的价值取向到底是否正常，是否进步？这对于我们的人生才是至关重要的！正如一位学者所说，如果我们不能正确认识我们的环境是好是坏，如果我们发生了错误判断并趋之若鹜,我们将会以自身不多的经济能力、有限的生命资源、甚至瞬间的人生机遇作为付诸错误的最大代价。

站在纷繁世界的十字路口,我们自己一塌糊涂。如今,越来越多的企业家正在不经意地瞥望着哲学的最高问题——我是谁?我为什么活着?我本应该做什么?正在不经意地走上探索“信仰”的道路——或者向宗教寻求精神寄托,或者向传统道儒拷问人生意义。

没有信仰,一切价值观都将无所依托。而社会价值体系一旦坍塌,世俗的脚步就会在文明的地毯上撒野!信仰,是人们内心存在的一种根本信念。人活在世上,自然会形成对人对事对世界的某种态度,而尤其需要解读生活的意义。信仰,就是我们的“终极关怀”。

信仰的奠基,在于必须解决:“你信什么”?

宗教,在数千年的中国社会里从来没有占据意识形态的统治地位;二十世纪我们终于体验了“信仰的力量”,但又时过境迁。三十年里的发展,六十年里的交替,WTO让我们融入国际化而金融危机也伴随着精神危机一起到来。势不可逆的商业时代对我们个人、对我们民族来说,都需要再一次做出回答:我们信什么?

从全球的进程看,14—17世纪,西欧的宗教改革和文艺复兴、科学革命和哲学革命,就是从信仰危机到信仰复兴的一个大历程;17—19世纪,资产阶级革命、启蒙运动和工业革命,也一直都在探寻理性地组织劳动与合理的资本主义生活。20世纪后的一百年来,商业活动日益发达地体现了人与人之间的相互依赖和密切交往,公平交易也就需要走上新的台阶——把信任作为商业基石。这种信任越广泛、越深入、越诚恳、越正直,越能建立起良好的商业关系乃至社会关系。西方宗教把“爱”作为最大的信任,东方儒学用“仁义”理解利益的本质。那么,今天来谈我们信什么?是对商业文明新一轮的挑战,是在理清人与自然的关系、人与社会的关系中,我们必须追究的又一个根本性问题:人对于自我的态度。

没有信仰,我们也混过来了,但是一个群族长此以往恐怕混不下去。信仰的终极意义就在于帮助我们做出“决断”,它是在我们抵御浑浊的世界时才发挥作用的。《圣经》将人类的罪恶追溯到了伊甸园:夏娃受到蛇的欺骗后吃了禁果,但是蛇虽然诱惑了亚当,却是夏娃先吃禁果再把禁果拿给自己丈夫亚当吃的。亚当本可以不吃,可这个男人从他妻子手里接过果子，吃了下去。因为这一次的悖逆行为，灾难从此在人类历史的长河中泛滥。

“谁也不能让我背叛我的信仰”！《潜伏》中这句砸倒人心的台词体现了信仰的力量，也说明信仰是需要勇气的。著名华人学者余英时先生曾批评大陆当年提出的“四个现代化”全是科技方面的事，所追求的仍然是用“科技”来达到“富强”的目的。他说：中国人到现在为止还没有真正认识到西方“为真理而真理”的精神。哲学家蒂利希在《存在与勇气》一书中同样指出：惟有当人们对“终极关怀”具有了“精神追求的勇气”时，才能证明有了信仰！

我们的任何行为最终只有两个结果：往善，往恶。即使你失去了一切，你还是有选择的。

寻找灵魂的居所……

# 如何保住一个人一生的劳动果实

钟　伟

就金融话题而言，大体可以分为以政府为研究对象的公共金融话题，像货币政策和财政政策，金融监管政策等是典型内容；以企业为对象的公司金融话题也很重要，类似企业如何借贷、发债、上市和并购等是大致内容，以居民为对象的财富管理，则是和普罗大众切身利益相关的重要话题。在对政府、企业和居民三类话题中，我很少讨论财富管理，这和研究人员对自身的定位有密切关系，一些学者愿意把自己定位为为民请命的公共知识分子；另一些则以生平所学为企业发展殚精竭虑。我除了写字没有什么很好的谋生技能。贸然介入居民的财富管理，怕的不是碰巧说对，而是怕说错负担不了害人破财的责任。

公共金融是极其重要的，这涉及国民的福利。比如中国的国库现金管理，目前中央财政的库金多则上万亿元，少的月份也有四五千亿，地方财政大约有同等规模的库金。这差不多 2 万亿的巨额资金，除了每年通过招标分出不足千亿转存到商业银行，另外就是财政部偶尔的买回国债操作，资金收益极其有限。假定能形成有效的国库现金管理制度，哪怕年收益率只有 2%，那也是为纳税人节约 400 亿呵！在政府管理的众多领域，同样存在着种种令人叹息的低效闲置资金。一边向企业急切课税，另一边却又视钱如无物。

财富管理也是重要的，这涉及某一个个体能否保住他一生的劳动果实，并赖以安度晚年。据说人的投资行为，和松鼠在冬季降临之前埋藏松果差不多，草木凋零的冬季松鼠无法觅食，只能挖出秋季时自己埋下的松果度日，但松鼠的记忆力很差，因此它必须赶在冬季前埋下许多堆松果，才能在冬日想起和挖出其中的几堆果实来享用。松鼠的行为基本折射了居民财富管理的一些要素，即投资于安全、自身能力，以及必要的组合。

第一，财富管理应关注个人安全。生命、自由和财产安全对个人总是一生中必然追求的起点和终点。据说郭店竹简本的《道德经》原文是“使民重死而远迁”,也就是说,如果国家统治残酷而令人没有安全感,那么民众至少可以用脚投票,逃离这个国度。但历代儒生把《道德经》修改得有些离谱,变成了“使民重死而不远迁”,要求人们“父母在,不远游,游必有方”。在财富管理中,关注安全是至为重要的,新加坡的发展,一定程度上和南洋华人虽在印尼等创业发展,却出于安全考虑,而把企业资金调度、个人财富甚至国籍放在了新加坡。举凡一国的过度储蓄,往往和该国国民对安全、养老、教育等缺乏足够信心,而进行的过度防御性储蓄有关。在我看来,松鼠埋松果是为了熬过冬季,人不应比松鼠愚笨,“富可敌国”的含义似乎就是:如果你足够富裕,那么你就是国家的敌人。因此,投资于自身的安全,是一切财富管理的起点和终点。

第二,最有效的财富管理是人力资源投资。人持续获得和积累财富的要诀,一曰天赋,二曰坚忍,三曰机缘,四曰善缘。人生往往不是我们选择命运,而是命运决定我们。在财富管理中,对自身才智毅力、惜福臻善的不断投资,是自身能够不断应对复杂莫测的创富挑战的根本。或者说,人力资源越不足,他就只能从事从业门槛越低、竞争越激烈、创富微薄和发展前景越渺茫的职业。对一个人而言,终其一生,始终不断对自身才智和品性进行投资,是回报最好和最可靠的投资。这种投资的一个副产品是增加了对生命本身感悟和体验的深度,否则生命对一个人而言,始终是缺乏浓度的白开水。把人力资源投资当作财富管理的最有效手段时,容易犯下的弊病,就是花钱买文凭,财富被浪费的同时,才智无增虚荣膨胀,几乎是自欺并欺人的负收益投资。

第三,最增值的财富管理是对艺术品的持续投资。由于积淀着历史和不可复制的唯一性,艺术品不能像工业制品那样大规模生产。随着人们逐渐摆脱挣扎求生,追求有尊严和有品位的生活,艺术品也许是引导我们从物欲到神界的较好阶梯。我相信,就个人财富管理而言,艺术品投资也许是中国未来十年能够增值10倍以上的屈指可数的领域。不仅如此,艺术品投资有许多不求而得的副产品。一是中国城市化进程太快,如果没有广泛的藏品收集,我们的子孙将很难亲手触摸他们祖辈生活的历史片段,他们就可能是无根浮萍。二是艺术品投资是财富的积累而非挥霍。在现实生活中许多人用酗酒吸烟以及华而不实的奢侈品来挥霍财富,当财富被投资于艺术品,那么在一个人死后,其所收藏的艺术品仍然留存于世。三是艺术品投资不仅是投资,也是对焦虑的社会、对讲究效率和竞争的市场经济的“解毒剂”。艺术品投资一怕战争毁坏,二怕官府掠夺。当然投资本身所要求的专业素质和赝品泛滥,也让人望而却步。但是如果一桩投资没有复杂的技能和门槛,而是村妇挑夫都耳熟能详的,那么这桩投资就不太可能超额收益。尽管至今中国仍然没有艺术品投资指数,但这种投资于精神家园的财富前景光明,现在中国大多数城镇家庭都在斟酌如何进行财富管理,但很少有家庭点缀着字画、雕塑或古董,这不能不令人叹息。

第四,最理性的财富管理是简洁有效的长期组合。当你用足够多的财富投资于自身安全、自身的不断学习和艺术品之后,才回到通常意义上的理财。我们很难对1~2年的短期投资进行精确而理性的预测,更遑论数个季度,过高的波动性往往淹没了收益本身。如果一个人从30岁工作到60岁,退休后能获得的养老金是之前薪酬的一半,那么他要维持退休前后过着同样体面的生活并到75岁,那么其净储蓄率有25%便已足够。就投资组合而言,通常艺术品、私募股权投资、指数基金、对冲基金、不动产、土地、指数化国债等是风险收益从高到低的大致排列。但是很遗憾,股权投资和对冲基金投资的门槛较高,中国也没有和物价指数挂钩的国债(TIPS),因此,就个人财富管理而言,指数基金和不动产就成为组合的主要内容。如同松树要多处埋藏松果一样,财富管理也需要在艺术品、指数基金和不动产之间进行必要配置。

第五,以静制动的财富管理是波段性的指数基金投资。证券投资主要靠择时和择股获得超额收益,其中择时依赖宏观判断,择股依赖对行业和公司的研究。一般而言,考虑经济周期的,被动的指数投资,在中长期之内,往往能战胜周期预判能力较弱的主动型投资。社保基金理事会熊平以其深厚研究显示,其实不选择私募股权投资或者基金也无妨,如果选择低估值、小盘、行业排位靠前的上市公司股票并长期持有,也可获得丰厚回报。

第六,审时度势的财富管理是中期以上的不动产投资。中国的城市化、货币化和人口变迁三大因素决定了不动产价格的基本走势。而地段、品质和采光则是房地产投资要优先考虑的三大要素。投资周期可能至少应考虑5~8年,并应投资前景明确的大都市。限于篇幅我们没有涉及黄金、外汇和衍生品投资。

如何保住一个人一生的劳动果实？避免其被泛滥的货币和隐蔽的通货膨胀所盘剥？我认真而不负责任的忠告是：首先，不要在你的资产方纳入大规模工业制品、国债或银行储蓄，要在你的负债方纳入长期金融负债；其次，尽可能地对个人安全和人力资源提供充分和持续的投资；再者，余下的个人财富之五成投资不动产，三成艺术品，二成指数基金；最后，你是财富的主人时你可能是幸福的，你是财富的仆人时必然是痛苦的。所谓幸福，似乎不在于你期待拥有，而在于你不介意失去，包括最终失去生命本身。所谓幸福，是你能在忙碌中停下来，闻阳光听落叶看云烟，并安静地知道自己还活着。

# 万事随缘

## ——博士咖啡十周年之纪念

高辉清

作为一个在短暂时空中存在过的一个虚拟机构,博士咖啡当年曾经以它的青春活力和全新面孔引起过社会的一些关注。但是,自从N年前博士咖啡网站关闭之日起,这一曾被誉为中国最早网络经济沙龙就宣告了历史使命的终结。今天,你在百度上搜寻"博士咖啡",百度知道会告诉你:"博士咖啡是由四名中国博士创建的互联网经济评论的品牌,其博士咖啡网站:www.doctor-cafe.com数年来一直是经济学学生、专家及财经记者的必看网站,四位博士紧随中国经济的发展进行了很多回顾性,现实性和前沿性的研究"。但实际上,博士虽还在,却不再咖啡了。

前不久,周明剑给我们打电话,提出要在博士咖啡十周年之际,出版一本书以示纪念。我听了很是兴奋,在我看来博士咖啡虽然早已解体,但确实缺乏一个正式的宣告程序。周先生是国内一位少有的、与绝大多数前博士咖啡成员均保持着超越编辑与作者之间友好关系的前媒体资深人员,由他通过组织"十周年纪念"的活动来完成这一程序是再好不过了。

现在,在外参加学术交流时常会碰到一些年轻的朋友,十年前他们也许还是财经院校的在校大学生,谈到当时活跃的博士咖啡偶然还会涌出一些憧憬,有时甚至会为博士咖啡的解体表示惋惜。但作为当事人,我相信"聚亦欣然,离亦喜"可能是大家共同的心态,因为博士咖啡的整个演绎过程都是随缘的结果。

**随缘的事情往往发生于偶然。**

事物变化到底是由偶然事件所决定,还是由内在必然规律所决定,始终是一个有争议的话题。但就微观层次来看,我相信大多数事情都是偶然发生的。比如说,46亿年前组成我们身体的各个分子和原子都还在广袤的宇宙间四处飘荡,今天它们却碰在了一起,组成了一个鲜活的生命!这种事情成十亿上百亿次地出现，而每一次都是百分百的纯偶然性结果。

高辉清 国家信息中心发展研究部战略规划处处长

“博士咖啡”的出现也是一种偶然。2000年初，国家信息中心主办的《财经界》杂志执行主编党女士去美国访问，来到斯坦福大学的一家小书店，看到许多年轻的大学一边喝着咖啡，一边看书或者上网，在淡淡咖啡的醇香相伴下进行思维冲浪。这种外在宁静、内在思辨的环境给她留下了深刻印象和策划灵感。二个月后，在京城金融街通泰大厦一间弥漫着咖啡芳香的会议室里，几位大学刚毕业不久的财经博士和《财经界》的编辑们一道组成了一支研究经济热点问题的年轻团队，从此开启了“博士咖啡”的试航之旅，《财经界》杂志也随之增加了“博士咖啡”专栏。一年后，“博士咖啡”作为几个经济年轻学人创新思维、碰撞思想的代名词在我国风起云涌的互联网时代应运而生。

**随缘的心态意味顺其自然**

与博士咖啡联系在一起的还有一个当年的流行名词，即飘一代。博士咖啡自称是经济学人飘一代，由《新周刊》杂志社、新浪网、阳光卫视联合主办的“2002年度新锐榜”甚至将飘一代代言人奖项颁给了博士咖啡。

最近，翻了一下当时我写的《飘一代是谁》，觉得写得还是有点意思，故抄录下来一段：《诗·桧风·匪风》有云：“匪风飘兮”，这里的“飘”表现的是一种随风飘忽的意境。大概是为了强调这一点，赵晓君特意在一封给何帆的Email中指出，我们采用的是“飘”，而不是“漂”。前者三维纵横，随风万变；后者平面过渡，相对有序。以笔者浅陋的想象力去猜测，钟伟笔下的“经济学人飘一代”大体是飘荡在以下三维空间内：一是“文革”时期，正是他们世界观形成初期，他们却飘在了中国文代断层；二是“文革”后，随着改革开放的潮起潮落，往往身不由己，而四处飘摇；三是随着我国经济市场化和全球化的推进，计划体制下政府包办一切的时代已经一去不返，个人的前途和命运或多或少有些飘在空中的感觉。

根据上面的定义，博士咖啡作为经济学人“飘一代”的“飘”更多的是顺其自然，或者是有些“无奈地”地顺其自然，但绝不是一些人所误认为那种金庸笔下游侠式“才华绝世、概无所羁和天地之间任我行”的潇洒。

## 随缘的喜悦来自有缘

这个世界不是为任何人而准备的,你有缘在这个世界上,绝对就是一种幸运。1990 年 10 月,我还是杭州大学数学系概率专业的一名硕士生,恰逢中国概率统计学会第四届年会在杭州在千岛湖召开,第一次看到国内概率统计界的许多名角大腕,四处去听他们风格各异、精彩纷呈的演讲,觉得非常过瘾。其中,王梓坤先生(当时他应该是概率统计界的唯一一个学部委员)的演讲给我留下了深刻的印象。记得他讲的是一个概率问题,以人的出生为例:在数千万甚至 2 亿左右个精子中只有一个成为与卵子结合的幸运儿。其结果就是,你而不是其他人出生了。所以,今天你能够站在这里听课,这本身就足以证明一点——你是在成千万上亿的竞争者中与这个世界最有缘的"人"。

事实证明,我可能是与那次年会最有缘的人之一。在那次会议上,我第一次接触时间序列这个专业,第一次认识了我后来的博士生导师安鸿志先生。由于安先生当年要第一次招收博士生,我在通过考试后也就有缘地加入到国内第一届时间序列博士生的行列(第一届时间序列博士只有两个,另外一个是大我两岁的周勇,现在周师兄不仅中国科学院应用数学所博士生导师,而且还是上海财经大学统计与管理学院常务副院长)。毕业找工作时,正是由于概率统计的时间序列专业背景为当时国家信息中心经济预测部王长胜主任(后来也成为我读经济学博士后的指导导师之一)所重视,我才有幸进入了国家信息中心工作,最终找到了自己真正喜欢的工作——经济分析与研究。

我的孩子迄今为止还没有形成清晰的有关概率的概念,所以曾经坚定地以为这个世界就应该为她的到来而做准备的,父母组织家庭的重要目的就是迎接她的诞生。一天,她妈妈告诉她,她的到来只是一个随机决定的结果,她满脸惊异,几乎难以置信,因为在她之前已经有两个"哥哥"或"姐姐"被计划掉了,要不是医生对我爱人说,如果再不生的话,以后就会有些问题,估计她也就……在给孩子取名字时,妈妈说:"女孩需要温柔些",就叫"高柔"。但对我这个江西人来说,正确读出"柔"这个音实在不太容易,"柔"一出口立马就变"楼"了。为防止"高楼还能四处移动"恐怖事件的发生,我决定把孩子名字进行改良。那一天恰好下了些雨,本着随缘原则,中间就再加了一个"雨"字。当时,我心里在说:"孩子,谢谢你,由于你的加入,在这样一个雨天,组成这个家庭的有缘人就算聚全了!”

我经常为自己而庆幸,偶遇了不少“好人好事”,才使得自己有些长进,而进入博士咖啡则无疑是在人生道路上遇到的最给力的一次机缘。“有缘千里来相会”这句土得快掉渣的说法,用来说明博士成员机缘的却是最合适不过。“博士咖啡”开始的成员是四位,即巴曙松、赵晓、钟伟和我,相聚之前谁也不认识谁。等到一年后,新增了党国英、易宪容、余晖和何帆等四位,我也同样一个不识。但很快大家都相处融洽,一起把“博士咖啡”做到风生水起。到了今天,博士咖啡不在了,他们却都已经成为我生命中最重要的良师益友。

**随缘地行事表现为随性**

博士咖啡发生过许多故事,一个经典的故事是在何帆文章中看到,说是钟伟讲的,主人公却是易宪容。说是某年某日,老易为了向一女士说明香港的东西如何价廉物美,兴起之下竟然当场脱鞋让该女士欣赏,以此来证实自己所言非虚。一时间,众皆愕然。钟伟讲这个故事的时候也许是为了说明一点:宪容是不爱修边幅的人。但我在喷笑之中更多的是看到来自宪容内心的随性,这种随性由内心的本性驱使,而与其他无关。

随性通常表现为内心兴趣驱使,这种情况在博士咖啡中具有一定的普遍性。应该讲,博士咖啡们文凭都有些,才华也有些,出国机会还有些,但轻易都不动去海外发展的念头。主要原因,我认为有两个:一是坚定地看好中国经济的发展前景,用一些股市专业术语来说,都是“死多头”。尽管巴曙松在讨论时欢喜以一句“我很悲观”作为开场白,但在我看来骨子里依然属于乐观派。二是他们对经济研究尤其是对中国经济的研究具有发自内心的欢喜,对其充满了无穷的热情,乐此不疲!赵晓写道,读研究生时方悟经济学之妙,自此之后“喜自定题目业余学习,不喜爱命题作文;喜与人商量培养,但对‘谩骂人格’者避之不及”。

博士咖啡在成立之初是一种全新的组织形式,先是以沙龙的形式合作写文章,后来将阵地转移到网络上,本来是便于内部进行学术交流与讨论,一不小心却把当时的万科经济俱乐部搞成了国内影响较大的经济论坛。这种合作交流的研究形式给了大家无拘无束的发挥空间,也给了思维快速碰撞的机会,更给了享受思想火花喷发的快乐,从而为博士咖啡们研究经济提供了源源不断的内在动力。

从研究规律看,这种内心兴趣驱使型的研究更容易出成绩。2004 年中,我曾经有机会去美国宾夕法尼亚大学做访问学者。来到那儿不久,笔者注意到中美科技界存在着一个巨大的差异:在中国从事科研工作的人一般都非常辛苦,却很难出大的成绩;少数人能够做出世界级的成果,却又常常英年早逝——据不完全统计,上世纪 80 年代以来 50 岁左右猝然撒手的中国杰出科学家就达十多个。在美国,虽然研究出成果也不太容易,相对中国而言出成果却容易多了,而且许多都是世界级的成果。更为关键的是,这些取得重大成就的学者一般都还活得又长寿又快乐。笔者的导师——宾西法尼亚大学经济系教授 Klein(1980 年诺贝尔经济学奖得主)当年 84 岁,每天还要工作 8 ~ 10 小时。而宾西法尼亚大学医学院还有一位非常著名的教授已年过九旬,每天还骑着自行车上班,工作时间更达 10 小时以上。为了找到产生这一巨大差异的答案,笔者曾经与多位朋友一起谈论过。结果发现,大家常提及的营养问题、体育锻炼问题、收入问题等都不足以给出完全的解释。最后,我们把结论归结到中美科研文化的差异上。在美国大学一些顶尖级的实验室里,甚至没有任何考勤和业绩考评制度,更谈不上评先进个人和先进集体之类。甚至于出了成果没有表扬,不出成果也没人说你。对美国人来说,科研工作应该是由那些乐意从事科研工作的人来做。而对这些人来说,施加压力就完全没有必要了。对政府来说,每年都要拿出一大笔钱来给大家做科研,在很大程度上为的就是"满足科学家们的好奇心"。

相形之下,今天国内学术界呈现越来越明显的"行政化"特征,搞研究越来越不像是一件随性而为的事情了。这就使得科研人员做研究时不仅要承受来自学术上的压力,而且还要消化来自非学术领域的压力,即使从事低水平的科研,需要付出的成本与西方同行相比通常也要高出数倍。科教兴国已经提出多年,迄今却依然路途遥远,仍是我们需要为之付出艰辛努力的奋斗目标。我们也许有必要从科研文化中去探寻一下深层次的原因,否则的话,未来新的博士咖啡可能就再也找不到发芽的土壤了。

**随缘地处世尽量不强求**

博士咖啡刚成立时,《财经届》要求大家写一个自画像。我记得自己以当时流行的一句咖啡广告词"味道好极了"为题写了一篇小文,其中提到:"因为在山镇长大,自小敬畏于大山之巍峨与险峻,不敢诞生出战天斗地的雄心壮志",估计这段文字有损于博士咖啡形象,所以给删除了。时过十年，这些句子已经在文字记录消失了，但我一直还记得，因为它表达了一个想法——随缘处世，概不强求。经历事情越多，这一想法就越发清晰起来。

我妈妈是一个传统的中国妇女，时常因为只有孙女而没有孙子，责备我和弟弟。按孟亚圣的说法，“不娶无子，绝先祖祀”为三不孝中之最大。为此，她老人家甚至不惜亲自出谋献策，以便实现“后继有人”的大计，只不过每次都因为没有得到有关人员的正面响应，以至于不了了之。这不仅是因为这种做法本来就与国家法规相抵触，更主要的是我自己就认为没有这种强求的必要，因为整个宇宙就是一条走向死亡的船，而我们每个人都是这条船上的过客，最终所有的东西都将失去，一切都将归于虚无，连一个原子都剩不下，短暂的失与得，又有多大意义?!

当然，对世人来说摆脱这一绝望困境似乎还有一种选择，即信教。对信教的人来说，宇宙和人一样都是上帝的造物，只要信教了，上帝总会把你给救出来，从而可以避免灰飞烟灭的结局。博士咖啡同仁中有人信教，所有我们聚会时宗教时常也会成为其中的话题。谈到宗教，一个困惑就绕不过去了:“到底上帝是真的存在，还是人们需要上帝存在?”关于这一点，赵晓曾经引用过一个说法:“世界的尽头就是上帝”。

不过，如故上帝真的存在，我们确实就容易解释一些奇特现象了，比如说，《圣经》中的一些准确预言。再比如说，我们身边许多人都有切身经验，或是求签时预测你命运惊人地准，或是算命时推算出的情况真实得让你自己都目瞪口呆。有了上帝和神灵的存在这一切就好理解了，因为上帝或者神灵授权给了一些人或机构，让他们获得一定权限的通灵能力。当然，这种授权有时也会出一些偏差。根据钟伟非常业余的考证，霍金就是一个明显的例子，由于曾经被错误地过多授权，以至于达到可能泄露天机的地步，所以上帝让他变成了现在这种的状态——有话也说不清。可以想象，如果霍金能够把话说清楚的话，他将给我们描绘出一个多么奇特的宇宙世界!

当然，不管是上帝真的存在，还是人们需要上帝存在，对世界不强求总归没错。十年前，我在博士咖啡开篇曾写道“情感事，工作事，生活事，万事随缘”。今天，在博士咖啡十年之际，我觉得“万事随缘”可能依旧是最好的注释。